中國通史

A General History of China

From the Song Dynasty to the Yuan Dynasty

鄧廣銘　田餘慶　戴逸　等著

從宋代到元代

開明書店

中國通史

從宋代到元代

鄧廣銘　田餘慶　戴　逸　等著

責任編輯　王春永
裝幀設計　鄭喆儀
排　　版　賴艷萍　劉葉青
印　　務　林佳年

出　版　開明書店
　　　　香港北角英皇道 499 號北角工業大廈一樓 B
　　　　電話：（852）2137 2338　傳真：（852）2713 8202
　　　　電子郵件：info@chunghwabook.com.hk
　　　　網址：http://www.chunghwabook.com.hk

發　行　香港聯合書刊物流有限公司
　　　　香港新界荃灣德士古道 220-248 號
　　　　荃灣工業中心 16 樓
　　　　電話：（852）2150 2100　傳真：（852）2407 3062
　　　　電子郵件：info@suplogistics.com.hk

印　刷　美雅印刷製本有限公司
　　　　香港觀塘榮業街 6 號海濱工業大廈 4 樓 A 室

版　次　2021 年 7 月初版
　　　　© 2021 開明書店

規　格　32 開（210mm×145mm）

ISBN　　978-962-459-091-3

《中國通史：從宋代到元代》© 中國大百科全書出版社，2019
本書中文簡體字版由中國大百科全書出版社出版，本書繁體字版由中國大百科
全書出版社授權出版發行。

作 者

（排序不分先後）

———

王曾瑜	鄧廣銘	盧開萬	田餘慶	朱瑞熙
劉起釪	安金槐	許大齡	李宗一	李學勤
吳天墀	吳榮曾	邱樹森	張澤咸	陳振
陳得芝	周一良	胡如雷	胡厚宣	姚大力
唐長孺	黃惠賢	韓儒林	蔡美彪	漆俠
戴逸				

出版說明

　　《中國大百科全書》（第一版）是按學科分卷出版的大型綜合性工具書，是人類已有知識的總匯，體現了中國各學科領域著名專家學者的智慧成果。其中眾多的由名家撰寫的學科概述條目和長條目，本身即是對某一學科體系和知識主題的權威總結和描述。本書各節內容篇幅簡潔，文字精練，均為專家學者們研究成果的精華，是傳播和普及某一門類知識的經典之作。為便於讀者從浩繁的海量信息中，快捷獲取某一門類或主題系統化的知識，中國大百科全書出版社特將這些名家撰寫的條目按知識體系匯編，形成可隨手捧讀的大眾圖書。在此指導思想之下，我們推出了本版《中國通史》。

　　本版《中國通史》源自《中國大百科全書·中國歷史》，由中國各斷代史研究領域頗有建樹的 26 位著名專家學者撰寫，包括周一良、唐長孺、戴逸等。時限起自傳說時期，截至 1949 年中華人民共和國成立。基本反映了中國自古代至近現代各個歷史時期的政治、經濟、社會、軍事、科技、文化、民族、對外交往等方面的基本史實和主要脈絡，系統全面，且知識準確，文字嚴謹，表述精當，充分反映

了名家學者的治學風範，許多文字如今已成為留給後輩的彌足珍貴的紀念。

　　本書根據讀者的閱讀習慣，改變了原有百科條目式的排版形式，重新設計了版面，適當選配了一些反映歷史風貌的圖片並輔以較為詳細的圖註信息，增加了可拓展知識面的內容鏈接，還將一些小的知識點以腳註的形式呈現。此外，本書根據《中國大百科全書》（第二版）的有關內容，以及新公佈的權威的歷史研究成果，如夏商周斷代工程等，在不影響原文原貌的基礎上進行了知識更新，並根據現今的行政區劃重新核實和修訂了括註的今地名等。

目錄

宋，10 世紀 60 年代到 13 世紀 70 年代建立的以漢族為主體的封建王朝。960 年在開封建國，1127 年政權南遷臨安（今浙江杭州），1279 年被元朝滅亡。習慣上稱 1127 年前的宋朝為北宋，1127 年後的宋朝為南宋。

宋

北宋政治

北宋建國　專制主義中央集權制度的確立

北宋建國和消滅諸割據勢力

　　五代後周顯德六年（959），後周世宗柴榮病死，他的幼子柴宗訓繼位。次年正月，殿前都點檢趙匡胤在陳橋驛（今河南封丘東南陳橋鎮）發動兵變，率軍返回開封，奪取皇位，建立了宋朝，改年號為建隆，定都於開封。

　　宋朝建立時，北邊有勁敵遼朝和在遼朝控制下的北漢，南方有吳越、南唐、荊南、南漢、後蜀等割據政權。宋太祖趙匡胤在平定李筠、李重進叛亂後，依照先南後北的戰略方針，首先集中兵力進攻經濟富庶的南方諸國，準備在此後北向收復燕（今北京）雲（今山西大同）等州。

　　乾德元年（963），宋太祖出兵荊南，佔領江陵府（今湖北荊州），荊南主高繼沖投降，宋軍繼續向湖南進發，擊敗抵禦的守軍，擒湖南主周保權，平定了湖南。

　　乾德二年至三年，宋軍自劍門、夔峽兩路進攻後蜀，連敗後蜀軍的反抗，迫使後蜀主孟昶歸降。

開寶三年（970）至四年，宋發兵嶺南，負隅興王府（今廣東廣州）的南漢主劉鋹投降。

開寶七年至八年，宋發兵進攻南唐，戰艦沿江而下，殲滅南唐軍主力，包圍江寧府（今江蘇南京），南唐主李煜投降。

宋太宗趙炅繼位後，使用政治壓力，迫使吳越錢俶和割據漳、泉二州的陳洪進相繼納土歸附，兩浙、福建亦納入宋的版圖。

宋太祖曾兩次發兵進攻北漢，未獲克捷。太平興國四年（979）初，宋太宗親率大軍北征，他採用了圍城打援的戰法，派潘美等率軍四面合圍太原，並擊敗了遼朝援兵，北漢主劉繼元被迫投降。至此，安史之亂以來的兩百多年的藩鎮割據局面基本上結束了。

專制主義中央集權制的空前加強

在消滅各封建割據政權的同時，宋太祖、宋太宗還逐步加強了專制主義中央集權制的統治。安史之亂以來，藩鎮之所以能夠與中央皇室對抗，主要在他們「既有其土地，又有其人民，又有其甲兵，又有其財賦」，掌握和控制了地方的各種權力。為改變這種情況，宋太祖採取如下措施：

①稍奪其權。為削弱節度使的行政權力，把節度使駐地以外的州郡 ——「支郡」直屬京師。同時派遣中央政府的文臣出任知州、知縣，「列郡各得自達於京師，以京官權知」。這一制度逐步推行後，到宋太宗初年，西北邊境州郡也都換上了文官。宋代雖

宋太宗趙炅像

宋太宗趙炅

（939～997）

小·鏈·接

　　宋代第二代皇帝。宋太祖趙匡胤的弟弟。最初名匡義，太祖時改名光義，自己稱帝後又改名炅。趙炅在位期間（976～997）極大強化了中央集權，不僅大量招考文官任職，而且軍事上確立了強幹弱枝、限制節度使權力等政策，為後來北宋積貧積弱埋下了隱患。但是趙炅愛看書倒是留下了一段佳話：趙炅曾下令編修一部叫作《太平總類》的類書。書編好後，他決定每天看三卷。有人擔心他這樣讀書會太累，就勸他少讀些，他卻說：「我天性就喜歡讀書，讀起書來神清氣爽，怎麼會勞累呢？而且只要打開書卷就會有收穫，時間也不會被浪費。」這也就是成語「開卷有益」的來歷。趙炅最終用了一年的時間讀完了這部巨著，原書名也被改成了《太平御覽》。

然保留了節度使的名義，但在北宋初年，事實上已降為某一州郡的長官，後來更徒具空名，而不到節度使駐地赴任。即使如此，宋太祖仍恐州郡長官專權，一面採取三年一易的辦法，使州郡長官頻頻調動，一面又設置通判，以分知州之權，利用通判與知州之間的相互制約，使一州之政不致為知州把持，防止偏離中央政府的統治軌道。

②制其錢穀。宋初於各路設置轉運使，將一路所屬州縣財賦，除「諸州度支經費」外，全部運輸至宋統治中心開封。前此藩鎮以「留州」、「留使」等名目而截留的財物，一律收歸中央。

③收其精兵。宋太祖繼承了周世宗的許多做法，派遣使臣到各地，選拔藩鎮轄屬的軍隊，「凡其材力伎藝有過人者，皆收補禁兵，聚之京師，以備宿衞」。藩鎮的兵權也逐步被剝奪淨盡。與此同時，在次第削平南方諸國後，下令拆毀江南、荊湖、川峽諸地的城郭，於是可能被藩鎮用來抗拒中央的城防也被撤除了。

在上述變革之下，全國各地的「兵也收了，財也收了，賞罰刑政一切收了」，從而極大地加強了中央政府的統治力量。就宋代行政體制看，「收鄉長、鎮將之權悉歸於縣，收縣之權悉歸於州，收州之權悉歸於監司，收監司之權悉歸於朝廷」，「以大繫小，絲牽繩連，總合於上」，把中央集權制強化到空前未有的程度。前此那些藩鎮割據勢力被完全鏟除。在宋朝統治的三百餘年中造成一個「無腹心之患」的統一的政治局面。

軍隊和官僚機構是維護和運轉中央集權制的兩個重要工具，宋太祖、太宗採取種種防微杜漸的政策和措施，極力使這兩個工

潘美像

小·鏈·接

潘美

（925～991）

　　北宋將領。字仲詢。大名（今屬河北）人。曾「平嶺表、定江南、征太原、鎮北門」，可謂戰功赫赫。在嗜殺、勇猛的一面外，他也有著令人稱道的另一面，比如他主動收養了後周世宗的幼子，待其像親生兒子一樣。另外《宋史》曾記載，潘美在行軍作戰時，若不順心就會大發脾氣，並嚴懲違犯軍令者，一些罪過不大的人也會被處死。他的部下李超負責行刑，每當遇到這種情況總會暗中暫緩行刑，等潘美怒氣平息、冷靜下來後再定奪。潘美並不怪罪，也由此避免了不少錯誤。由此可見，潘美是個性格剛烈、胸懷大度的將領，不能和楊家將演義中的那個「潘仁美」畫等號。但由於在北伐遼朝失敗受詔撤軍時，潘美與王侁等逼迫楊業冒險迎敵，導致楊業全軍覆沒，楊業被俘身亡。為此，潘美被削三任。

具適應專制主義的需要，從而表現了皇帝權力的空前加強。范浚在《五代論》中指出：「兵權所在，則隨以興；兵權所去，則隨以亡。」這些話揭示了唐末五代以來，在政治局面變換中，兵權所起的決定性作用。從小軍官到殿前都點檢，又從殿前都點檢躍上皇帝寶座的趙匡胤，十分懂得軍事力量的重要作用。因此，宋太祖、太宗所制定的軍事政策便具有了極其鮮明的時代特點。

有關「杯酒釋兵權」的記載雖富有戲劇性，未必全都屬實，但與趙匡胤一道起家，並作為趙匡胤的義社兄弟的石守信、王審琦等禁軍大將不再掌握軍權，則是極為明確的事實。以後又廢除殿前都點檢和侍衛親軍馬步軍都指揮司，禁軍分別由殿前都指揮司、侍衛馬軍都指揮司和侍衛步軍都指揮司，即所謂三衙統領。禁軍領兵權之析而為三，以名位較低的將領掌握三衙。宋初制軍的這些措施都意味着皇權對軍隊控制的加強。與此同時，宋初還建立了不同於前朝的樞密院，設樞密使，主管調動全國軍隊，分掌軍政大權。樞密使與三帥各有所司：「天下之兵，本於樞密，有發兵之權，而無握兵之重；京師之兵，總於三帥，有握兵之重，而無發兵之權。」調兵權與領兵權析而為二，各自獨立，相互制約，有利於皇權的控制。

宋太祖總結了歷代的統治經驗，認為「可以為百代之利者，唯養兵也」，因而確定了募兵養兵制度。宋政府每年招募大量兵士，特別是荒年募兵更成為一項定制，其後的嗣君們謹守不變。被迫離開土地的農民以及流浪漢，所謂「失職獷悍之徒」，還有在死亡線上掙扎的飢民，這些本來足以危害宋專制統治的各種

社會力量，通過募兵養兵制度，轉化為維護宋專制統治的軍事力量。

歷代統治者都依賴軍隊以加強其專制統治。趙宋王朝對軍隊依賴的程度更超過前代。宋東京開封是無險可守的四戰之地，實現其「強幹弱枝」、「由中制外」的政策，就只能把重兵屯聚在京畿。於是「舉天下之兵宿於京師」，「屯兵於內，連營畿甸」，「以兵為險」，便成為宋王朝的基本方針。趙匡胤之所以重視募兵養兵制度，這是重要原因。宋初統治者雖然從根本上認為養兵「為百代利」，但又恐怕軍隊也可能因這樣那樣的事故而發生變亂，因而又制定了許多政策和措施，加以預防，其中主要的有：

①兵將分離政策。利用更戍法，將屯駐在開封的禁軍輪番調到各地戍守，或移屯就糧，定期更換。名義上使士兵們「習山川勞苦，遠妻孥懷土之戀」，實際上是藉着士兵們的經常換防，造成兵不識將，將不識兵，兵無常帥，帥無常師，以避免對皇權造成威脅。

②內外相維政策。宋太祖把全部軍隊分為兩半，一半屯駐京畿，一半戍守各地。宋神宗趙頊對這種做法加以解釋說：「藝祖養兵止二十二萬，京師十萬餘，諸道十萬餘。使京師之兵足以制諸道，則無外亂，合諸道之兵足以當京師，則無內變。內外相制，無偏重之患。」實際上，這種「內外相制」的政策，不僅體現於京師與諸道之間，而且也體現於皇城內外、開封與府畿各縣之間兵力的平衡。在這種政策的作用下，軍事能力無形中削弱了不少。

③「守內虛外」政策。宋初統治者目睹五代以來內部多變的景象，使他們產生了這樣一種想法，「內患」比「外憂」更為可怕。宋太宗曾說：「國家若無外憂，必有內患。外憂不過邊事，皆可預防。惟奸邪無狀，若為內患，深可懼也！」因此，他們總是把假想敵放在國內，沒有把注意力放在邊境。宋朝面對遼朝強大的軍事壓力，並未採取認真、有效的對策。

對官僚制度和官僚機構，像對待軍隊一樣，宋代的最高統治者們也極盡防制之能事。歷代宰相居中央政府首位，具有「事無不統」的大權。宋太祖唯恐宰相權柄過大，不利於皇帝專制，因而採用分化事權的辦法削弱相權。軍政大權歸樞密院掌握，而財政大權則由三司使掌握，宰相所掌僅限於民政了。在軍、財、民三權分立中，樞密使與宰相「對掌大政」，「號為二府」，皇帝利用這兩者間的異同，發號施令，獨斷專行。宋初不僅以三權分立的辦法削弱相權，而且還設置參知政事、樞密副使和三司副使，作為宰相、樞密使和三司使的「副貳」，與各部門長官發生制約作用，以削弱各部門長官的權力。與此同時，宋又提高了御史台、諫院等台諫官的權力和地位，許其風聞言事，糾舉、彈劾各級官員特別是宰執大臣等高級官員，作為皇帝的耳目，以利皇帝的專制統治。台諫氣焰日盛，宋仁宗趙禎時，宰執大臣的任用去留往往取決於台諫，因而不少做宰相的不得不屈從於台諫的意向行事，宰相權勢更加削弱、下降了。

此外，在設官分職、科舉考試制度等方面，也都具有它的時代特點，體現了專制主義中央集權的加強。

　　宋太祖、太宗建立的一些制度，大大加強了宋朝的專制主義中央集權，造成了統一的政治局面，為經濟、文化的高度發展創造了良好條件。但是由於「以防弊之政，作立國之法」，一些強化專制主義中央集權制的政策和措施，轉化成為它的對立面，「冗兵」、「冗官」和「冗費」與日俱增，使宋封建國家陷於積貧積弱的局勢中。

北宋社會階級結構和賦役制度

社會階級結構

　　宋朝將全國居民分為主戶和客戶兩大類。鄉村主、客戶的差別，主要是以土地資產的有無來劃分。主戶是土地和資產佔有者，依照佔有數額的差別，分為五等。第一等戶大致是佔有土地三四頃到幾十頃、上百頃的大地主，第二、三等戶是土地較少的中、小地主，三等戶中也有自耕農。上三等戶習慣上稱為上戶，大致上屬地主階級。上戶中還包括官戶和形勢戶。官戶可以免除差役和雜稅等。第四、五等戶，習慣上稱為「下戶」。第四等戶僅有少量田產，第五等戶田地更少，很多是半自耕農，第四、五等戶佔主戶的大多數。鄉村客戶主要是佃農，他們全無田地，主要依靠租種地主的田地為生。宋朝的客戶一般不是地主的「私屬」，也被編入戶籍，成為國家的正式編戶，交納身丁錢和負擔伕役，部分客戶直接負擔二稅。宋廷逐步明確規定了客戶的遷移手續和社會地位。客戶在戶口統計中，約佔總戶數的百分之

《清明上河圖》（局部）

北宋張擇端繪。此圖表
現了宋徽宗時期汴河兩
岸的繁華生活場景。

三十五左右。

　　地主佔有土地、剝削客戶的主要手段是
收取地租。租佃關係已經成為宋朝主要的剝
削形態。地主和佃客之間訂有口頭或書面租
佃契約。宋初比較通行的剝削方法是分成租
制，地租一般都佔收穫的五成以上。少數客
戶自有耕牛，耕種所得一般與地主對分。相
當多的客戶沒有耕牛或農具，向地主租賃，
一般要把收穫物的六成以上交給地主。另一
種剝削方法是定額租制，由地主規定地租定
額。在租佃制下，佃客對生產有較多的支配
權，但地主可以隨意增租。

　　工匠是手工業中的直接生產者。宋朝官營手工業大都採用一種介於徵調和僱募之間的「差僱」制，輪流徵調工匠服役，給予僱值和食錢。民營手工業則普遍採用和僱制，僱主和工匠之間一般出於雙方情願。官營手工業也有採用和僱制的。有些經濟發達的地區還出現眾多的機戶（專門從事紡織業的人戶或作坊），如梓州（今四川三台）有幾千家，但機戶常被官府或官吏強迫織造匹帛，而且少給或拖欠工錢，以致破產失業。

　　州縣城郭內還居住着許多富裕的商人。汴京資產達百萬的富商很多，超過十萬者「比比皆是」。如著名的「大桶張氏」，「以財雄長京師」，許多士大夫也利用一切機會販運貨物，牟取暴利，「日取富足」。社會上逐步改變了賤視商人的傳統觀念，商人成為封建國家的「四民」（士農工商）之一，取得了「齊民」的資格。國家允許商人中的「奇才異行者」參加科舉。商人還可通過接受朝廷的招募為封建國家管理稅收，向官府進納錢粟，充當出使隨員，跟宗室或官員聯姻，交結權貴等途徑獲得一官半職。商人一般都要購置土地，把部分商業資本轉化為田產，使自己變成單純的地主或商人兼地主。

　　替地主、富豪家庭服役的奴婢，部分來自僱傭，部分來自買賣或抵債，被僱傭的奴婢在法律上被稱為「人力」和「女使」。人力和女使跟僱主一般訂有僱傭契約，寫明期限、工錢或身子錢等項。法律規定，主人不得隨意打死奴婢，不得私刺其面。奴婢的身份地位比前代提高較多，標誌着宋代社會中奴隸制殘餘的進一步削弱。

賦役制度

北宋田賦主要是徵收夏秋兩稅，大致按照每畝徵收一斗的定額課取，如江南個別地區仍沿襲十國舊制，畝稅三斗。各地歷史情況和生產水平不同，因而稅額也有一些差別。夏稅徵收錢幣或綢、絹、綿、布、麥等實物。在實際徵收二稅時，還常常採用支移、折變辦法，使納稅戶的負擔更繁重不堪。此外，還有身丁稅（身丁錢）、雜變（沿納）、和糴、和預買、科配等稅目。宋時賦稅苛重，故南宋朱熹也說：「古者刻剝之法，本朝皆備。」

服役方面，分為職役和伕役。宋初職役，實行差法，由鄉村主戶擔任，如衙前主管運送官物、看管府庫等，按照規定，由第一等戶輪流充當。里正、戶長、鄉書手負責督催官府賦稅，里正由第一等戶輪差，戶長由第二等戶輪差，鄉書手由第三等或第四等戶輪差。耆長、弓手、壯丁負責社會治安，由第一等或第二等戶輪差耆長，第三等戶輪差弓手，第四等或第五等戶輪差壯丁。第三、四、五等戶還輪差斗子、掏子、欄頭、秤子、揀子、庫子等役。上等戶常因職役過

宋代紙幣交子

交子被認為是世界上最早的紙幣。最初在四川民間使用。宋仁宗天聖元年（1023）正式發行官方紙幣——官交子。

於繁重，千方百計逃避，將負擔轉嫁給下等戶乃至客戶。伕役是自耕農、佃農負擔的無償勞役，如修浚河道、營建土木、運輸官物等。伕役一般按人丁戶口科差，但官戶享有免役特權，實際負擔伕役的是下戶。客戶作為國家的編戶，也要按丁口負擔伕役。

　　有些上戶採用詭名寄產或詭名挾佃的辦法，把全部或大部田產詭稱獻納於僧寺、道院，或者假立契書，詭稱典賣給官戶、形勢戶。還有一些上戶以及官戶則詭立許多戶名，把產業、人丁化整為零，想方設法，將本戶列入貧下單丁的戶籍，藉以避免納稅和服役。因此，繁重的賦稅和伕役，往往落到中、下戶以及客戶身上。他們為了避免重負，有的去為商賈、僧道，有的逃亡傭作。

北宋與遼、西夏的和戰

宋太宗收復燕雲戰爭的失利

　　太平興國四年（979），宋太宗乘滅北漢之勢，移師遼南京幽都府（今北京），企圖一舉收復為石敬瑭割讓契丹的燕雲地區。

　　宋軍初戰獲勝，連下易（今河北易縣）、涿（今河北涿州）等州，嗣即因遼軍的苦守待援，不得不屯兵於堅城之下。宋太宗率軍於高粱河（今北京西直門外）與遼援軍展開激戰。在耶律休哥、耶律斜軫等軍夾擊之下，宋軍大敗，宋太宗中箭，急乘驢車逃走，從此不再親臨戰場。雍熙三年（986），宋軍再次發動了

楊業 （？～986）

　　北宋抗遼名將。原為北漢名將，擅長騎射，北宋建立後曾舍命保衛北漢政權。北漢滅亡後，楊業拒絕投降，宋太宗珍惜這員勇將，便派北漢皇帝的親信去勸降。楊業痛哭之後投降宋朝。宋太宗任命他為左領軍衛大將軍，駐守代州。在雁門之戰中，楊業大敗契丹。這以後，楊業一直在雁門關對契丹備戰。雍熙三年（986），楊業作為潘美的副將隨軍北伐，由於受到監軍王侁的排擠而孤軍深入，被重兵包圍後又無援軍支援，最終受傷被俘、絕食而死。楊業及其後人楊延昭、楊文廣等抵禦遼和西夏也多有戰功，故後人稱為「楊家將」。

大規模的攻勢戰。東路主力由曹彬率領，自雄州（今河北雄縣）北上，攻涿州；中路田重進軍出飛狐（今河北淶源），攻蔚州（今河北蔚縣）；西路軍由潘美、楊業率領出雁門（今山西代縣），攻山後諸州。宋方的戰略意圖是以東路軍牽制住遼的主力，使西、中兩路乘隙攻取山後諸州，然後三路大軍合擊幽都府。

宋西路軍進展迅速，連下寰（今山西朔州朔城區東）、朔（今山西朔州朔城區）、應（今山西應縣）、雲（今山西大同）四州，中路軍亦攻佔了蔚州。東路宋軍主力連續受耶律休哥軍的阻擊和騷擾，雖然攻佔了涿州，但糧道被切斷。在遼承天皇太后親率援軍和耶律休哥軍攻擊下，宋東路軍於岐溝關（今河北淶水東）大敗潰散，傷亡慘重。西、中兩路軍因此被迫撤軍。西路軍楊業由於得不到主帥潘美的支援，在陳家谷口（今山西寧武東北）戰傷被俘，絕食三日而死。

宋太宗兩次攻遼失敗，便放棄收復燕雲的打算，只在河北平原上疏浚、溝通沿邊河道，使西起沉遠泊（今河北保定北）、東達泥沽海口（今天津塘沽南）的屈曲九百里之地，遍佈塘泊，築堤貯水，沉遠泊以西則依靠種植榆柳林木，設置寨、鋪，派兵戍守，以與遼朝相對峙。

遼軍不斷南侵　宋、遼澶淵之盟

在宋取守勢後，遼朝對宋卻展開攻勢。就在宋軍第二次收復燕雲戰爭失利的冬天，遼數萬騎逾燕山南下，宋軍劉廷讓率軍阻擊，分精兵與李繼隆，令其支援，而李繼隆逃至樂壽（今河北獻

縣），坐視劉廷讓軍數萬人被殲於君子館（今河北河間北）。自
此，遼利用其騎兵優勢不時進擾。咸平二年（999），遼承天皇
太后、遼聖宗耶律隆緒率兵南下，宋將傅潛率大軍駐定州（今河
北定州），閉門自守，不敢出戰。次年正月，遼兵到瀛州（今河
北河間），大敗宋軍，擒宋將康保裔。咸平六年，望都（今屬河
北）之戰，宋將王繼忠兵敗降遼。景德元年（1004），遼承天
皇太后、聖宗又以收復瓦橋關（今河北雄縣舊南關）以南地區為
名，發兵南下，迴避不少城市的攻堅戰，直趨黃河邊的澶州（今
河南濮陽附近），對宋的都城開封構成嚴重威脅。

　　宋朝大臣王欽若主張放棄東京逃跑，遷都昇州（今江蘇南
京），陳堯叟主張遷都益州（今四川成都），只有新任宰相寇準
等少數人力請宋真宗趙恆親往澶州前線督師，以振作士氣。這時
寇準倚重的將領，是在歷次抗遼戰鬥中屢立戰功的楊嗣和楊延朗
（楊業之子，後改名延昭）。楊延朗上疏，建議「飭諸軍，扼其要
路，眾可殲焉，即幽、易數州可襲而取」，但未被採納。宋軍在
澶州前線射殺遼南京統軍使蕭撻覽，遼軍士氣大挫。宋真宗進入
澶州後，兩軍處於相持局面。

　　遼軍的南侵，原是以掠奪財物和進行政治訛詐為目的，及
侵入宋境後，因屢受挫敗，就示意願與宋朝議和。這恰好符合了
宋真宗的意願。他只盼遼軍能夠盡快北撤，不惜代價。十二月，
宋、遼商定和議，交換誓書，約定：宋朝每年交給遼朝絹二十萬
匹、銀十萬兩；沿邊州軍各守疆界，兩地人戶不得交侵，不得收
容對方逃亡「盜賊」；雙方不得創築城堡、改移河道。此外，還

約定遼帝稱宋帝為兄，宋帝稱遼帝為弟。這就是所謂「澶淵之
盟」。澶淵之盟後，王欽若轉而在宋真宗面前攻擊寇準，說寇準
把宋真宗當作「孤注」一擲，訂立「城下之盟」是大恥辱。宋真
宗罷免寇準，改任王旦做相。此後，宋朝裁減河北戍兵一半、沿
邊戍兵三分之一。

宋與西夏的和戰

　　宋太宗時，佔據夏州（今陝西橫山西）一帶的党項族首領李
繼遷受遼封號，稱夏國王。淳化二年（991），宋賜李繼遷名趙
保吉，授銀州觀察使。李繼遷不受，攻擾宋沿邊諸州，宋朝下令
禁止夏州青白鹽入境，斷絕貿易。此舉沒有達到預期的目的，反
而使沿邊依靠販賣青白鹽為生的大批熟戶投奔李繼遷。至道二年
（996）春，宋軍護送大批糧草赴靈州（今寧夏靈武西南），在
浦洛河為西夏伏兵襲擊，糧草全被奪去。同年秋，李繼遷領兵攻
宋靈州。宋太宗派兵分五路去解靈州之圍，宋軍有的半路折回，
有的遇敵不戰，僅兩路宋軍進至烏、白池，與夏軍大小戰鬥數十
次，宋軍始終不能取勝。關西民伕向靈州運糧，沿途飢渴困苦，
遭受攻擊，死十餘萬人。此後數年內，李繼遷相繼攻下靈州、西
涼府（今甘肅武威）。

　　李繼遷後來戰死，子李德明繼位。他為了專力攻取河西諸
州，遂改變策略，與宋修好。景德三年（1006），宋冊封李德
明為定難軍節度使、西平王，每年「賜」銀一萬兩、絹一萬匹、
錢三萬貫、茶二萬斤，並重開榷場，進行貿易。宋仁宗趙禎即位

榷場

　　榷是「專利、專賣」的意思，榷場是指遼、宋、西夏、金政權在接界地點設置的互市市場。榷場貿易是因各地區經濟交流的需要而產生。而對各政權的統治者來說，也可以控制邊境貿易、獲取經濟利益、安邊綏遠，但是榷場的設置常因各政權之間關係的變化而反覆興廢。

　　宋太宗時期，宋遼之間就已經在鎮州（今河北正定）等地設有短暫的榷場。澶淵之盟後，宋遼之間主要有五大榷場，四個在宋境——雄州（今河北雄縣）、霸州（今河北霸州）、安肅軍（今河北徐水）和廣信軍（今河北徐水西），一個在遼境——新城（今河北新城東南）。宋夏之間，先於景德四年（1007）在保安軍（今陝西志丹）設榷場，後又在鎮戎軍（今寧夏固原）等地設榷場。遼夏之間則在遼境的振武軍（今內蒙古和林格爾西北）設有榷場。

妙音鳥磚雕

寧夏銀川西夏王陵出
土。妙音鳥，梵語音譯
為「迦陵頻伽」，佛經
中多有記載，來源於印
度神話，形象是半人半
鳥，被作為佛前的樂舞
供養。

後，又在邊界增設三處榷場。此外，民間
貿易也相當頻繁，出現了「商販如織」的
景況。

李德明死後，子元昊繼位，將都城興
州（今寧夏銀川）升為興慶府，寶元元年
（1038）稱皇帝，國號大夏（西夏），改元
天授禮法延祚。這時，河西地區已全部為西
夏所佔有，西夏經濟、軍事實力都已比較雄
厚，乃撕毀勉強維持了三十年的宋夏和約，
開始攻宋。宋朝也終止按年「賜」物，禁止
沿邊居民與之互市。

康定元年（1040）至慶曆二年
（1042），西夏每年都對宋發動一兩次大規
模的進攻。宋朝在西邊駐軍三四十萬，但諸
將直接聽命於朝廷，作戰時互不聯絡，互不
支援，難以合力攻敵。三川口（今陝西延安
西北）之戰、好水川（今寧夏隆德東）之
戰、定川寨（今寧夏固原西北）之戰，宋軍
大將劉平、石元孫被俘，任福、葛懷敏等戰
死，損失慘重。官私屋舍被夏軍焚毀，居民
和牲畜屢遭屠掠。宋朝在屢敗之後，雖也在
重新部署兵力，表示要整軍決戰，實際上卻
希望能與西夏議和。西夏在與宋交戰中雖多

次獲勝，但擄掠所獲既抵償不了戰爭中的耗費，也抵不上從前依照和約與通過榷場互市從北宋取得的物資。由於民間貿易中斷，西夏人民生活所必需的茶、紡織品等都很缺乏，他們也都厭惡戰爭，希望恢復和平互市。加上遼朝不願西夏過分強大，雙方出現了嫌隙。衡量利弊，李元昊遂在慶曆四年以如下條件與宋朝媾和：宋冊封元昊為夏國主，夏對宋名義上稱臣，宋每年「賜」夏絹十三萬匹、銀五萬兩、茶兩萬斤，還按年在雙方的節日贈西夏銀兩萬二千兩，絹、帛、衣着兩萬三千匹，茶一萬斤。重開沿邊榷場貿易，恢復民間商販往來。

北宋前期、中期的階級矛盾和農民起義

川蜀農民起義

宋初，川峽地區保留較為落後的生產關係。土地集中尤其嚴重，豪強地主役使着幾十、幾百乃至幾千家「旁戶」，世代相承，視同奴隸。旁戶除向豪戶納租外，還負擔官府的賦稅和伕役。宋朝消滅後蜀，除向蜀地人民徵收兩稅等「常賦」外，還在成都設置博買務，徵調各州農民織作一些精美的絲織品，禁止商人販賣和農民出售，並「掊取」茶利，使川峽人民的生路幾致斷絕。到淳化四年（993）二月，廣大旁戶在王小波領導下，在永康軍青城縣（今四川都江堰南）發動了武裝反抗鬥爭。

王小波宣告：「吾疾貧富不均，今為汝均之！」立即獲得川蜀人民廣泛的響應。起義軍攻佔青城，轉戰邛州（今四川邛崍）、

蜀州（今四川崇州）各縣，進而攻打眉州彭山縣。起義軍把貪污害民的彭山縣令齊元振處死，並把他搜括所得金帛散發給農民。起義隊伍發展到一萬多人。王小波在作戰中犧牲，起義軍推舉李順為領袖。李順繼續貫徹均貧富的主張，凡起義軍所到之處，將「鄉里富人大姓」家中的財物、糧食，除生活需用外，「一切調發」，分給貧苦農民。

淳化五年正月，起義軍攻克成都府，李順建國號「大蜀」，年號「應運」，佔領了劍關以南、巫峽以西的廣大地區。宋太宗極為震驚，立即派遣兩路大軍，分別向劍門（今四川劍閣北）和峽路進軍。李順原想在宋大軍入蜀前，先派兵佔領劍門棧道，但未獲成功。宋軍佔據棧道，得以長驅直入，李順也在戰鬥中壯烈犧牲。起義軍餘部在張餘、王鸕鷥等人領導下，在川南、川東一帶堅持鬥爭，直到至道二年（996）最後失敗。起義失敗後，宋朝取消了成都的博買務，川峽地區的封建生產關係得到了一些調整。

北宋中期的農民和士兵起義

宋真宗初年，益州（今四川成都）戍卒在王均領導下舉行起義，佔領益州，建立大蜀國。王均起義失敗後數年，以陳進為首的宜州（今廣西宜山）士兵發動起義，擁立盧成均為南平王，前後堅持鬥爭三四個月。

宋仁宗、英宗時，小規模的農民起義和士兵鬥爭在各地陸續爆發。其中聲勢較盛的有王倫領導的起義，張海、郭邈山等

領導的起義，王則領導的起義。慶曆三年（1043）五月，京東路沂州（今山東臨沂）「捉賊虎翼卒」一百多人在王倫領導下起義，殺死巡檢使朱進，起義士兵數量隨時擴大，南下淮南路。宋廷極為震驚。七月，宋軍圍攻，起義軍戰敗，王倫在采石磯被俘犧牲。同年，陝西大旱，商州（今陝西商洛商州區）農民一千多人，在張海、郭邈山、党君子、李鐵槍等人領導下起義，活躍於「京西十餘郡，幅員數千里」，官員紛紛逃竄。駐守光化軍（今湖北老河口北）的宣毅卒五百多人在邵興率領下嘩變，與起義軍互相配合。邵興進軍至興元府（今陝西漢中），大敗宋軍。宋朝以重兵殘酷鎮壓起義軍，年底，張海、邵興等相繼在作戰中犧牲，起義失敗。慶曆七年十一月，河北路貝州（今河北清河境）宣毅軍小校王則也發動兵變，並且利用彌勒教，與京東路德州（今山東陵縣）、齊州（今山東濟南）士兵和農民祕密聯絡。王則佔領貝州後，建國號安陽，稱東平郡王，改年號為德聖（一作得聖），設置官吏。宋朝調集數路兵力，並派遣參知政事文彥博主持鎮壓。經過六十多天的苦戰，起義被殘酷地鎮壓下去。

廣大農民和地主階級及北宋統治集團的矛盾日益尖銳，農民、士兵的反抗鬥爭「一年多如一年，一火（夥）強如一火」。

北宋中期龐大、腐敗的軍隊和官僚機構

宋太祖時選練禁軍，作為正規軍，開寶時（968～976）有禁軍十九萬三千人，廂軍十八萬五千人。宋仁宗時，為對西夏用兵和加強對內鎮壓，各路廣募兵士，禁軍激增至八十多萬人，皇

廂軍

　　宋代承擔各種雜役的軍隊。乾德三年（965），宋太祖將各地精兵編為禁軍，剩下的老弱士兵留在本地稱為「廂軍」，通常沒有訓練和作戰任務。廂軍在兵種上分為步軍和馬軍，步軍基本從屬於各州府和某些中央機構，在御輦院、軍器庫、後苑造作所、弓弩院、御膳廚、油庫、醋庫、布庫等部門服勞役，也承擔修路、建橋、墾荒、運糧等任務；馬軍則主要負責地方治安。從來源看，從禁軍中揀選降為廂軍的，稱為「落廂」；刺配犯人充當廂軍的，稱為「配軍」。廂軍身份也不是一成不變的，很多時候也有機會替代或補充禁軍。

祐元年（1049），總計達一百四十萬人，為宋代的最高數字。宋朝用來養兵的費用，竟達全國財政收入總數的十分之七八。

宋真宗對遼和議後，兵士平時缺少訓練，不識戰陣，習於驕惰。禁軍領取糧餉，要僱人挑運，陝西沿邊的騎兵，不能披甲上馬。從南方調來的禁軍，自稱不會打仗，見到敵人就怕得要死。河北沿邊的禁軍，「卒驕將惰，糧匱器朽」，將領不是「綺紈少年」，便是「罷職老校」，訓練更是有名無實。邊郡兵士平時坐食軍貯，萬一有警，則「手不能安弦，目不能辨幟」。加上將帥頻繁更換，兵不識將，將不識兵，以致作戰時將領和士兵上下不相附，指揮失靈。宋真宗、仁宗還經常沿用宋太宗制定的「將從中馭」的辦法，自定陣圖，交由將帥臨陣按圖指揮戰鬥，因而屢戰屢敗。

宋朝官僚機構日益龐大，通過恩蔭（任子）、科舉、進納、軍功、胥吏出職等途徑入仕者不斷增加。真宗時，文武百官為九千七百餘員。宋仁宗皇祐年間（1049～1054），增至一萬七千餘員，還不包括未受差遣的京官、使臣和守選的選人在內。宋英宗時，更增至兩萬四千員。正官之外，等候差遣空缺的人員多到不知其數，「一位未缺，十人競逐，紆朱滿路，襲紫成林」。

在龐大的官僚機構中，一切因循守舊，以襲守成規相標榜。有人對朝政有所建明，即被指為喜功生事；或者不顧時忌，指事陳說，則被指為「沽激」。官員們以「因循懦默者為得計」，遇事唯恐承擔責任或招人非議，影響官位，腐朽的官氣和暮氣籠

罩着整個宋朝政府。與此同時，大臣們競相「廣市田宅，爭求重利」，文武百官無不仿效。宋仁宗時，「勢官富姓，佔田無限，兼併冒偽，習以為俗，重禁莫能止焉」，「公卿大臣之佔田或千頃而不知止」。土地兼併的發展，使地主與封建國家、農民的矛盾日趨尖銳。

財政危機

冗兵、冗官，加上最高統治集團的大肆揮霍，使宋王朝的消費逐年增加。據《宋史·食貨志》載，宋真宗天禧五年（1021）全國收入一億五千零八十五萬餘，支出一億二千六百七十七萬餘。宋仁宗皇祐元年（1049），全國收入一億二千六百二十五萬餘，「而所出無餘」。到宋英宗治平二年（1065），財政已出現赤字。當年，全國收入一億一千六百一十三萬餘，支出一億二千零三十四萬餘，非常支出一千一百五十二萬餘，竟然短缺近一千五百萬（單位均為貫、石、匹、兩等）。國家財政年年虧空，不斷「發諸宿藏」，以致「百年之積，惟存空簿」。宋朝的財政危機日益加深。

從慶曆新政到王安石變法

宋朝階級矛盾和民族矛盾日益嚴重，統治集團面臨危機四伏的局面，士大夫們感到必須採取措施，擺脫困境。早在宋真宗初年，知揚州王禹偁建議對遼和夏州李繼遷「謹邊防，通盟好」；

減少官、兵冗員，減輕稅收；嚴格選舉，使入官不濫；淘汰僧尼，減少耗費等。寶元二年（1039），同判禮院宋祁上疏，以為國用不足在於「三冗三費」。「三冗」是全國有定官而無限員，各級官員比前增加五倍；幾十萬廂軍坐耗衣食；僧尼、道士人數日增而沒有限額。「三費」是道場齋醮，百司供費無數；京師多建寺觀，多設徒卒，增添官府衣糧；大臣罷黜，仍帶節度使銜，靡費公用錢。他主張裁減官兵，節省經費。所有這些足以說明，宋朝已經不能只率由舊章而無所作為地統治下去了。

慶曆新政

慶曆三年（1043），宋仁宗任用范仲淹為參知政事，富弼、韓琦為樞密副使，責成他們條列當世急務，以「興致太平」。范仲淹、富弼在《答手詔條陳十事》奏中認為，當時中心問題是整頓吏治。他們提出內外官吏過於冗濫，其中老朽、病患、貪污、無能的人應一律裁汰。宋仁宗採納了這些意見，連續頒佈幾道詔令，規定：①改革文官三年一次循資升遷的磨勘法。注重以實際的功、善、才、行提拔官員，淘汰老病愚昧等不稱職者和在任犯罪者。②嚴格「恩蔭」制。限制中、上級官員的任子特權，防止權貴子弟親屬壟斷官位。③改革貢舉制。令州縣立學，士子必須在學校學習一定時間方許應舉。改變專以詩賦、墨義取士的舊制，着重策論和操行。④慎選各地長官。由中書、樞密院慎選各路、各州的長官，由各路、各州長官慎選各縣的長官，擇其舉主多者盡先差補。⑤改進職田法。重新規定官員按等級給以一定數

量的職田，以「責其廉節」，防止貪贓枉法。⑥「減徭役」。將西京河南府（今河南洛陽東）的五縣廢為鎮，又析王屋縣（今河南濟源西）併入河南府，以精簡鄉村役人。范仲淹、富弼還提出「厚農桑」「修武備」等建議，則並未實施。

范仲淹的各項政策，在當年和次年上半年陸續頒行全國，號稱慶曆新政。由於這些法令侵犯了貴族、官僚的利益，在實施過程中，遭到他們強烈的反對。反對派誣范仲淹等人為朋黨。慶曆五年初，范仲淹、富弼、韓琦、歐陽修等人相繼被罷官出朝，他們的新政只推行了一年零幾個月，便宣告夭折。新政失敗了，但社會矛盾並未緩和，財政危機更加嚴重。在這種情況下，士大夫要求改革的呼聲日益高漲。

嘉祐四年（1059），三司度支判官王安石向宋仁宗上《言事書》，要求培植人才，以便改革現行法度。他指出，國家財力困窮，風俗衰壞，在於沒有合乎先王之政的法度。然要「改易更革天下之事，合於先王之意」，卻又缺乏人才。人才成為當務之急。他主張從教、養、取、任等四個方面「陶冶」人才，使「在位者得其才」，然後「稍視時勢之可否，而因人情之患苦，變更天下之弊法，以趨先王之意」。他還指出，漢、唐、五代所以亂亡，晉武帝所以招致禍亂，皆源於人才不足。《言事書》還指出，當時財政的困窘，絕非由於官員之冗濫和官員俸祿之過多，關鍵在於理財不得其道，不能因世之宜而變通；假若能理財得其道、通其變，即使增加官吏俸祿，也不會影響國家的經費。所以，他主張「因天下之力，以生天下之財，取天下之財，以供天下之

歐陽修

（1007～1072）

歐陽修手跡

　　北宋大文學家和史學家。字永叔，號醉翁，晚號六一居士。吉州永豐（今屬江西）人，生於綿州（今四川綿陽）。天聖八年（1030）中進士甲科。官至翰林學士、樞密副使、參知政事。他支持范仲淹的慶曆新政，也曾受過排擠和打擊，晚年思想趨於保守，抵制和譏諷王安石的部分新法，但比較實事求是。文學上，歐陽修與韓愈、柳宗元、王安石、蘇洵、蘇軾、蘇轍、曾鞏合稱「唐宋八大家」。他主張文學革新，詩、詞、散文都有佳作名篇流傳，《醉翁亭記》便是代表。同時，他還桃李滿門，蘇軾兄弟和曾鞏、王安石都是他的學生。史學上，歐陽修曾奉詔編《唐書》，世稱《新唐書》，並且獨自撰有《五代史記》（世稱《新五代史》）以及關於金石學的《集古錄》。

費」。《言事書》受到了許多士大夫的讚揚，卻未被宋仁宗採納。

稍後，司馬光、蘇轍、蘇軾等也多次上奏札，提出「斟酌事宜，損益變通」的主張。司馬光的改革主張，主要為裁減禁軍，精加選擇；量材錄用官員，使久其任；減損冗費，節省財用；善於理財，保養財源，使「農盡力」「工盡巧」「商賈流通」，皆能樂業安富，然後「上下交足」。他還指出：「上下偷安，不為遠謀，此最國家之大患也。」蘇軾也提出了「課百官」「安萬民」「厚貨財」「訓軍旅」等涉及政治、經濟、軍事各個方面的改革主張。在百姓窮困、官府倉庫空虛、社會危機四伏的情況下，士大夫們「爭言便宜，以變更舊制」。改弦更張，勢所必然。

王安石變法

治平四年（1067）正月，宋神宗趙頊即位。神宗立志革新，熙寧元年（1068）四月，召王安石入京，任翰林學士兼侍講，次年二月升任參知政事。神宗一心依靠王安石來變法立制，富國強兵，改變積貧積弱的現狀。當時，王安石已成為眾望所歸的人物，士大夫們大都以為只要王安石登台執政，「太平可立致，生民咸被其澤」。

王安石主張，為了改變國貧的局面，必須採取「民不加賦而國用饒」的理財方針。一方面「摧制兼併」，把大商人、官僚、地主的部分剝削收入收歸朝廷，另方面扶植「農民」（地主階級中下層和自耕農），減輕差役，興修農田水利，發展生產，預防農民起義的興起。為此，王安石建立一個指導變法的新機

構 —— 制置三司條例司，條例司撤銷後，由司農寺主持變法的大部分事務。呂惠卿、曾布等人參與草擬新法，此後陸續制定了均輸、青苗、農田水利、募役、市易、免行、方田均稅、將兵、保甲、保馬等「新法」。各路設提舉常平官，督促州縣推行新法。這些新法按照內容和作用大致可以分為幾個方面：

供應國家需要和限制商人的政策，主要是均輸法、市易法和免行法。

王安石（1021～1086），北宋改革家、思想家和文學家

字介甫，號半山。江西臨川（今江西撫州）人，世稱臨川先生。

均輸法

宋初以來，為了供應京城皇室、百官、軍隊的消費，在江南、兩浙、荊湖、淮南等路設置發運使，負責督運各地「上供」物資。發運使只是照章辦事，完全按照每年的定額，豐年不敢多運，凶年不能少運，經常支出大筆運費，運來一些過剩物品，只得在京城半價拋售。各司往往隱瞞財富，不肯如實申報朝廷，反而以支移、折變等名目加倍收稅，朝廷調用物資時，又多不管產地和時令，一味強徵。這些做法給富商

六路發運使

六路是指北宋時期江南東、江南西、淮南、兩浙、荊湖南、荊湖北六路。當時六路已經是國家財富的倚重之地，宋神宗朝，江淮六路的各項賦稅收入佔到全國的三成以上，鹽稅甚至最高達到四成多。同時，江淮六路每年的上供糧食達到六百二十萬石，成為了宋代的重要糧倉。正因為江淮六路的作用日益重要，宋朝在江淮六路設立了江淮六路發運使和江淮六路轉運使。江淮六路發運使的職能非常廣泛，漕運上供糧食、保證京師物資供應是其核心職能。

大賈囤積居奇、控制市場提供了方便,百姓則被加重賦稅負擔,
朝廷仍然財用窘急。

　　熙寧二年(1069)七月,頒行淮、浙、江、湖六路均輸法。
以薛向為六路發運使,設置官屬,推行此法。朝廷從內藏庫撥予
錢五百萬貫,並撥予上供米三百萬石,以供周轉的費用。發運使
掌握六路的財賦情況,斟酌六路每年應該上供和京城每年所需物
資的品種、數額以及庫存情況,然後按照「徙貴就賤,用近易遠」
的原則,「從便變易蓄買」,貯存備用,藉以節省價款和轉運的勞
費。王安石試圖由朝廷「稍收輕重斂散之權」,調節供求關係,
做到「國用可足,民財不匱」。均輸法從增加宋朝「國用」出發,
多少改變了舊制,增加了財政官員的權力,奪取了富商大賈的部
分利益,同時也稍稍減輕了納稅戶的許多額外負擔。

市易法

　　熙寧五年(1072)三月,頒行市易法。在此以前,同管
勾秦鳳路經略司機宜文字王韶曾在古渭城(後改名通遠軍,今
甘肅隴西)設置市易司,借官錢為本,每年收商利約可一二十
萬貫。又有平民魏繼宗上書建議在開封設置常平市易司,管理
京師市場,物價賤則稍增價收購,貴則稍減價出售,以便由官
府掌握「開闔斂散之權」,達到「商旅以通」「國用以足」的目
的。中書據此制定市易法,在開封設置市易務,以內藏庫等錢
一百八十七萬貫作本,控制商業。市易務根據市場情況,決定
價格,收購滯銷貨物,待至市場上需要時出售,商販向市易務

《山東貨郎圖》

北宋蘇漢臣繪。

貸款，以產業作抵押，五人以上互保，出年息二分，半年出息一分。商販向市易務成批地賒購貨物，也出年息二分。後來陸續在杭州、成都、廣州、揚州、潤州（今江蘇鎮江）等幾十個重要城市設立市易務，又將開封市易務升為都提舉市易司，作為市易務的總機構。市易法在限制大商人壟斷市場方面發揮了作用，也增加了朝廷的財政收入。

免行法

熙寧六年（1073）七月，正式頒行免行法。開封各行商鋪原來承擔供應官府所需物品的任務，經常被迫用高價收購貨物供官，所以「每糾一人入行，輒訴訟不已」。當年，肉行徐中正等首先提出向官府交納「免行役錢」「更不以肉供諸處」的要求。宋神宗命提舉在京市易務呂嘉問和開封府司錄司共同調查各行利害，成立詳定行戶利害條貫所，制定條法。免行法規定，各行商鋪依據贏利的多寡，每月向市易務交納免行錢，

不再輪流以實物或人力供應官府。此後，宮廷買賣物品，都通過雜賣場、雜買務，並設置市司負責估定物價。

調整封建國家、地主和農民關係的政策以及發展農業生產的措施，有青苗法、募役法、方田均稅法和農田水利法。

青苗法

熙寧二年（1069）九月，制置三司條例司頒佈青苗法。宋仁宗時，陝西轉運使李參在當地百姓缺少糧、錢時，讓他們自己估計當年穀、麥產量，先向官府借錢，穀熟後還官，稱「青苗錢」。幾年後，軍糧經常有餘。王安石、呂惠卿等據此經驗，制定青苗法。規定以各路常平、廣惠倉所積存的一千五百萬貫石以上的錢穀為本，其存糧遇糧價貴，即較市價降低出售，遇價賤，即較市價增貴收購。其所積現錢，依陝西青苗錢法，每年分兩期，即在需要播種和夏、秋未熟的正月和五月，按自願原則，由農民向政府借貸錢物，借貸者，每五戶或十戶結成一保，由第三等以上戶充當「甲頭」，客戶貸款，須與主戶合保。在河北路，貸款的限額是客戶與第五等戶每戶一貫五百文，第四等戶三貫，第三等戶六貫，第二等戶十貫，第一等戶十五貫。本縣如有剩餘，允許第三等以上戶借貸。如還有剩餘，借貸給有物業抵當的坊郭戶，貸款以適中的糧價折算，收成後，隨夏、秋兩稅，加息十分之二或十分之三歸還穀物或現錢。凡災傷達五分以上的地區，允許延期歸還。先分派提舉官到河北、京東、淮南三路試行，俟其就緒，然後再在各路推行。

坊郭戶

　　從唐代開始，城市居民被稱為坊郭戶。宋代的坊郭戶包括了居住在州、府、縣城和鎮市的人戶，以及一部分居住在州、縣近郊的居民區 —— 草市的人戶。官府依據有沒有房產，把坊郭戶分成了主戶和客戶，然後又依據財產或房產的多少，把坊郭戶分為十等。坊郭上戶中有地主、商人、地主兼商人、富有的房產主等，坊郭下戶中有小商小販、手工業者和貧苦秀才等。按照宋朝的法律，坊郭戶必須承擔勞役，並且繳納屋稅、地稅等賦稅。由於統治中心設在城市，所以官府常對坊郭戶臨時攤派「科配」，數額往往比鄉村戶還多。

　　實行青苗法的目的，是要使農民在新陳不接之際，不致受「兼併之家」高利貸的盤剝，使農民能夠「赴時趨事」。跟高利貸者的加倍利息相比，青苗法取息二分或三分，應該說是比較輕的。青苗法限制了高利貸者的活動，朝廷也從中獲得大量利息。

募役法

　　熙寧四年（1071）正月，司農寺擬定的募役法（免役法）先在開封府界試行。同年十月，頒佈全國實施。免役法規定，廢除原來按戶等輪流充當衙前等州、縣官府差役的辦法，改為由州、縣官府出錢僱人應役。各州、縣預計每年僱役所需經費，由民戶按戶等高下分攤。上三等戶分八等交納役錢，隨夏、秋兩稅交納，稱免役錢。原來不承擔差役的官戶、女戶、僧道、未成丁戶、坊郭戶等，要按定額的半數交納役錢，稱助役錢。州、縣官府依當地吏役事務簡繁，自定額數，供當地費用；定額之外另加十分之二繳納，稱免役寬剩錢，由各地存留，以備災荒年份，全部免征「役錢」時，即以此錢充用。募役法使原來輪流充役的農村居民回鄉務農，原來享有免役特權的人戶不得不交納役錢，官府也因此增加了一宗收入。

方田均稅法

　　熙寧五年（1072）八月，司農寺制定《方田均稅條約》和《式》頒行。官僚地主無止境地兼併土地，隱瞞田產和人口，鄉村中、下戶賣掉土地，卻仍負擔重稅。田產不均、賦稅不實，一直是嚴重問題。方田均稅法分為方田和均稅兩部分，規定每年九

月由縣官丈量土地，以東南西北各千步為一「方」，計四十一頃六十六畝多。依據方、莊賬籍，檢驗土地肥瘠，分為五等，規定稅額。丈量後，到次年三月向民間公佈，分發方賬、莊賬、甲帖和戶帖四種土地帳帖，作為「地符」。分家析產、典賣割移，都以現在丈量的田畝為準，由官府登記，發給契書。詭名挾佃者，都予合併改正。同時，各縣以原有稅數為定額，禁止使用合零就整等手段超溢此額。荒地歸於耕佃之家，不必追查。瘠鹵不毛之地，允許佔有佃種。《方田均稅條約》和《式》頒佈後，派濟州巨野縣尉王曼為指教官，先在京東路實行，再在各路推廣。到元豐八年（1085），開封府界、京東、陝西、河北、河東五路，「已方而見於籍者」共二百四十八萬餘頃，約為全國納稅土地的半數以上，從而使賦稅的負擔與土地佔有的實際情況相符合，官府的田賦收入也得到保證。

農田水利法

熙寧二年（1069）十一月，制置三司條例司頒佈《農田水利利害條約》。這是王安石主張「治水土」以發展農業、增加社會財富的重要措施。條約獎勵各地開墾荒田，興修水利，修築堤防圩岸，由受益人戶按戶等高下出資興修。如工程浩大，民力不足，可依青苗法，由官府貸款，如官錢不足，州縣官勸諭富室出錢，依例計息，由官府置簿催還。變法派廣泛吸取發展生產的建議，社會地位低下的胥吏、商販、農民、僕隸甚至罪廢者，只要能講求水利、有利農業，都可直接到東京獻策。興修水利有成

績，還要授官嘉獎。在王安石的倡導下，一時形成「四方爭言農田水利」的熱潮。這項新法推行七年後，據統計，全國共興修水利工程一萬零七百九十三處，水利田三十六萬餘頃，疏浚河汊、湖港之類不計其數。福建莆田木蘭陂，在此期間最後建成，溉田一萬多頃。揚州天長縣（今屬江蘇）的三十六陂、宿州臨渙縣（今安徽宿州西）的橫斜三溝，建成後也溉田九千頃。這時，北方在治理黃、漳等河的同時，還在幾道河渠的沿岸淤灌成大批「淤田」，使貧瘠的土壤變成了良田。

鞏固封建統治秩序和整頓、加強軍隊的措施，有將兵法、保甲法、保馬法以及建立軍器監等。

將兵法

作為「強兵」的措施，王安石一方面精簡軍隊，裁汰老弱，合併軍營，另一方面實行將兵法。自熙寧七年（1074）始，在北方各路陸續分設一百多將，每將置正將一人，挑選武藝較高、作戰經驗較多的武官充任，專掌訓練。元豐四年（1083），又在東南的淮東、淮西、浙西、浙東等設十三將。「將」成為軍隊編制的基本單位，正將以下設副將、部將、隊將等。將兵法的實行，使兵知其將，將練其兵，提高了軍隊的戰鬥力。

保甲法

熙寧三年（1070），司農寺制定《畿縣保甲條制》頒行。各地農村住戶，不論主戶或客戶，每十家（後改為五家）組成一保，五保為一大保，十大保為一都保。凡家有兩丁以上的，出一

人為保丁。選取主戶中「物力最高」和「有材幹心力」者充任保長、大保長和都、副保正。農閒時集合保丁，進行軍訓；夜間輪差巡查，維持治安。保甲法隨後推行到全國各路。保甲原屬司農寺，熙寧八年改隸兵部。第二年，實行結隊法對丁保進行軍訓，兩大保編成五十人一隊。這年，各路「義勇、保甲民兵」達七百一十八萬餘人，其中保甲民兵六百九十三萬餘人。王安石組織保甲、訓練保丁的目的有二：一是使各地壯丁接受軍訓，與正規軍相參為用，軍隊的缺額不再填補，以節省國家的大量軍費。年歲稍久，保甲民兵便可以代替大部分軍隊。二是建立嚴密的治安網，把各地人民按照保甲編制起來，以便穩定封建秩序。

此外，王安石等變法派還改革了科舉制，整頓了各級學校。王安石變法以「富國強兵」為目標。從新法實施，到守舊派廢罷新法，前後將近十五年時間。在此期間，每項新法在推行後，雖然都不免產生了或大或小的弊端，有的是因變法派自己改變了初衷，有的是因執行新法出現偏差，但基本上都部分地收到了預期的效果，使豪強兼併和高利貸者的活動受到了一些限制，使中、上級官員和皇室減少了一些特權，而鄉村上戶地主和下戶自耕農則減輕了部分差役和賦稅負擔，封建國家也加強了對直接生產者的統治，增加了財政收入。當時朝廷內外的倉庫所積存的錢粟「無不充衍」。

各項新法或多或少地觸犯了中、上級官員以及皇室、豪強和高利貸者的利益，因此，在每一項新法實施的過程中，都無例外地遭到他們的阻撓和反對。他們在朝內外利用一切機會，製造事

端，造作謠言，掀起陣陣波瀾，使新法不得不在十分艱難的環境下推行。

新法以「富國強兵」為目標，在西北邊防線上，對西夏展開了攻勢。到熙寧六年為止，由王韶採用「招撫」和鎮壓的策略，佔領了吐蕃部落居住的熙（今甘肅臨洮）、河（今甘肅臨夏東北）等州。王安石罷相後的元豐四年、五年，宋神宗又對西夏發動了兩次進攻。第一次攻西夏西平府（今寧夏靈武西南）之戰，宋軍無功而返；第二次永樂城（今陝西米脂西北）之戰，宋軍大敗，士兵、民伕損失二十餘萬人。

統治階級內部矛盾的發展

元祐更化

元豐八年（1085）三月，宋神宗趙頊死。十歲的幼子宋哲宗趙煦繼位，宋英宗的皇后高氏以太皇太后身份處理軍國大事。因為新法侵犯了皇親國戚的利益，高太后早就反對。她剛一執政，便首先起用在守舊派中享有聲譽的司馬光為宰相，由他主持廢除新法。

司馬光入朝前，已經上章請求急速罷去保甲、免役和將兵等法。入朝當政後，又上章攻擊王安石「不達政體，專用私見，變亂舊章」，主張全部「更張」新法。有人以為按照古訓「三年無改於父之道」，不宜驟改。司馬光力爭說：「太皇太后以母改子，非子改父。」為推翻新法提供了理論依據。高太后、司馬光等首

先廢罷保甲軍訓和保馬，在一年多的時間裏，新法大部被廢罷。變法派被列為王安石等人的親黨，榜之朝堂，其主要成員蔡確、章惇、呂惠卿、曾布等先後被貶官。

司馬光還主張把宋神宗時為了對付西夏而建立的熙河蘭會路和在延州（今陝西延安）、慶州（今甘肅慶陽）外圍建立的安疆、葭蘆、浮圖和米脂等堡寨，都送還西夏，他認為這樣做既可免「激令憤怒」，還可以換取雙方短期內相安無事。

在司馬光廢罷新法的過程中，守舊派中只有劉摯、王岩叟、劉安世等人完全贊成，而另外一些人則認為有些新法還可繼續施行，如范純仁不主張廢除青苗法，蘇軾、蘇轍、范純仁等人不主張廢除免役法。元祐元年（1086）九月，司馬光死，新法已大都廢罷，變法派也相繼被排擠出朝，新法的存廢已經不容再有爭論。

蜀洛朔黨爭

司馬光死後，八十一歲的守舊派文彥博繼任左相。守舊派牢固掌握朝政後，開始因人事的傾軋和政見、學術主張的分歧而分化為幾個小集團。崇政殿說書程頤以師道自居，對宋哲宗正色訓誡，又主張一切都用古禮。中書舍人蘇軾認為他不近人情，每加譏諷。程、蘇二人從此尖銳對立。程頤及其門人賈易、朱光庭等被稱「洛黨」。蘇軾、呂陶等被稱為「蜀黨」。劉摯、梁燾、王岩叟、劉安世等被稱為「朔黨」。三黨展開了一場混戰。

元祐四年，蔡確謫居安州（今湖北安陸），賦詩十章，被梁

燾等守舊派指為「譏訕」高太后。高太后再貶蔡確新州（今廣
東新興）安置。左相范純仁建言「不可以語言文字之間、曖昧不
明之過，誅竄大臣」。蔡確貶後，梁燾、劉安世交章彈劾范純仁
黨附蔡確，范純仁罷相。元祐六年，左相呂大防和右相劉摯不
合，御史台官員鄭雍、楊畏依附呂大防，奏劾劉摯交結蔡確和章
惇，梁燾、王岩叟雖上疏為劉摯辯護，劉摯卻終於罷相。朱光庭
為劉摯辯解，也罷給事中。守舊派內部交訌的結果，使政局愈加
混亂。

紹述

　　元祐八年（1093）九月，高太后病死，宋哲宗始得親政。
哲宗早就對高太后不滿，並有志繼續宋神宗的新法。次年三月，
左相呂大防被罷免。蘇轍勸宋哲宗不要「輕變」元祐之政，不要
再用變法派，哲宗大怒，罷蘇轍門下侍郎。四月，章惇為左相。
又改元祐九年為紹聖元年，表示決心恢復新法。

　　以章惇為首的變法派再度掌握政權，對守舊派甚至中間派進
行打擊。宋哲宗下令追貶司馬光、呂公著等，呂大防、劉摯、蘇
轍、梁燾、范純仁等流放到嶺南。韓維等三十人貶官，致仕官文
彥博由太師貶為太子少保。中書舍人林希在撰寫對守舊派的貶官
制詞中，陰斥高太后「老奸擅國」。

　　在打擊守舊派的同時，章惇等人逐步恢復新法。紹聖元年，
依照宋神宗時的「條約」，恢復免役法、保甲法。二年，復青苗
法。四年，重置市易務。元符元年（1098），「以常平、免役、

農田水利、保甲，類著其法，總為一書」，名《常平、免役敕令》，頒行全國。在這段時間內，各項新法基本上按照熙寧、元豐時期的模式進行，只是為了克服熙、豐推行時曾經產生的弊端，並且為了消除阻力，對新法也稍稍做了一些改革。

在恢復新法的同時，章惇、曾布等又主持對西夏的開邊活動。紹聖二年八月，宋朝終止與西夏邊界談判，採取進築堡寨、開拓疆土的戰略，先後築堡寨五十餘所，佔據了河東路西北、陝西路橫山和天都山一線的戰略要地，屢敗西夏兵，迫使西夏叩關求和。元符二年，又舉兵攻佔青唐（今青海西寧），以青唐為鄯州，邈川（今青海海東樂都區）為湟州，卻遭吐蕃族的反抗，宋將种朴陣亡，宋朝被迫放棄青唐等地。

變法派一方面反擊守舊派和恢復新法，另一方面卻又不斷出現內部分裂。曾布在王安石初次罷相時，曾上疏攻擊市易法，與呂惠卿、章惇分裂。紹聖初，曾布又阻撓呂惠卿回朝任職。曾布還指責章惇引用小人，專恣弄權，攻擊章惇、蔡卞處理元祐黨人「過當」，是「報私怨」，指責章惇、蔡卞各自植黨。章惇和蔡京、蔡卞兄弟原來政見一致，後又發生齟齬，蔡京和蔡卞的權勢日盛。變法派大臣互相傾軋，削弱了自己的力量。

宋徽宗、蔡京集團的腐朽統治

元符三年（1100）正月，宋哲宗病死，無子。宋神宗皇后向氏提議立宋神宗第十一子趙佶。章惇以為趙佶「輕佻」，「不可

以君天下」。曾布、蔡卞等人呵叱章惇，支持向太后。向太后決策，由趙佶即位（宋徽宗），自己「權同處分軍國事」。向太后早就反對新法，當權後，起用韓琦之子、守舊派韓忠彥為左相，曾布也乘機排除異己，進為右相。變法派大臣章惇、蔡京、蔡卞等人被先後貶斥出朝。

元符三年七月，宋徽宗親政後，聽從曾布紹述之說，決定恢復新法，改年號為崇寧，表示崇法熙寧。崇寧元年（1102）五月，韓忠彥罷相。蔡京勾結宦官，重返朝廷，很快取代曾布任右相。從此，蔡京與童貫、王黼、梁師成、楊戩、朱勔、李彥、高俅等人在宋徽宗統治的二十多年的大部分時間裏，掌握全部軍政大權，成為北宋王朝極度腐朽、黑暗的時期。

蔡京首先定文彥博、呂公著、司馬光、蘇軾、蘇轍、程頤等一百二十人為元祐奸黨，又將元符末向太后執政時，主張維持新法和恢復舊法的臣僚，分為正、邪兩類。此後，重定元祐和元符末黨人及上書邪等者合為一籍，共三百零九人，刻石文德殿門，頒行全國，稱「元祐黨籍碑」。奸黨名籍中，還包括章惇、張商英、李清臣、陸佃等十名與蔡京意見不合的變法派。章惇因反對立宋徽宗，被指責為「為臣不忠」。被列入黨籍的官員，重者被編管、責降到遠地，輕者則賦閒或謫降，非經特許，不得內徙。其子弟同樣受到種種限制。

宋徽宗重用蔡京一夥，依仿製置三司條例司設置講議司，商定關於宗室、冗官、國用、商旅、鹽澤等政事。他們借推行新法之名，行聚斂之實，如免役法的恢復，鞏州（今甘肅隴西）的役

《聽琴圖》

宋徽宗趙佶繪。圖上彈琴者為宋徽宗，兩側畢恭畢敬聆聽的，右為蔡京，左為童貫。圖上還有蔡京的一首題詩，詩意投徽宗所好。因為宋徽宗寵信蔡京，所以在他的畫作上多有蔡京的題記、題詩。

錢由元豐時每年的四百貫增加到二萬九千餘貫。方田的官員往往在原有稅額外，增加稅數，稱為「蹙剩」，一縣多達幾萬貫。在丈量過程中，賄賂公行，弊端百出。豪右形勢之家多減免賦役，把負擔都轉嫁到下戶頭上。

蔡京藉口「不患無財，患不能理財」，極力搜括財富。崇寧元年，恢復榷茶法，在產茶州軍設官場專賣，禁止商人、園戶私相貿易。崇寧四年，罷官場，允許商販向園戶買茶販賣，由官府「抽盤」後，批給茶引。政和元年（1111）後，朝廷一年的茶稅收入達四百餘萬貫。每年以一百萬貫供皇帝「私奉」。蔡京還大改鈔鹽法，廢除東南六路官運官賣制，由商人任便向榷貨務出錢買鹽鈔，憑鹽鈔去產地領鹽，再到指定的州縣販賣。鈔法屢次更易，商人出錢買鈔，尚未領鹽，鈔法已變，又須貼錢領新

鈔，如無錢更換新鈔，則「已輸錢悉乾沒，數十萬券一夕廢棄，朝為豪商，夕儕流丐」，甚至被迫自盡。朝廷還以賣鹽多寡為州縣官的考核標準，州縣往往強迫百姓按戶等買鹽，有的上戶一家全年買到上千貫，第三等末戶買到三五十貫。宣和元年（1119）前後，榷貨務歲入淮南和兩浙鹽利，分別為一千四百至一千五百萬貫和七百至八百萬貫，成為朝廷財政的一筆重要收入。宋徽宗見到鹽鈔、茶引成櫃搬入朝廷，得意地說：「此太師（即蔡京）送到朕添支也。」

宋徽宗還用宦官直接掠奪民間田地。政和六年（1116），由宦官楊戩在京西路設公田所。楊戩死後，宦官李彥又設置西城括田所。李彥等人在京西、京東、京畿、河北等路，以把官地、荒地、逃田、退灘等收歸官府為名，將大量民田指作「天荒」，掠為「公田」，課取「公田錢」，強佔的田地共達三萬四千多頃。大批百姓被奪去常產，「愁怨溢路」。

宋徽宗、蔡京將各地倉貯錢穀搜羅一空。各路每年向朝廷上供的數額，宋神宗時已增加一倍，宋徽宗時重定上供額，又增加到十幾倍。蔡京的親信胡師文為江、淮、荊、浙等路發運使，將每年糴買東南糧米的大部分本錢，移作上供，供徽宗揮霍，胡師文因而升戶部侍郎。各路官員競相仿效，倉貯錢物全被搜空。各地官府還千方百計敲詐百姓。西蜀原來稅錢三百文折絹一匹，因輾轉紐折，竟增至二十三貫。對一向不施行支移的地區，加徵地里腳錢，一斗稅糧的地里腳錢竟與元豐時正稅相當。此外，還巧立名目，僅絹帛一項，有和買、預買、泛買、常平司和買、應副

燕山和買等，米穀一項，有和糴、均糴、補發上供和糴等。名為預買，實不給錢，名為和糴，只給低價。贓吏猾胥，從中侵漁。大批百姓饑寒轉徙，苦不堪言。

宋徽宗再次對西夏和青唐用兵。崇寧二年至三年，王厚統兵先後佔領吐蕃湟、鄯、廓（今青海尖紮北）等州，瓦解了當地吐蕃政權。蔡京還強令王厚招誘西夏卓羅右廂監軍仁多保忠，雙方用兵三年，勝負相當。政和四年，西夏軍攻環慶路，宋以宦官童貫為陝西經略使，戰事再起。童貫襲用以往進築城寨的戰略開邊，但開拓之地有限，城寨多建於不毛之地，難以防守。宋軍與西夏軍屢次舉行大規模戰鬥，互有勝負。宣和元年（1119），童貫令大將劉法率重兵襲取西夏朔方之地，兩軍會戰於統安城，宋軍大敗，劉法被殺。西夏亦為戰爭所困，雙方遂於當年講和休兵。

宋徽宗、蔡京一夥大肆搜括民財，窮奢極侈，恣意揮霍。宋神宗元豐間左藏庫月支約三十六萬貫，這時增加到一百二十萬貫。宋徽宗初年，杭州設造作局，由童貫主管，每天役使幾千名工匠，為皇室製造奢侈品，所需物料，全向民間徵斂。稍後，又在蘇州設應奉局。宋徽宗酷愛奇花異石，蔡京最初命朱勔密取江浙花石進奉，後來所運花石規模不斷擴大，動輒用船數十艘，每十艘編為一「綱」，號花石綱，朱勔仗勢掠奪民間花木、奇石，運到汴京。一塊石頭的運費，民間至用三十萬貫。各路監司、郡守仿效朱勔等人，凡「尺寸之地，入口之味，莫不貢獻」，花石所過，沿途甚至毀橋梁，鑿城郭，州縣官府積存的錢穀，為之一

空。大批農民長期被徵發當民伕,搬運貢物,不能種田,直到力竭餓死,或者自縊於大車的轅軛下。大批花石樹木運到京城,用來建造延福宮、景龍江和艮嶽。艮嶽用人工築成,周圍十多里,主峰高九十尺,使用山石以萬計,都由各地限期運來。山上建造館舍台閣,窮極華侈。徽宗整日在宮中縱情取樂,宮女多至以萬計。

蔡京第宅宏敞,園內林木參天,與其子蔡攸等第宅相鄰,「極天下土木之工」,金碧相照。蔡京家蓄養姬妾成群。蔡京生日,各地都要奉獻大宗禮物,稱「生辰綱」。宦官童貫掌握軍權,每得軍需,悉充私藏,家中金幣寶玉堆積如山。朱勔在蘇州佔有甲第、名園,田產跨連郡邑,每年收租十多萬石。童貫、王黼等人公然鬻賣官爵,賄賂公行,門庭若市。京師人說:「三百貫,直通判,五百索(即一貫),直祕閣。」王黼侍妾甚眾,其中有官封者達十八人。其子十四歲便任待制,被稱為「猢猻待制」。

北宋末年的農民起義

北宋王朝極其腐朽、黑暗的統治,使社會生產受到嚴重破壞。日益眾多的農民破家蕩產,「人不堪命,遂皆去而為盜」,已成為歷史的必然。

方臘起義

兩浙路是北宋經濟最為發達的地區。封建國家的財賦,有很

大一部分來自這裏。宋徽宗時，應奉局、花石綱之類，又對該地區的廣大農民、工匠大肆搜括和奴役，社會秩序動盪不定。宣和二年（1120），睦州青溪縣（今浙江淳安西北）農民在方臘領導下發動起義。

方臘（方十三）是青溪萬年鄉幫源峒地主、保正方有常家的傭工（一說方臘是漆園主）。十月九日，方臘假託「得天符牒」，率領農民，殺方有常一家，首揭義旗。遠近農民聞風響應，很快發展到上萬人。起義軍尊稱方臘為「聖公」，改元永樂，置將帥為六等。在起義的頭三個月內，陸續攻佔睦（今浙江建德東）、歙（今安徽歙縣）、杭、婺（今浙江金華）、衢（今浙江衢州衢江區）、處（今浙江麗水西北）等六州五十多縣。各地響應起義的，有蘇州石生，湖州歸安（今浙江湖州吳興區）陸行兒，婺州蘭溪靈山峒（今浙江蘭溪西南）朱言、吳邦，永康方岩山（今浙江永康東）陳十四等。台州仙居呂師囊、越州剡縣（今浙江嵊州）裘日新（仇道人）等，也領導當地摩尼教祕密組織起兵響應。

宋徽宗於宣和三年正月，派童貫率領京畿禁軍和陝西蕃、漢兵十五萬人南下。宋軍攻杭州，起義軍戰敗，退回青溪。歙州、睦州、青溪相繼落入宋軍之手。方臘帶領餘部退守幫源峒。四月末，宋軍重重包圍幫源，發動總攻。起義軍奮戰，七萬多人壯烈犧牲，方臘力竭被俘。八月，方臘英勇就義。起義軍餘部分散在浙東堅持戰鬥，直到宣和四年三月，最後失敗。

宋江起義

　　重和元年（1118），河北、京東遭水災，貧苦農民流離失所，無以為生。宣和元年（1119）十二月稍前，宋江領導京東路的農民舉行起義。起義軍活躍在河北、京東、淮南一帶。大約在方臘起義失敗的前後，宋江等三十六名首領接受了宋朝的招安，起義就此失敗。

張迪、高托山等起義

　　方臘、宋江等起義失敗後，宋徽宗、蔡京一夥以極大的代價從金朝手中贖回燕京（今北京）及其附近的六州，燕京駐軍和官吏的給養，都攤派在河北、山東、河東百姓頭上，還須運到燕京交納。為了運送一石糧食，沿途盤費十幾石到二十幾石，造成這地區百姓的極大災難。隨後，王黼又在全國徵收免伕錢，數達六千二百萬貫。州縣官吏對百姓竭澤而漁，急如星火，加上連年災荒，餓殍遍野。宣和五年，河北、京東等路農民遂相繼起義，少者幾百人、幾千人，多者發展到幾萬人、幾十萬人。河北路洺州（今河北永年東）張迪「聚眾數十萬，陷州縣」，曾圍攻濬州（今河南浚縣）五日。劉光世率宋軍鎮壓，張迪犧牲。河北高托山在望仙山起義，號稱三十萬人，轉戰於河北和京東路青（今山東青州）、徐（今江蘇徐州）、密（今山東諸城）、沂（今山東臨沂）等州一帶，宣和七年被宋朝楊惟忠、辛興宗軍戰敗，高托山降宋。京東路青州張仙（張先、張萬仙）號「敢熾」，率領起義軍號稱十萬人。同年，在沂州礵鼓山與宋軍作戰，失敗，張仙接

受宋朝「招安」。濟南府孫列率領當地農民號稱十萬人，佔領鑄子山，靖康元年（1126）被宋梁方平軍戰敗。沂州臨沂的武胡、北京大名府（今河北大名東北）的楊天王、鄆州（今山東東平）的李太子、沂州和密州的徐進、水鼓山的劉大郎等率領的農民軍也都號稱萬人以上。這些起義隊伍所到之處，殺地主、官僚，攻打州縣，或則保聚山谷之間，以崇山峻嶺為據點，樹起起義的旗幟，「巡、尉不敢抗，縣、鎮不敢守」。

女真兵馬的南侵和北宋的滅亡

政和五年（1115），遼朝統治下的女真族貴族首領完顏旻（阿骨打），在混同江（今松花江及同江以東黑龍江）邊建立起奴隸佔有制的國家，國號金。隨後向遼朝進攻，屢敗遼兵。宋徽宗等以為遼朝有必亡之勢，決定聯金滅遼，乘機恢復燕雲。宣和二年（1120），宋、金訂立「海上盟約」：雙方夾擊遼朝，金軍攻取遼的中京大定府（今內蒙古寧城境），宋軍攻取遼的南京析津府（今北京）和西京大同府（今山西大同）；滅遼後，燕雲之地歸宋，宋將原來送與遼的歲幣轉送給金朝。宣和四年，金軍攻佔遼中京、西京，由童貫、蔡攸統領的宋軍，接連兩次攻打遼南京，都被遼軍打敗。童貫要求金軍攻遼南京。十二月，金軍由居庸關進軍，一舉攻下遼南京。金朝提出：燕京（遼南京）歸宋，宋將燕京租稅一百萬貫給予金朝。宋徽宗、王黼全部應允照辦。金軍將燕京城內財物和男女擄掠一空而去，宋朝接收的只是一座

殘破不堪的空城，改燕京為燕山府。

金軍第一次南侵

在攻打燕京和宋、金交涉燕京歸屬的過程中，宋朝軍事政治的腐朽情況在女真貴族面前已暴露無遺。金軍於宣和七年二月俘獲了遼天祚帝，乘勝於十一月侵宋：西路由完顏宗翰率領，從雲中府（今山西大同）進取太原府；東路由完顏宗望（斡離不）率領，由平州（今河北盧龍）進取燕山府。兩路約定在攻下太原、燕山府後，會師於宋朝東京開封府。西路軍在太原城遭到王稟領導下宋朝軍民的頑強抵抗，長期未能攻下。東路軍到達燕山府，宋守將郭藥師投降，金即以降將為向導，長驅南下，渡過黃河，直達東京城下。

宋徽宗自從聽到金兵南下的消息，即急忙傳位給太子趙桓（宋欽宗），企圖南逃避難。宋欽宗即位，改明年為靖康元年（1126）。這時朝野官民紛紛揭露蔡京、王黼、童貫、梁師成、李彥、朱勔等「六賊」的罪惡，要求把他們處死。宋欽宗被迫陸續將蔡京等人貶官流放或處斬。

靖康元年正月，宋欽宗起用了主戰派李綱為親征行營使，部署京城的防禦。戰守之具粗備，金完顏宗望部即已抵達城下。宋欽宗派使者去金營求和，完顏宗望提出：宋須交金五百萬兩、銀五千萬兩、牛馬騾各一萬頭匹、駝一千頭、雜色緞一百萬匹、絹帛一百萬匹，割讓太原、中山（今河北定州）、河間三鎮（稱三鎮，即包括其所屬州縣），尊金帝為伯父，以宋親王、宰相作人

質，送金軍北渡黃河，才許議和。金軍攻城，李綱親自督戰，多次打退金軍。

　　駐守陝西等路的宋軍，聽說開封被圍，立即由种師道、姚平仲等率領前來「勤王」。各地鄉兵和百姓也自動組織起來，迅速向開封集中。种師道等各地援軍達二十多萬，金軍不到六萬人。李綱、种師道主張堅守京城，在敵軍糧盡力疲北撤時，中途邀擊，可以取勝。二月，姚平仲領兵半夜出城劫營失敗，宋欽宗和太宰李邦彥罷免李綱，向金軍謝罪。這些荒謬舉動，激怒了東京軍民，太學生陳東等在宣德門上書，要求復用李綱，罷免李邦彥等人，幾萬人來到皇宮前，痛罵李邦彥，砸碎登聞鼓，打死宦官幾十人。宋欽宗不得已宣佈再用李綱為尚書右丞、京城四壁防禦使。李綱復職，下令能殺敵者厚賞，軍民無不奮躍。但宋欽宗卻繼續派使者去金營求和，竟然答應了金朝賠款和割讓三鎮的要求。

　　完顏宗望見宋朝備戰，勤王軍不斷來援，又因已得三鎮，便撤軍北歸。宋朝兩次出兵救援太原，均被金軍擊破，宋軍主力耗折殆盡。

金軍第二次南侵

　　宋朝的最高統治集團雖然把太原、中山、河間三鎮的土地和人民全部割歸金朝，三鎮的人民卻起而抗拒，「懷土顧戀，以死堅守」。北歸的金軍並不能憑靠宋朝最高統治集團的無恥諾言而佔有三鎮。因此，究竟應否割讓三鎮的問題，在北宋最高統治集團中也成為重新爭論的議題。於是在靖康元年八月，金軍再次南

六甲神兵

在金兵圍城數月的危急時刻，宰相孫傅向欽宗引薦「奇人」郭京。郭京自稱幼年學道，精通祕術，只要有一支七千七百七十七人的部隊，就能殺退金兵。於是郭京被委以重任，在開封城內四處招兵，條件更為可笑——不論年齡大小、會否武功，只要生辰八字符合六甲兵的要求就可入伍，並在這些烏合之眾中挑選了「北斗力士」「天官天將」等。在出戰前，郭京還將守城的士兵趕下城牆，以避免法術被人看到而失靈。結果「神兵」剛過了護城河就被金兵殺得大敗，屍體填滿了護城河，吊橋也被金兵奪去。宋軍及時關上了城門，但仍有金兵搭雲梯登上了無人防守的城牆。郭京見勢忙說：「這必須我親自去作法！」跑下城後帶着殘兵逃得無影無蹤。東京汴梁就這樣被金兵攻陷了。

侵。完顏宗翰和完顏宗望仍分東、西兩路進兵。這時，宋將王稟堅守太原已八個多月，因糧盡援絕，九月初被攻下。東路金軍也於十月初攻入河北路的重鎮真定府（今河北正定）。宋欽宗驚慌失措，召集百官商議是否如約割讓三鎮事。這時，种師道已死，李綱貶官，主和派唐恪、耿南仲等控制朝政，堅主割地，遣返各地的勤王軍，撤除京城的防禦工事。金軍渡過黃河，完顏宗翰向宋朝提出，要劃黃河為界，河東、河北地歸金。宋欽宗一一答應，並且親自下詔給兩路百姓，勸諭他們「歸於大金」。

十一月，金軍前鋒到達東京城外。閏十一月初，金軍攻城。城內兵力有限，士氣不振，宋廷於危急之際竟派郭京帶領「六甲神兵」出戰，大敗逃散，東京城破。宋欽宗派宰相何㮚去金營求和，完顏宗翰、完顏宗望要宋徽宗前往商議割地。宋欽宗親去金營求降，獻上降表。從靖康元年十二月起，金軍大肆搜括宋朝宮廷內外的府庫以及官、民戶的金銀錢帛。靖康二年四月，金軍俘虜徽、欽二帝和后妃、皇子、宗室貴戚等人北撤。宋朝皇室的寶璽、輿服、法物、禮器、渾天儀等也被搜羅一空，金軍滿載而去，北宋從此滅亡。

南宋政治

宋政權南遷　南宋初抗金鬥爭

金軍從開封撤退之前，冊立了原北宋宰相張邦昌為楚帝，

企圖建立一個完全聽命於女真貴族的傀儡政權，統治黃河以南地
區。金軍撤退後，宋廷舊臣不再擁戴張邦昌，張邦昌只好避位。
五月，康王趙構即位於南京應天府（今河南商丘），改元建炎元
年（1127），是為宋高宗。

宋高宗趙構即位之初，起用當時深孚眾望的抗戰派李綱為
相。這時河北、河東地區都有忠義民兵抗擊入侵的金軍。李綱要
把這些力量加以組織、領導和使用，使其發揮更大的作用，便
推薦宗澤任東京留守，張所任河北西路招撫使，王瓊為河東經制
使，傅亮任經制副使，並提出改革軍制、整頓軍紀、募兵買馬等
一系列建策，部署收復河東和河北失地。但趙構、黃潛善、汪伯
彥等人，卻只想用割讓土地和繳納歲幣的辦法，以求金人不再進
軍，決不敢作以武力進行抵抗的打算，因而對李綱的謀劃百般阻
撓和破壞。李綱任相僅七十五天，即被罷免，張所等抗戰派也相
繼被罷免。上書言事、力主抗金的太學生陳東和進士歐陽澈也被
殺害。

女真貴族的燒殺擄掠，在北方強制推行奴隸制等行徑，激
起北方人民的武裝反抗。河東地區的人民用紅巾作標誌，組織武
裝，到處襲擊金軍。澤州（今山西晉城）和潞州（今山西長治）
一帶的忠義民軍，曾猛攻金軍大寨，金左副元帥完顏宗翰幾乎被
俘。女真貴族痛恨紅巾軍，逐捕最急，每每妄殺平民以洩憤，而
紅巾軍卻愈益壯大。河北慶源府（今河北趙縣）五馬山（在今河
北贊皇）上，有官員趙邦傑和馬擴領導一支抗金隊伍，他們擁立
自稱信王趙榛的人作號召，人數達十萬以上，各地的許多抗金武

《中興四將圖》（局部）

南宋劉松年繪。描繪了南宋抗金名將岳飛（左一）、張俊（左三）、韓世忠（左四）和劉光世（右一）。

裝聞風響應。河北西路招撫司都統制王彥，率軍渡河，攻佔了新鄉縣城，後被金軍打敗，王彥率部轉移到共城（今河南輝縣）西山。他的部屬都在面部刺上「赤心報國，誓殺金賊」八字，以表示與金軍鬥爭到底的決心，這支軍隊從此便以「八字軍」著稱。兩河忠義民兵紛紛接受王彥的領導，隊伍擴大到十萬以上，屢次打敗金軍。此外，如幽燕地區的劉立芸、楊浩和智和禪師、劉里忙等人也分別組織抗金隊伍。張榮領導的梁山泊水軍，陝西邵興（後改名邵隆）和邵翼組織的義兵，也都各自為戰，奮勇抗金。

趙構和黃潛善、汪伯彥對北方人民的抗金鬥爭，實際上採取敵視態度。他們將「行在」遷往揚州，以求苟安享樂。只有留守開封的宗澤，把那些歸附在他的旗幟下的各地農民起義軍加以組合，並和黃河以北的忠義民兵取得密切聯繫，整頓防禦，以加強作戰實力。建炎元年冬和二年春，宗澤率軍擊退金軍的大舉進

攻。但是，他收復失地的計劃一直得不到趙構的批准，幾次籲請趙構返回東京，也未被採納，積憤成疾，與世長辭。接任東京留守的杜充，一反宗澤所為。北方人民抗金武裝也遭受挫折，先後為金軍擊破。

建炎二年秋至三年春，金軍又發動攻勢，前鋒直指揚州，趙構倉皇逃往江南。抵達杭州不久，苗傅和劉正彥發動政變，逼迫趙構退位。呂頤浩和張浚聯絡韓世忠、劉光世和張俊起兵「勤王」，政變宣告失敗。東京留守杜充放棄開封，率軍退往江南的建康府（今江蘇南京）。當年冬，金將完顏宗弼率大軍渡江，佔領建康府，杜充投降，趙構又自杭州出奔，漂泊於海上。金軍追至明州（今浙江寧波），沿途遭受南宋軍民的不斷襲擊，遂於建炎四年春在大肆擄掠後北撤。韓世忠在黃天蕩一帶攔截金軍，相持四十天之後，金軍以火攻破韓世忠軍，才得回到建康。岳飛率部克復了建康府，金軍退至長江以北。紹興元年（1131），張榮的梁山泊水軍在泰州（今屬江蘇）縮頭湖擊敗金將完顏昌，俘獲完顏昌之婿蒲察鶻拔魯。金軍又被迫放棄淮東。

金朝在建炎四年九月冊立劉豫為「大齊皇帝」，建立傀儡政權，與南宋對峙，並集結重兵，攻打川陝。同月，宋川陝宣撫處置使張浚命都統制劉錫率五路軍馬，與金完顏宗輔（訛里朵）、完顏宗弼、完顏婁室所部在富平（今屬陝西）舉行大規模會戰，宋軍潰敗，陝西五路大部喪失。都統吳玠率軍扼守大散關附近的和尚原（今陝西寶雞附近），屏蔽西川。紹興元年十月，完顏宗弼大軍猛攻和尚原，吳玠率軍頑強抵禦，重創金軍，完顏宗弼身

中兩箭，金軍遭受自滅遼破宋以來的首次慘敗。三年正月，金軍攻下金州（今陝西安康）。吳玠領兵至饒風關（今陝西石泉西）抵敵，戰敗。四年二月至三月，吳玠軍又在仙人關（今甘肅徽縣南），再次大破完顏宗弼的重兵。金軍退守鳳翔，暫時不敢窺伺四川。

紹興四年五月至七月，岳飛出師反擊偽齊，連克郢州（今湖北鍾祥）、隨州（今湖北隨州）和襄陽府（今湖北襄陽），並於襄陽府附近擊敗偽齊悍將李成的反撲。岳飛派遣部將王貴和張憲進兵鄧州（今河南鄧州），擊敗金、齊聯軍幾萬人，又攻佔唐州（今河南唐河）和信陽軍（今河南信陽）。屯兵鄂州（今湖北武昌）。岳飛按照預定計劃勝利地收復襄陽六郡，這是南宋建立政權以來第一次收復大片失地。

紹興四年九月，金、齊聯軍自泗州（今江蘇盱眙）和楚州（今江蘇淮安）兩地渡淮，大舉南侵。十月，金軍一支前鋒在揚州大儀鎮（今江蘇揚州西北）遭遇韓世忠軍伏擊。金與偽齊聯軍進攻廬州城（今安徽合肥），岳飛奉命領軍救援，在廬州城下又破敵軍。

經過抗金將士四五年的艱苦奮戰，南宋的統治才得以穩定下來。紹興六年，宰相兼都督張浚部署韓世忠進攻淮陽軍（今江蘇邳州西），不克。岳飛率軍連破鎮汝軍、虢州（今河南盧氏）、商州（今陝西商洛商州區）和順州（今河南嵩縣西南），兵臨蔡州（今河南汝南）。偽齊向金朝求援，遭到回絕，不惜孤注一擲，分兵進犯兩淮。偽齊軍在藕塘（今安徽定遠東南）等地分別遭到

楊沂中等軍攔擊，大敗而逃。岳飛軍又在唐、鄧等州擊破金與偽齊聯軍的分路進攻，再次兵臨蔡州，打退了敵人的追兵。

紹興七年，宋廷罷免畏敵怯戰的淮西軍主將劉光世，但由於處置失策，副都統制酈瓊裹脅大部分淮西軍叛變、投降偽齊，一時朝野震驚。宰相張浚引咎辭職。趙構遂取消岳飛的北伐計劃。金完顏昌等人得勢，廢除劉豫的偽齊政權，向趙構誘降。紹興八年三月，趙構任用秦檜為相，決意求和。趙構和秦檜進行極其屈辱的乞和活動，招致廣大人民和很多士大夫的強烈反對，群情激憤。李綱、張浚、韓世忠、岳飛等人紛紛反對「議和」，樞密院編修官胡銓上奏，要求斬秦檜之流，以謝天下。趙構罷免主張抗戰的官員，放逐胡銓，起用主和派，控制輿論，接受稱臣納貢的和議條件，派秦檜代表自己跪受金朝詔書。金朝將陝西、河南歸還宋朝。

完顏宗弼在金朝政治鬥爭中得勢，殺完顏昌等人，於紹興十年撕毀和約，分兵四路，大舉南侵，迅速奪取陝西、河南之地，進逼兩淮。趙構被迫命令各軍抵抗。新任東京副留守劉錡率領王彥舊部八字軍進駐順昌府（今安徽阜陽），以少擊眾，大敗完顏宗弼的金軍主力。完顏宗弼退守汴京，宋軍分路出擊。韓世忠軍奪據海州（今江蘇連雲港）等地。陝西吳璘、楊政、郭浩等軍屢敗金兵，後因田晟在涇州（今甘肅涇川北）戰敗，宋軍退守川口要隘。金軍也因傷亡較多，退守鳳翔府，不再出戰。岳飛早先已制定了「連接河朔」的戰略方針，積極與北方忠義民兵保持密切聯繫。他派梁興、趙雲、董榮等人深入黃河以北地區，組織游擊

軍，廣泛出擊，襲擾金軍，親率主力北上，連克蔡州（今河南汝南）、潁昌府（今河南許昌）、淮寧府（今河南淮陽）、鄭州（今屬河南）、河南府（今河南洛陽東）等地，宋將張俊擁兵自重，玩敵怯戰，到達宿州（今安徽宿州）、亳州（今安徽亳州）後，旋即退師，使岳飛處於孤軍深入、兵力分散的境地。金帥完顏宗弼乘機大舉反撲。郾城之戰，岳飛軍以少擊眾，迎頭痛擊，大敗金朝主力騎兵。接着，王貴、岳雲等又在潁昌大敗金兵，形勢對宋朝極為有利。岳飛上書趙構，要求各路宋軍乘勝進軍，收復失地。黃河以北的廣大人民也聞風響應，不少州縣已為忠義軍所攻佔。趙構和秦檜卻急令各路大軍停止進擊，撤回原來駐地，岳飛被迫班師，金朝重佔河南之地。韓世忠、劉錡等軍也紛紛從前線撤回。剛開到前線的楊沂中軍也在宿州潰敗。

紹興十一年春，金軍攻打淮西。在柘皋鎮（今安徽巢湖北）被楊沂中、劉錡、王德等軍擊敗，宋軍收復廬州。金軍回兵攻下濠州（今安徽鳳陽），又分別打敗韓世忠、張俊、楊沂中等援軍，岳飛的援軍趕來，金軍退回淮北。九月，吳璘等軍隨後攻取秦州（今甘肅天水）、隴州（今陝西隴縣）等地，並在剡家灣等戰役中屢獲勝捷。儘管如此，也未能改變宋廷妥協苟安的決策。

趙構和秦檜採用陰謀手段，解除岳飛、韓世忠等大將的兵柄，並且設置冤獄，以「莫須有」的罪名，殺害力主抗金的岳飛和戰將張憲、岳雲，迫令抗戰派韓世忠等人退閒。

當年十一月，以趙構和秦檜為首的投降派和金朝議定屈辱的和約，其主要條款是：南宋稱臣於金，並且要「世世子孫，謹

守臣節」；宋金兩國，東起淮水中流，西至大散關（今陝西寶雞
西南）為界，中間唐州（今河南唐河）、鄧州（今河南鄧州）、
商州（今陝西商洛商州區）和秦州之大半皆屬金朝；南宋每年向
金朝輸納銀三十五萬兩、絹二十五萬匹。這就是所謂的「紹興
和議」。

投降派的黑暗統治　人民的反抗

土地兼併的加劇

　　南宋土地兼併和土地集中的現象達到十分驚人的地步。
由於很多農民喪失土地，以致在南宋戶口統計中出現了大批的
「無產稅戶」。南宋初年，長江下游的很多圩田，無不被豪家所
霸佔。著名的建康府（今江蘇南京）永豐圩，收租達三萬石，
數十年間，總是輾轉於皇室、大將、權臣手中。在歸屬秦檜時
的某年，大水沖壞圩岸，秦檜竟強迫四個州的民伕，為自己修
築。永豐圩成為一方的民間大害。大將張俊霸佔的田地橫跨不
少州縣，在解除兵權家居後，歲收租米六十萬斛。秦檜死後，
號稱家道式微，至宋孝宗時，其子孫仍能收租十萬斛。淮東土
豪張拐腿家，歲收租穀七十萬斛。南宋中期，宋廷沒收權臣韓
侂冑及其黨羽們的田地，每年可得租米七十二萬二千七百餘斛，
還有錢一百三十一萬五千餘貫。南宋後期，出現了年入租米百萬
斛的豪富，這是前所未有的記錄。南宋官田在墾田總額中的比例
不大，但往往被官員和豪強地主佔佃，而不納租課，故官府常出

賣官田。

南宋地租的主要形式，仍舊是實物分成租和定額租。定額租依田地肥瘠不等，達每畝一至兩石。正額地租之外，地主對佃客還有各種名目的剝削，如強迫佃客代納賦稅，收租時還附加耗米，大斗收租，強迫送禮等類。不少地主還用「划佃」的辦法，驅逐舊佃客，以提高地租額。高利貸也是一種重要的剝削方式，地主通過放債，強奪佃客的房屋、農具、種子和口糧，甚至強迫佃客妻女做奴婢。官府為地主督租，也成為南宋時較常見的現象。很多繳納不起地租的佃客，慘遭官府的拘捕和監禁，甚至死於非命。

苛捐雜稅的加重

北宋賦稅的繁重，本已超過前代，而南宋又超過北宋。南宋初，浩大的軍費開支成為增稅的藉口。宋高宗以愛養生靈作標榜，實現屈辱的和議後，人民的負擔依然節節上升，直到南宋晚期，一直保持着有增無減的勢頭。南宋統治者一方面加重舊稅稅額，另一方面又新增許多苛捐雜稅。

南宋比較普遍地以大斗、大斛、斗面、斛面、加耗、呈樣、預借、重催等手段加重百姓兩稅負擔，大斗和大斛使納稅額增加幾成至一倍，斗面和斛面是將量器內的糧食平面堆高，所謂「斛面坡陀斗面高」，有的地區甚至超過正稅額。加耗米有的甚至為正稅四倍。呈樣又稱樣米，是官員以檢查糧食質量為藉口而進行的勒索。預借由預收兩三年的稅額發展到六七年的稅額。重催是

繳納兩稅後，官府不予承認，而重疊催稅。北宋時的和買絹帛，到南宋初不僅完全成為官府不支分文的正式賦稅，而且在東南地區，又與夏稅綢絹綿等，以高價折錢輸納，稱為折帛錢。南宋的和糴糧草也與北宋相似，實際上官府少給或不給價錢，特別到南宋晚期，農民的和糴負擔愈加沉重。

南宋新增的苛捐雜稅，名目繁多，特別是一些地區性的賦稅，不可勝數。北宋末創設的經制錢，加上南宋初創始的總制錢，合稱經總制錢。其下有很多煩瑣苛細的稅目。在宋寧宗前期，銅、鐵錢年收總額近兩千萬貫，成為宋廷一筆重要的財政來源。月樁錢是為供應軍事開支，而勒令各州縣政府按月解送的一種橫斂。州縣無所從出，巧立名目，向民間榨取。如在江南西路，則有曲引錢，白納醋錢，賣紙錢，戶長甲帖錢，保正牌限錢，折納牛皮、牛筋、牛角錢，訴訟贏者有歡喜錢，輸者有罰錢等苛繁稅目。宋寧宗時，東南各路月樁錢仍達三百九十多萬貫。版帳錢也是南宋初創設的重賦，以供應軍費為名，由各州縣搜刮無名目的雜斂拼湊成數。其中以兩浙路的稅額最重，如常熟縣（今屬江蘇）的版帳錢達九十二萬八千多貫。

廣大的自耕農、半自耕農和佃農，是賦稅的直接或間接承擔者，官戶、寺院和鄉村上戶雖然擁有大部分田產，卻千方百計逃避賦稅。南宋政府為了保證賦稅收入的穩定，不得不採取一些措施，以核實各地的田產。宋高宗時，在南宋的大部統治區實行經界法，丈量田地，劃分田畝等級，重定稅額。自南宋中期至後期，也在某些地區實行經界法，或令各地實行手實法和推排法。

但由於官員和地主通同作弊，這些清查田產的措施，往往不能起到查核隱產、均平賦稅、減輕下戶負擔的作用。

投降派的黑暗統治

金朝不許南宋隨便罷免首相，以保證秦檜相位的穩固。大將張俊追隨秦檜，參與降金和殺害岳飛，得以獨掌樞密院。宋、金和議後，秦檜又指使御史彈劾，迫使張俊去位。從此秦檜便獨攬大政十多年。趙構寵用的醫官王繼先和宦官張去為也很有權勢，與秦檜狼狽為奸，互相勾結。岳飛部將牛皋對宋金和議表示不滿，人民抗金武裝首領出身的邵隆反對割地，被先後毒死。不僅很多抗戰派被貶逐流放，就是秦檜的黨羽，只要稍不合意，也動輒貶逐流放。趙構和秦檜採用高壓手段鉗制抗金輿論，任命秦檜兒子秦熺主編官史日曆，恣意篡改史實，並嚴禁私史，大興文字獄，實行特務統治。特務機關皇城司的邏卒佈滿臨安府（今浙江杭州），發現稍有不滿言論者，即處以毒刑。趙構和秦檜還大力提倡點綴「昇平」，凡進獻歌頌他們降金行徑的文字者，即予升官。在竭力搜刮民脂民膏的基礎上，投降派紛紛營造豪華的宮殿和大宅，過着窮奢極侈的生活。官場貪賄成風，各地官員賄賂秦檜的禮品不可勝數，其家財富為宋朝左藏庫的數倍。

紹興二十五年，秦檜病危，企圖由秦熺繼承相位。趙構對秦檜的專權業已十分猜忌，乘機命秦檜祖孫三代退閒。秦檜死後，朝野紛紛揭露秦檜一夥的罪惡，趙構貶黜一批秦檜親黨，也為一些受打擊的官員平反，卻仍然委任投降派万俟卨、湯思退等人掌

政，並下詔聲明前此與金議和皆「斷自朕志」，故相秦檜「但能贊朕而已」，以維持屈辱的宋金紹興和議。

人民的起義和反抗

在金軍南侵過程中，從前線敗退下來的宋朝潰兵、遊寇，如李成、孔彥舟、曹成等各領叛亂武裝數萬人，流竄各地，到處殺掠，殘害百姓。加之金兵的屠殺，官府和地主的加強壓榨，廣大人民陷入水深火熱之中，故不斷爆發地區性的武裝起義。在信州貴溪、弋陽一帶（今屬江西），王宗石利用摩尼教，發動起義，信州和饒州的貧苦農民紛紛加入，起義軍迅速發展成幾萬人的隊伍。宋廷派劉光世軍前往鎮壓，王宗石等二十多名領袖戰敗被俘，二十萬無辜平民慘遭屠殺。福建路范汝為、葉鐵等人領導農民起義，攻佔建州（今福建建甌），前後堅持三年。起義軍勒令地主「計其歲入之數」交納租稅，否則，便剝奪其種糧、牛畜，而驅逐出境。趙構派韓世忠以優勢兵力圍攻建州，城破後，范汝為投火自盡。起義軍餘部在范忠領導下，又繼續戰鬥了近一年，最後失敗。其他如婺州（今浙江金華）有和尚居正領導的起義，虔州（今江西贛州）有陳顒、羅閒十等幾百支起義隊伍，約十多萬人，互相聯絡，共同反對官軍，後被岳飛鎮壓下去。南安軍（今江西大餘）有吳忠、宋破壇、劉洞天等起義軍，荊湖南路有鄧裝、胡元奭等起義軍，李冬至在郴州宜章（今屬湖南）起義，殺入廣東路，號稱「平天大王」。這是宋朝小規模農民起義很頻繁的時期。

　　當時規模最大的，是洞庭湖濱的鍾相、楊幺起義。鼎州（今湖南常德）人鍾相在北宋末宣傳「等貴賤，均貧富」的思想，組織民眾，建炎四年（1130）發動起義，攻佔了洞庭湖周圍的十九縣。鍾相建立大楚政權，自稱楚王，立年號天載，設置將相官屬。起義軍鎮壓官吏、儒生、僧道、巫醫、卜祝等人，奪取他們的財物。鍾相被匪徒孔彥舟殺害後，楊幺繼續領導鬥爭，並宣佈一律免除稅賦差科，不受官司法令束縛。起義軍實行陸耕水戰，憑藉水軍優勢，發揮車船威力，屢次痛擊官軍。紹興五年（1135），宋廷派遣岳飛率兵鎮壓。岳飛採用政治誘降為主，軍事進攻為輔的策略，最後瓦解和消滅了這支起義軍。紹興和議後，投降派的黑暗統治進一步激起人民群眾的強烈反抗。從紹興十三年起，福建路出現管天下、伍黑龍、滿山紅等多支起義隊伍，攻打漳、泉、汀（今福建長汀）、建（今福建建甌）等州，屢次擊敗宋軍，紹興十六年被福建安撫使薛弼鎮壓下去。紹興十九年，汀、漳、泉州的何白旗的起義軍曾發展到江南西路和廣南東路境內，次年，起義失敗。紹興十四年，宣州涇縣（今屬安徽）摩尼教徒在俞一領導下舉行起義，遭到秦檜之兄、知宣州秦梓的血腥鎮壓。甚至偏僻的海南島也發生陳集成起義，反抗貪官的暴斂。臨安府還發生了軍校施全行刺秦檜的著名事件，施全被捕殺。

紹興末到隆興初的抗金鬥爭

　　金海陵王完顏亮即位後，策劃滅宋，佔據江南。趙構被迫部

署戰備，起用宿將劉錡等人，組
建江州（今江西九江）、荊南府
（今湖北荊州）等御前諸軍。紹
興三十一年（1161），完顏亮部
署大軍，分道攻宋，這時，金朝
後方的廣大人民都群起反抗。在
濟南府一帶有耿京、辛棄疾等人
領導的起義軍，在膠東有開趙等
人領導的起義軍，在大名府（今
河北大名）有王友直領導的起義
軍。在宋金接壤地區，如海州（今江蘇連雲
港）的魏勝，泗州（今江蘇盱眙）的夏俊和
張政，潁州（今安徽阜陽）的孟俊，陳州
（今河南淮陽）的陳亨祖，鄧州（今屬河南）
的李雄，都克復州府，歸附宋朝。宋將李寶
率水軍北上，先後與魏勝和開趙等軍取得聯
繫，一舉殲滅了停泊在膠西縣陳家島（或作
唐島，今山東青島附近）一帶，準備自海上
進攻臨安府的金朝艦隊，使金海陵王南侵計
劃受到嚴重打擊。這是世界歷史上首次使用
火藥兵器的著名海戰。

　　金海陵王完顏亮親率大軍渡淮，宋淮西
大將王權不戰而遁，統制姚興以寡敵眾，力

《去國帖》

南宋辛棄疾書。這是現
在僅見的辛棄疾墨跡，
北京故宮博物院藏。辛
棄疾（1140～1207），
南宋詞人。字幼安，
號稼軒。歷城（今山東
濟南）人。他的文才武
略都很傑出，但詞名
更盛，因以詞人著稱
於世。

戰陣亡，劉錡軍也戰敗退回鎮江。金軍企圖由采石（今屬安徽馬鞍山）渡江，督視江淮軍馬府參謀軍事虞允文憑藉南方的水軍優勢，督率宋軍，迎擊於采石江中，金軍渡江失敗，移軍揚州。這時，金世宗完顏雍已在東京遼陽府（今遼寧遼陽）另立政權，宣佈廢黜金海陵王。金海陵王強令所部再次渡江，於是揚州金軍發生內訌，金海陵王被殺，金軍北撤。成閔率宋軍尾隨，卻不敢交鋒，使金軍主力全師而返。

駐守鄂州（今湖北武漢武昌區）、荊南府（今湖北荊州）和襄陽府（今湖北襄陽）一帶的宋軍，與義軍互相配合，擊退中路金軍的進犯，並先後克復蔡州（今河南汝南）等地，由於後援不繼，統制趙樽等奉命班師，蔡州復被金軍攻陷。

四川宣撫使吳璘率軍出川，攻佔陝西秦（今甘肅天水）、隴（今陝西隴縣）、鞏（今甘肅隴西）、蘭（今甘肅蘭州）等州大片失地。金州都統制王彥收復商（今陝西商洛商州區）、虢（今河南靈寶）等州，連戰克捷。興元都統制姚仲在原州（今甘肅鎮原）戰敗。金將徒單合喜得到增援，率軍爭奪陝西，與吳璘軍在德順軍（今甘肅靜寧）交戰，勝負未分，宋廷迫令吳璘班師，遭到金軍追擊，宋軍大敗，原來已收復的地區，又被金軍奪去。

紹興三十二年，趙構傳位予宋孝宗趙昚。孝宗銳意抗金，他剛即位，便宣佈給岳飛父子昭雪，召回抗戰派張浚、胡銓等人，同時驅逐朝中的秦檜黨人。隆興元年（1163），張浚出任樞密使，都督江淮軍馬，派大將李顯忠和邵宏淵出師北上，連破靈璧縣（今屬安徽）和虹縣（今安徽泗縣），進據宿州州治符離縣（今

安徽宿州）。金將紇石烈志寧指揮大軍反攻，邵宏淵坐觀李顯忠
與金軍激戰，李顯忠失利，宋軍各部相繼棄城潰逃，損失慘重。
符離戰敗後，主和派官員紛紛攻擊張浚，抗戰派、參知政事辛次
膺辭官。宋孝宗被迫遣使與金軍議和，並重新任用秦檜餘黨湯思
退為相。隆興二年，湯思退使用陰謀手段，排擠張浚出朝，撤銷
海州（今江蘇連雲港）、泗州（今江蘇盱眙）等處的戍守，並暗
通消息，請金朝出動重兵脅迫議和。金軍遂再次渡淮南侵，魏勝
率義軍在淮陰縣（今江蘇淮安淮陰區）勇敢抗擊，鎮江府都統制
劉寶在楚州（今江蘇淮安楚州區）拒不救援，魏勝戰死。金軍攻
陷楚州、濠州（今安徽鳳陽）、滁州（今安徽滁州）等地。宋孝
宗廢黜湯思退，被迫與金朝簽訂和約。南宋皇帝不再對金帝稱
臣，改稱侄，為侄叔關係，每年繳納銀絹各二十萬兩、匹，雙方
各守舊疆，這就是「隆興和議」。

宋孝宗時的政治概況

「隆興和議」後，宋孝宗並不甘心向金朝屈服，他進行整軍
和理財，準備再次北伐。乾道五年（1169），起用抗戰派大臣
虞允文為右相兼樞密使，虞允文推薦范成大出使金朝，提出索取
北宋皇帝陵寢所在地和更定接受金朝國書禮儀的要求，但遭到金
朝的拒絕。宋孝宗還按照虞允文的建議，大力簡汰各支屯駐大
軍的老弱殘兵，加強訓練，多次親自閱兵，取得一定成效。侍衞
馬軍司的軍隊移屯建康府（今江蘇南京）。虞允文再任四川宣撫

使，積極選練兵士，增加軍儲，添置馬匹，聯絡北方抗金武裝，計劃由四川和東南同時出兵，在河南會師。淳熙元年（1174），虞允文病故，北伐計劃遂告中輟。宋孝宗設置左藏封樁庫，逐年儲備，主要作為戰備軍需，至淳熙十年，中央和地方庫存錢幣達四千七百多萬貫，其中左藏封樁庫達三千多萬貫，是宋神宗以後的又一次高額儲備記錄。

宋孝宗雖圖治心切，然而在某些方面受制於太上皇趙構，又不得不依賴於腐敗的軍事官僚機構，難以有多大的建樹。宋孝宗鑒於秦檜專權的教訓，躬親政務，設法限制和貶抑宰相事權，重用親信曾覿、龍大淵、張說、王抃和宦官甘昇，卻導致這班人的招權納賄。各地官府的橫徵暴斂有增無減，豪紳官僚對土地兼併和掠奪的狀況也並無改變。

宋孝宗時階級矛盾仍然相當尖銳，小規模農民起義時常爆發，在宋孝宗即位之初，廣南西路爆發王宣和鍾玉起義，李雲起義。乾道元年，因官府向各地農戶強制配賣乳香，郴州宜章縣弓手李金組織群眾，發動起義，攻破郴州（今湖南郴州）和桂陽軍（今湖南桂陽），並南下廣南東路，圍攻連州（今屬廣東）、英州（今廣東英德）等地，宋朝從荊襄前線抽調精兵到湖南鎮壓，李金被俘，起義失敗。淳熙二年，荊湖北路的茶農、茶販在賴文政領導下舉行起義，起義軍轉入荊湖南路，又進入江南西路，多次擊敗官軍，並南下廣南東路。江西提刑辛棄疾結集大批民兵配合官軍，扼殺了起義。六年，南宋政府用「和糴」名義向民間大量搜刮糧米，在郴州又爆發陳峒領導的起義。起義軍攻克連州、

道州（今湖南道縣）、桂陽軍所屬諸縣。廣南西路境內也爆發了李接起義，起義者張貼榜文，宣佈十年之內不收賦稅，各地人民紛紛參加起義，稱李接為「李王」，罵官軍是賊。起義群眾陸續攻下容州（今廣西容縣）、雷州（今廣東海康）、高州（今廣東高州東北）、化州（今屬廣東）、貴州（治今廣西貴港）、郁林州（今廣西玉林）等地。所到之處，開發倉廩，賑施貧乏。十一年，汀州（今福建長汀）又爆發姜大老起義，這些起義都遭到官軍的殘酷鎮壓。

慶元黨禁　開禧北伐

　　宋孝宗在位二十七年，因倦於政事，傳位給四十多歲的兒子宋光宗趙惇，自己當太上皇。宋光宗患有精神病，並受制於李皇后，與太上皇的關係日益緊張。紹熙五年（1194）宋孝宗病死後，連葬禮也無法進行，朝中騷動。宗室趙汝愚和外戚韓侂冑等共同策劃，取得宋高宗吳皇后的贊同，迫令宋光宗退位，當太上皇。立其次子趙擴為皇帝，是為宋寧宗。宋寧宗即位後韓侂冑和趙

朱熹像

朱熹（1130～1200），南宋哲學家、思想家、教育家。字元晦，號晦庵。徽州婺源（今屬江西）人。生於建州尤溪（今屬福建）。朱熹繼承了北宋理學家程顥、程頤的學說，又獨立發揮，形成了自己的體系，後人稱為程朱理學。

汝愚兩派展開了激烈的鬥爭。

宰相趙汝愚倡導理學，引薦朱熹，朱熹亦為趙汝愚謀劃，企圖阻止韓侂胄參與朝政，韓侂胄設法貶逐趙汝愚、朱熹一派。慶元二年（1196），宋廷宣佈程朱理學為「偽學」，毀禁理學家的「語錄」之類書籍，科舉考試稍涉義理之學者一律不取。三年，將趙汝愚、朱熹一派及其同情者定為「逆黨」，開列「偽學逆黨」黨籍，共計五十九人。名列黨籍者受到不同程度的處罰，凡與他們有關係的人員，也都不許擔任官職，不許參加科舉考試，這就是慶元黨禁。黨禁持續時間不長，至嘉泰二年（1202），即宣佈弛禁，不僅已死的趙汝愚和朱熹得到「追復」，其他諸人也相繼復官。

開禧二年（1206）身任平章軍國事的韓侂胄在沒有作充分準備的情況下，貿然發動北伐戰爭，江陵府（今湖北荊州）副都統制皇甫斌敗於唐州（今河南唐河），江州（今江西九江）都統制王大節攻蔡州（今河南汝南）不克，全軍大潰。池州（今屬安徽）副都統制郭倬與主管侍衛馬軍行司公事李汝翼敗於宿州（今屬安徽）。建康府（今江蘇南京）都統制李爽敗於壽州（今安徽鳳台）。唯有勇將畢再遇屢獲勝捷，亦無補敗局。金軍乘勝分路南下，攻破光化軍（今湖北光化西北）、棗陽軍（今湖北棗陽）、信陽軍（今河南信陽）、隨州（今屬湖北），又渡過淮河，攻陷安豐軍（今安徽壽縣）、濠州（今安徽鳳陽）、滁州（今屬安徽）、真州（今江蘇儀徵）等地。四川宣撫副使吳曦叛變，向金稱臣，進獻誓表和四川圖志，割讓關外西和州（今甘肅西和）、成州（今

甘肅成縣）、鳳州（今陝西鳳縣東北）、階州（今甘肅隴南武都區）四郡。金冊封吳曦為蜀國王。吳曦的這種降敵行徑，受到四川官員和將領的強烈抵制，四川宣撫副使司隨軍轉運使安丙與監興州合江倉楊巨源、興州中軍正將李好義等人互相聯絡，闖入偽宮，誅殺吳曦，平定了這次叛亂。隨後，李好義等出兵克復關外四州，擊破金軍。新任四川宣撫副使安丙不許乘勝北伐，卻製造內部紛爭，派人殺害楊巨源，吳曦原部將王喜指使黨羽劉昌國毒死李好義。

韓侂冑因軍事失利，向金朝議和。這時金軍實際上已無力繼續作戰，主力撤回淮河以北，只留下一軍在濠州待和。宋朝使臣到金營，金朝提出斬韓侂冑等人，作為和議條件。韓侂冑見議和不成，決定再次整兵出戰。朝中主和派禮部侍郎史彌遠與楊皇后及后兄楊次山等勾結，指使權主管殿前司公事夏震等祕密殺死韓侂冑。嘉定元年（1208），主和派完全遵照金朝的要求，與金重訂和約，改金宋叔侄之國為伯侄之國，歲幣由銀絹各二十萬兩、匹增至各三十萬兩、匹，宋朝另付犒軍銀三百萬兩。

嘉定時的政治概況　宋與蒙古聯合滅金

嘉定元年（1208），史彌遠任丞相，開始長期專擅朝政。韓侂冑擅權於前，史彌遠專政於後，統治階級更加奢侈腐朽：結黨營私，賄賂公行，很多通過行賄而得的州縣官員，都爭相搜刮民脂民膏。在開禧用兵之後，因巨額的軍費和賠款，南宋又出現財

南宋行在會子庫版拓本

此為行在（臨安）會子務所印發的會子版。會子，即南宋時期發行的可與銅錢兌換的紙幣。北宋末年，民間有私營寄附便錢會子，性質類似匯票。紹興末年，知臨安府錢端禮禁止私營便錢會子，奏准發行官營會子。紹興三十年（1160），改為由戶部發行。次年，建行在會子務，設六個分支機構，將會子推行於東南各路，規定准許民間以會子代銅錢納稅。乾道四年（1168）改為按界發行，三年一界，每界一千萬貫，兩界相遞而行。界滿以舊換新。嘉泰以後，發行量逐漸失控，會子貶值越來越嚴重。

政危機，並長期持續，年年加重。史彌遠等人乞靈於濫發紙幣。宋孝宗時，曾規定東南會子每界發行一千萬貫。到宋寧宗慶元時，改為每界發行三千萬貫。第十一界發行額為三千六百三十二萬餘貫，第十二界為四千七百五十八萬餘貫，第十三界為五千五百四十八萬貫。宋廷還規定不再以金、銀、銅錢等兌換東南會子，而在東南會子兌界之際，以舊會子兩貫折換新會子一貫，造成了會子充斥，幣值跌落，物價飛漲，民生憔悴的局面。

宋寧宗時，爆發了多次起義反抗事件。廣州大奚山島人民依靠煮鹽捕魚為生，官府藉口搜捕私鹽，派人上島騷擾，慶元三年（1197），島民一千多人奮起反抗，兵鋒直指廣州城下。官軍進行鎮壓，全島一萬人口，皆遭屠戮。嘉定元年，郴州（今屬湖南）黑風峒瑤族首領羅世傳和漢族舉人李元礪領導武裝反抗，縱橫於荊湖南路、江南西路和廣南西路，發展到幾萬人，屢敗官軍，但兩人先後接受招安，又發生內訌，終

於被統治者各個擊破。十二年，因官吏克扣軍俸，四川爆發軍士
張福、莫簡領導的「紅巾隊」起義，攻破不少州府，直逼成都，
後遭優勢的官軍包圍，紅巾隊失敗，莫簡自殺，張福被害。此
外，武官羅日願因痛恨史彌遠的降金政策，祕密結約宮廷內外下
級官兵、臨安府府學生等，企圖發動政變，殺掉史彌遠等投降派
官員。因被告密，羅日願等人遭捕殺。

宋金議和後，金朝很快遭受新興蒙古族的軍事攻擊，遷都
南京開封（今河南開封），苟延殘喘。嘉定七年，宋朝因真德秀
的提議，停止向金朝輸納歲幣。十年，金宣宗決定分兵南侵，企
圖擴充疆土，補償對蒙古戰爭的損失。從此，宋金戰爭又綿延了
十多年。在四川戰場，金軍攻陷皂郊堡（今甘肅天水西南）後，
宋利州統制王逸率領官軍和忠義民兵收復，繼攻秦州。沔州（今
陝西略陽）都統制劉昌祖下令退師，並解散抗金忠義民兵，招致
宋軍大潰敗。興元府（今陝西漢中）都統制吳政奮勇抗擊，打敗
金軍，而戰死於黃牛堡（今陝西寶雞西南）。新任沔州都統制張
威於大安軍（今陝西寧強大安鎮）殲滅金軍精銳，金軍退遁。安
丙再任四川宣撫使，聯合西夏夾攻金軍，夏兵攻鞏州（今甘肅隴
西）不下，退兵。安丙部署各軍分路北伐，也師出無功。在京湖
戰場，制置使趙方督率扈再興、孟宗政等力拒金兵，金軍屢攻棗
陽軍（今湖北棗陽）、樊城等地，都以失敗告終。宋軍反攻唐州
（今河南唐河）、鄧州（今屬河南），亦不能下。在山東和兩淮戰
場，金朝統治下的山東地區爆發楊安兒、楊妙真、李全等領導的
起義，以紅襖作標誌，稱紅襖軍，佔據山東絕大部分地區。李全

等各支起義軍配合宋軍，擊破金軍對兩淮地區的大舉進犯。由於宋朝軍民的堅決抵抗，金宣宗南侵計劃宣告破產。金哀宗即位，決定改變戰略，結束侵宋戰爭，宣佈「更不南伐」，並派使臣到宋「通好」。

嘉定十七年，宋寧宗病死。宋寧宗原先立宗室子趙竑為皇子，史彌遠得知趙竑痛恨他專權禍國，乃擁立另一宗室子趙昀即帝位（宋理宗），廢趙竑為濟王，出居湖州（今屬浙江）。後因湖州人潘壬、潘丙擁立趙竑為帝，史彌遠派兵捕殺，又逼令趙竑自縊。宋理宗和史彌遠鞏固了自己的地位。宋理宗即位後的最初九年，事實上只是權相史彌遠的傀儡，朝政昏暗如故。

山東抗金的紅襖軍，在宋寧宗末年，已發生分化，李全和楊妙真夫婦不再反抗女真統治者，只是發展個人實力，企圖併吞紅襖軍的其他各支部伍，打算佔據揚州，然後渡江奪取南宋「行在」臨安府。後因兵敗，又投降蒙古。另一首領彭義斌則堅持抗金，並與蒙古軍進行鬥爭。他曾向南宋當局建議收拾李全，南北互相配合，克復中原，而只圖苟安一隅的宋廷卻置之不理。最後，彭義斌在贊皇縣（今屬河北）五馬山與蒙古軍激戰，壯烈犧牲。李全叛變後，佔據楚州，隨後又進攻揚州，淮東安撫副使趙範和提點刑獄趙葵兄弟率宋軍迎戰，紹定四年（1231），李全戰敗被殺。

紹定六年，史彌遠病死，宋理宗親政。當年北方形勢發生急劇變化，蒙古軍包圍金朝都城南京開封，金哀宗出逃蔡州。蒙古約宋朝出兵夾擊，滅金後河南地歸還宋朝。七月，宋將孟珙

出兵,殲滅金將武仙重兵,與蒙古軍聯合包圍蔡州,端平元年
(1234)正月,宋軍與蒙古軍攻破蔡州,金朝滅亡。

南宋後期抗元鬥爭　南宋滅亡

南宋軍民抗蒙

　　宋理宗趙昀親政之初,尚希望有所作為,任用一批被史彌遠
排斥的知名之士,企圖利用金朝滅亡之機,佔據黃河以南地區。
端平元年(1234),趙葵、全子才等率軍進駐原北宋三京,即
東京開封府、西京河南府和南京應天府,三城已被蒙古兵擄掠一
空,宋軍乏食。蒙古兵反攻洛陽,宋軍潰敗。蒙古遂對南宋發動
進攻。

　　端平二年,蒙古皇子闊端和曲出分路進攻四川與襄漢。宋將
曹友聞在大安軍陽平關(今陝西寧強西北)擊退蒙古軍。曲出軍
攻破棗陽軍和郢州(今湖北鍾祥),而未能奪取襄陽府。三年,
蒙古軍再攻四川,曹友聞在陽平關戰死,蒙古軍長驅入川,除川
東的夔州路外,絕大部分州縣失陷,人民慘遭屠掠。闊端雖旋
即撤軍,而南宋仍不能控制川北的蜀道天險,處於無險可守的狀
態。宋襄陽府的南軍(原南宋正規軍)與北軍(新募的中原兵)
發生衝突,北軍縱火焚毀府庫,投降蒙古,南軍亦在撤離時大肆
搶掠,蒙古軍進而佔領襄陽。

　　嘉熙元年(1237)、二年,杜杲先後在安豐軍(今安徽壽縣)
和廬州(今安徽合肥)大破進犯的蒙古軍。蒙古宗王口溫不花領

兵進攻黃州（今湖北黃岡），宋將孟珙帶兵奮戰，擊退蒙古軍。接着孟珙與蒙古軍大戰三次，收復信陽軍，攻打襄樊，後又攻下光化軍、蔡州等地。孟珙以江陵府為軍事大本營，大興屯田，訓練軍隊，經理荊襄，策應四川，屢破蒙古軍。時值蒙古大軍進行第二次西征，未能全力攻宋，戰局暫時穩定下來。

南宋失蜀道天險後，蒙古軍經常出沒成都平原，進行殺掠破壞，宋朝被迫將四川的首府自成都府遷往重慶府，四川制置副使彭大雅修築府城。淳祐二年（1242），余玠出任四川安撫制置使，他採納冉琎、冉璞兄弟的建議，大規模因山築壘，將各州治所移入山城，特別是將合州治所遷入釣魚山城（今重慶合川東），建成強固的軍事要塞。余玠還在成都平原興置屯田，積貯糧食，教練軍旅，屢次擊退蒙古軍的侵擾。余玠守蜀十年，未能實現恢復全蜀的宿願，最後因遭受丞相謝方叔等人的讒誣，服毒自殺。宋理宗、謝方叔委任余晦接替余玠，四川形勢惡化。在荊襄戰場，淳祐十一年，京湖安撫制置使李曾伯部署將士，收復了襄陽府和樊城，並重新修築城防。

蒙哥即汗位後，開始集中兵力，進攻南宋。寶祐六年（1258），蒙哥大舉侵宋，他親率主力入四川，命忽必烈率軍攻打鄂州（今湖北武漢武昌區），兀良合台自雲南入交阯，北上攻打潭州（今湖南長沙），蒙哥軍在四川節節推進，擊破宋軍的頑強阻擊，兵臨合州釣魚山城下。開慶元年（1259），宋將王堅率軍民死守釣魚城，重創蒙古軍，蒙哥戰死於軍中，蒙古軍被迫撤圍退兵。忽必烈軍猛攻鄂州不克。兀良合台兵臨潭州，向士璧率

軍民頑強抵抗，兀良合台遂撤兵北上。賈似道督師救援，卻私自暗中求和，願意向蒙古稱臣納貢，雙方劃長江為界。忽必烈已知蒙哥汗死訊，急欲北返，爭奪皇位，遂答應賈似道的議和條件而撤兵。賈似道在事後隱瞞求和真相，謊報鄂州大捷，並貶斥和殺害印應飛、向士璧、曹世雄等有功人員，將王堅調離四川，使之抑鬱而死。

腐敗的統治

宋理宗在位期間，農民反抗鬥爭依然相當激烈。紹定二年（1229），汀州（今福建長汀）爆發了晏夢彪領導的農民起義，贛州爆發陳三搶和張魔王起義，江南西路、福建路和廣南東路農民紛紛「截髮刺字」，起而響應。這支起義軍被鎮壓以後，另一領袖小張魔王仍堅持鬥爭。

面對蒙古強大的軍事壓力，南宋國政卻愈益腐敗。宋理宗沉溺於聲色，寵信閻貴妃和宦官董宋臣、盧允昇。丞相董槐主張對外戚、執法官和皇城司士卒嚴加約束，遭到外戚等的怨恨。侍御史丁大全與董宋臣、盧允昇相勾結，彈劾董槐，並派兵劫持董槐出朝。兩年後，丁大全竊據相位。開慶元年（1259），丁大全因隱匿軍情不報，被彈劾罷官。宋理宗賈妃之弟賈似道以前線統兵大臣的身份，於軍中拜右相。景定元年（1260），賈似道進而排擠左相吳潛出朝，獨擅朝政。景定五年，宋理宗死去，宋度宗趙禥即位。度宗更加昏庸荒淫。尊奉賈似道為「師臣」，又加以平章軍國重事的頭銜。宋度宗和賈似道過着極端糜爛的生活，

不理政務，卻又不准其他丞相和執政大臣問政，一切朝政，全由
賈似道門客廖瑩中和堂吏翁應龍辦理。文天祥、李芾等正直的士
大夫，都受到排斥或迫害。賈似道嫉功害能，潼川府路安撫使劉
整等武將叛變降敵，南宋疆土日蹙，民窮財匱，而軍隊卻又不斷
擴充，賈似道為了籌措軍糧，解決財政的困窘，在景定四年頒佈
「公田法」。規定凡佔田二百畝以上的官戶和民戶，一律由政府抽
買三分之一，事實上，強買不限於大戶逾限之田，小戶的田地也
在強買之列，官府一般只支付會子、官告和度牒。會子在貶值之
餘，大抵都成廢紙。官府買到公田後，設公田莊，按規定，公田
地租比原先私人地租減五分之一，由於官吏和莊官從中作弊，不
少公田地租卻高於原來私人地租。公田法實施於浙西，在民間造
成極大禍害。宋廷後又取消莊官，改為召富戶承佃公田，形成官
府、佃主和租戶三級租佃關係。各種繁重的賦役，給民間造成極
大的騷擾和痛苦，南宋已至不可收拾的地步。

南宋滅亡

　　忽必烈北返，奪取汗位，在 1271 年改國號大元。此前，
忽必烈已接受南宋降將劉整的建議，將軍事主攻方向轉移至襄陽
府和樊城，並編練了強大的水軍，從而確定了消滅南宋的戰略部
署。咸淳四年（1268），蒙古軍開始包圍襄樊，宋軍屢次救援，
都被擊敗。八年，民兵領袖張順和張貴率壯士三千人，乘輕舟順
流轉戰，突破重圍，直抵襄陽城中，而張順和張貴先後戰死。九
年，元軍切斷襄陽府和樊城的浮橋聯絡，攻破樊城。守將范天順

和牛富英勇犧牲，襄陽守將呂文煥降元。襄、樊失陷後，南宋朝野震驚，而賈似道仍專持國柄，拒絕一切救亡建策。十年，宋度宗病死，賈似道擁立全後的幼子趙㬎即位，是為宋恭帝。

元朝丞相伯顏統率大軍沿漢水和長江東下，水陸並進，擊破南宋部署在長江、漢水一帶的大量舟師，鄂州都統制程鵬飛等獻城投降。黃州、蘄州（今湖北蘄春）、江州（今江西九江）、六安軍、安慶府、池州等地宋守臣相繼降元。德祐元年（1275），賈似道抽調諸路精兵十三萬集結蕪湖，又派使者前往求和，情願稱臣納幣，伯顏不許。兩軍遂於魯港、丁家洲一帶（今安徽銅陵附近）開戰，在元軍攻擊之下，宋全軍潰敗，賈似道自魯港乘小船逃到揚州。元軍乘勢縱擊，進陷建康府。由於宋軍水陸主力的瓦解，賈似道被革職貶斥遠方，宋廷下詔各地起兵「勤王」。賈似道在流放途中被押解官殺死。江南西路安撫使文天祥、郢州守將張世傑等起兵救援臨安府。張世傑受命指揮都督府各軍，克復浙西各郡，在鎮江府附近的焦山，集結大批水軍，元軍以火箭攻擊，破南宋水軍，進逼臨安府。宋理宗謝後、宋度宗全後不顧文天祥、張世傑等人的反對，於德祐二年帶宋恭帝出降。但守淮東的李庭芝和姜才，守潭州（今湖南長沙）的李芾，守重慶府的張珏，守靜江府（今廣西桂林）的馬墍等，都堅持抗戰，不屈而死。

文天祥、張世傑、陸秀夫等人擁立宋度宗的兩個幼子趙昰和趙昺，在江南西路、福建路和廣南東路一帶繼續抗元，圖謀恢復。宋端宗趙昰於福州即位，改元景炎（1276），因元軍進逼，

由張世傑、陸秀夫護衛，逃往海中，病死於碙洲（今廣東雷州灣碙洲島）。文天祥在贛州戰敗，轉戰到海豐北的五坡嶺被俘。張世傑和陸秀夫擁立趙昺為帝，改元祥興（1278），退至南海中崖山（今廣東江門南海中），作為最後據點。祥興二年，元朝水軍向崖山發起猛攻，宋軍失敗，陸秀夫抱幼帝趙昺投海而死，張世傑率部乘船突圍後，遭遇大風，溺死海中，南宋滅亡。文天祥被押解元朝大都（今北京），拒絕元世祖忽必烈的親自勸降，英勇就義。

宋朝政治制度

宋朝統治者為防止藩鎮割據的重現和大臣、外戚、女后、宗室、宦官的擅權，鎮壓勞動人民的反抗，以及防禦遼、夏等侵擾，把政治、軍事、財政大權最大限度地集中到朝廷，建立起一整套專制主義中央集權的政治制度，包括職官、軍事、科舉、法律等制度。

官制

宋朝在宮城內設置中書門下，作為中樞部門的首腦官署和正副宰相集體處理政事的最高權力機構，或稱政事堂。中書門下的長官在北宋前期稱同中書門下平章事。為分散宰相的事權，增設參知政事，作為副宰相。宋神宗趙頊元豐官制改革，撤銷中書

門下，將其職權分歸門下、中書、尚書三省，以尚書左、右僕射各兼門下、中書侍郎為正宰相，再設門下、中書侍郎各一人，尚書左、右丞各一人為副宰相。宋徽宗趙佶時，蔡京為相，自稱太師，總領門下、中書、尚書三省之事，改尚書左、右僕射為太宰、少宰，作為宰相。南宋時，改左、右僕射為左、右丞相，復以參知政事為副相。宋哲宗元祐時，設平章軍國重事或同平章軍國事，以處「老臣碩德」，位居宰相之上，每數日一朝，非朝日不到都堂。宋寧宗時，韓侂胄任「平章軍國事」，每三日一朝，宰相不再掌印。南宋末年，賈似道專權，任「平章軍國重事」，左、右丞相實際上屈居於類似副宰相的地位。

宋朝設置樞密院，作為主管全國軍政的最高機構。樞密院與中書門下對掌文、武大權，稱為東、西「二府」。其長官稱樞密使或知樞密院事，副長官稱樞密副使或同知樞密院事等。

主管財政的最高機構，北宋前期稱「三司」，即鹽鐵、度支、戶部三部。其長官稱三司使，號稱「計相」。宋神宗改革官制，撤銷三司，將三司的大部分職權歸戶部和工部。南宋增設總領所，負責供應數路或一路各軍錢糧，並參與軍政。其長官稱「總領某路財賦軍馬錢糧」，簡稱總領。

北宋前期，宰相主管民政，樞密使主管軍政，三司使主管財政。宋神宗官制改革後，宰相實際兼管財政。南宋時，宰相又兼任樞密使，兼管軍政。這樣，宰相再次握有民政、財政和軍政的大權。

專管監察的機構是御史台，其長官稱御史中丞，副長官稱侍

御史知雜事，主管糾察百官，肅正綱紀。台官有彈劾權，可以上疏言事，評論朝政，彈劾官員，還准許「風聞」論事。專管規諫諷諭的機構是諫院。宋仁宗趙禎時始單獨置院，其長官稱知諫院事或左、右諫議大夫，凡朝政缺失、百官任非其人、各級官府辦事違失，都可諫正。台、諫官都以言事彈劾為責，其職權本無多大差別，這一狀況導致後世台、諫的合流。

為皇帝起草制誥、赦敕、國書和宮廷內所用文書的機構是翰林學士院，設翰林學士承旨、翰林學士、直學士院等。翰林學士與中書舍人或知制誥分掌「內制」和「外制」，總稱「兩制」，翰林學士等還侍奉皇帝，充當顧問。

宋初的最高司法機構是大理寺和刑部。宋太宗趙炅時，設置有「審刑院」，其長官稱知審刑院事，官屬有詳議官。各地奏案先經大理寺裁決，報告審刑院復查，寫出奏稿，上呈中書。中書申奏皇帝論決，宋神宗改革官制，審刑院併入刑部。

三省六部，即門下省、中書省和尚書省以及吏、戶、禮、兵、刑、工等六部。北宋前期，三省的名譽長官「門下侍中」「中書令」和「尚書令」，也極少委任過，而另外各委派一名官員判本省事。尚書省所轄六部，也各另派官員一人至二人判本部事，本官不管本職，而且新設一些機構分割了各部的大部分職權。如審官院代行吏部考校京朝官的職權，太常禮院和禮儀院代行禮部的禮儀之權，三司代行戶、工部的大部分職權，審刑院代行刑部複審大理寺所定案牘之事等。直到宋神宗改革官制，以三省代替中書門下，六部各設尚書和侍郎，主管本部事務，三省六部才行

使相應的職權。

宋朝的地方政府機構實行州（府、軍、監）、縣二級制。宋初沿襲唐制，將全國劃分為十多道。宋太宗時改道為路，路作為朝廷派出機構的轄區，在州、縣之上。宋神宗元豐八年（1085）分為二十三路。北宋前期，各路皆置轉運使和提點刑獄，有些路常置安撫使，各設官衙辦事。安撫使司俗稱「帥司」，由本路最重要的州府長官兼任，主管一路的軍政，也兼管民政、司法和財政等。轉運使司俗稱「漕司」，主管所領州縣的水陸轉運和財政稅收，兼管司法和民政等。提點刑獄司俗稱「憲司」，主管一路的司法，兼管財政等。宋神宗時，增設提舉常平司，俗稱「倉司」，主管本路常平、義倉、免役、市易、坊場、河渡、水利之事，南宋時與提舉茶鹽司合併，增管茶鹽。此外，又設提舉坑冶、茶馬、市舶等司，漕、倉、憲等司總稱監司。監司號稱「外台」，具有監察職能，權任頗重。

各州（府、軍、監）直屬朝廷，由朝廷委派京、朝官管理州郡事，稱「知某州軍州事」，表示全權管理本州的軍、民之政，知州可直接向朝廷奏事，多用文人，並經常調換。知州以外，設「通判某州軍州事」同領州事，裁處兵民、錢穀、戶口、賦役、獄訟聽斷等事，行文與知州聯署。其官屬有錄事、司戶、司法、司理等各曹參軍。錄事參軍主管州衙庶務，糾察各曹稽違；司戶參軍主管戶籍、賦役、倉庫受納；司法參軍主管議法斷刑；司理參軍主管審訊獄訟。此外，還有節度掌書記、判官、推官等幕職官以及州學教授。

　　各縣設知縣或縣令，還有丞、主簿、尉等。宋初設判縣事，為一縣之長。後常以京、朝官領縣者稱知縣事，以選人宰縣者為縣令。知縣或縣令主管一縣民政、司法、財政，如有駐軍則兼兵馬都監或監押。宋仁宗初，始置縣丞，以選人充任。後以京、朝官充縣丞者，稱知縣丞。丞為縣的副長官。主簿主管本縣出納官物，銷注簿書。尉的職位在主簿之下，俸祿相同，主管閱習弓手，維持治安，後命兼巡捉私茶、鹽、礬等。

　　宋代實行官、職和差遣分離的制度。宋初利用唐代的三省六部等官名組合而成官階，只用以定品秩、俸祿、章服和序遷，因此又稱為「階官」或「寄祿官」。宋神宗改革官制時，文官（京朝官）定為二十五階，宋徽宗時增為三十七階（包括選人），還改定武官共五十二階。差遣是指官員擔任的實際職務，即「職事官」。

　　昭文館、史館、集賢院、祕閣等的職銜，如大學士、學士、待制等，是授予較高級官員的清高的頭銜。官、職和差遣的分離，導致大批冗員的出現。

　　宋代還把文官按官階劃分為「幕職州縣官」「京官」和「升朝官」三大類。幕職州縣官又稱選人，是低級文官的總稱。其寄祿官有兩使職官、初等職官、令錄、判司簿尉共四等七階，宋徽宗時改為承直郎至迪功郎共七階。京官是比選人品級略高而不常參的低級文官的總稱，其寄祿官共有承務郎到宣教郎等五階。宋神宗官制改革，廢除京官之稱，改為「承務郎以上」。升朝官是可以參加朝見、宴坐的中上級文官的總稱，其寄祿官有通直郎

到開府儀同三司等二十五階。選人經過考核和一定員數舉主的推薦，達到一定考數（任職滿一年為一考），便能升為京朝官。選人升為京朝官稱為「改官」，是每個官員仕宦生涯中的一件大事。武官也按官階分成使臣、諸司使、橫班。另有節度使到刺史等，實際成為另一種官階。

宋代保留了前代的一些附加性官銜，如散階、封爵、食邑、勛官和檢校官等，都已成為榮譽頭銜。爵有王、嗣王、郡王到各縣開國子、開國男共十二級。只要官資及格，該封開國男以上者，即給予食邑二百戶以上達一萬戶；又官資及格，給予食實封一百戶以上到一千戶。每食實封一戶，每日計錢二十五文，隨月俸領取。勛官有上柱國、柱國到雲騎尉、武騎尉共十二等。檢校官有太師、太尉、太傅、太保、司徒等十九級。文臣任樞密使，都帶檢校太尉、太傅。

北宋前期的官品沿襲唐制，文官共九品，有正、從，自正四品以下，又分為上、下，共三十等。但官品和官職多不相稱。宋神宗官制改革，正名責實，減少了官品的等級，改為九品正、從十八級。

朝廷對各級官員制定了磨勘（考核勞績過失）、敘遷、蔭補等法。宋初廢除按歲月敘遷之制。宋太宗時，設審官院和考課院分掌京朝官和幕職州縣官的考課事宜。宋神宗官制改革，設吏部四選分掌文、武官的考課、差遣等事。宋真宗趙恆時，還規定文臣（京朝官）任滿三年、武臣四年（後改為五年）磨勘升轉本官階一次，幕職州縣官在改為京朝官時也實行磨勘。此後，為減少

冗員，不斷加嚴磨勘條件，如延長磨勘年限、規定遷轉的止法、限制每年磨勘轉官的員數、增加舉主等。磨勘的標準有多種。以舉官當否、勸課農桑、增墾田疇等「七事」考核監司。以德義有聞、清謹明著、公平可稱、恪勤匪懈等「四善」和「獄訟無冤，催科不擾，為治事之最；農桑墾殖，水利興修，為勸課之最；屏除奸盜，人獲安處，賑恤困窮，不致流移，為撫養之最」等「三最」考核州縣長官。考核分為三等，七事中具有五項者列為上等，具有三項者列為中等，不足兩項者列為下等。朝廷按官員考績以定升遷。其中宰執、侍從和卿列館職、科舉出身的文官有優先權，可以超資升轉，其餘蔭補出身、雜流等只能逐資轉官。有軍功的武官，自武翼郎以上，每轉一官，即雙轉兩官。在遇朝廷舉行郊祀或明堂大典、皇帝生日以及本人致仕、奏進遺表等情況下，中、上級官員還可蔭補其親屬、門客以官銜或差遣。如《慶元條法事類》記載，遇大禮時，宰相可蔭補總麻以上親十人，執政官可蔭補八人，節度使等可蔭補六人。

宋代中、上級官員的待遇比較優厚，有俸祿、職田、祠祿、恩賞等。俸祿分為正俸、添支、職錢、祿粟、衣賜（春冬服、冬綿），還有傔人（隨從）衣糧，以及茶酒、廚料、薪炭、飼芻之給等。在北宋前期，宰相、樞密使月俸三百貫（每石米價約六七百文到一千文），祿粟月一百石，春、冬衣共賜綾四十匹、絹六十匹，冬綿一百兩，隨身傔人的衣糧七十人，每月給薪一千二百束，每年給炭一千六百秤、鹽七石，節度使月俸四百貫，祿粟月一百五十石等，待遇最高。待遇最低者為內侍省宦官

「郢、唐、復州內品」，月俸僅三百文，而「入內小黃門」等祿粟僅一石。宋神宗改革官制，分別階官和職事官，用階官定俸祿，階官的俸祿稱為「料錢」。在京職事官自御史中丞、開封府尹以下至律學正，改給「職錢」，每月為一百貫至十四貫不等。部分在京職事官在料錢外，另支職錢。其中又照顧到階官的高低，職錢略有增減。這些俸錢一般都半給現錢、半予折支，很多官員還可支取公用錢（公使錢）。外任地方官還配給職田，自三四十頃至一二頃不等。宋神宗後，一些下台的或勢將下台的官員有的還被授予或自請擔任宮觀官、監嶽廟等閒官，坐領「祠祿」。此外，朝廷的各種臨時賞賜，也成為官員的又一重要經濟收入。

軍制

宋太祖趙匡胤在奪取政權後，即對五代諸王朝實施的中央軍政結構逐步進行了一些調整，一般由文臣主持的樞密院，統管軍政。還設殿前司、侍衛馬軍司和侍衛步軍司，合稱三衙，三衙武帥在平時分掌禁兵（禁軍）和廂兵（廂軍），但無權調遣。樞密院和三衙分掌「發兵之權」和「握兵之重」，互相牽制。禁軍用以「守京師，備征戍」，在出外征戰或沿邊戍守時，又臨時設立部署（後改名總管）、鈐轄、都監之類統兵官。後來，又往往派文臣任經略使、經略安撫使、安撫使等，或兼任總管之類，統轄副總管等武將。「樞密掌兵籍、虎符，三衙管諸軍，帥臣主兵柄」，是北宋的軍事統轄體制。

　　禁軍有複雜的番號和等級，大致分上禁軍、中禁軍和下禁軍三等。按照規定，禁軍有廂、軍、指揮（營）和都四級軍事編制單位，其中最普遍、最重要的是指揮一級。禁軍在調動、屯戍和作戰時，往往打亂廂和軍的編制，而以指揮作為基本單位。臨時拼湊的各種番號的禁軍指揮，與部署之類統兵官之間，「兵不知將，將不知兵」，成為北宋軍事能力軟弱的重要原因。北宋初，禁軍是中央軍，實行更戍法，由京城輪流出戍外地，隸屬部署司者，稱「駐泊」，隸屬各州者，稱「屯駐」，因某地糧草價賤，即暫往該地駐紮，稱「就糧」。實行更戍法，主要是為防範軍隊與地方、武將與軍士之間發生密切的關係，威脅皇權，後又陸續在各地設置就糧禁軍，作為地方軍，不回駐京城，但也實行更戍法。北宋初還實行內外相制的辦法：以一半兵力駐守京師，一半兵力輪流出戍外地。由於就糧禁軍的不斷增設，到宋仁宗時，開封禁軍僅為南北方各地就糧禁軍之半，即使如此，開封兵力仍比任何一路多得多，也足以內外相制。

　　除禁軍外，北宋尚有廂軍、鄉兵、蕃兵、土兵和弓手。廂軍駐紮各地或隸屬某些機構，往往不加訓練，只服雜役。在陝西、河東路與西夏接壤地區，宋朝編組少數民族壯丁充蕃兵，其編制實際上依其大大小小的部族為單位。蕃兵是北宋西北地方軍，很有戰鬥力。宋朝在各地設置多種鄉兵，如河北、河東和陝西的義勇，河東和陝西的弓箭手，廣西的土丁，廣東的槍手，江西和福建的槍杖手等，王安石變法時的保甲也是鄉兵。鄉兵大都是按戶籍編組各地壯丁，也有少數鄉兵實行招募。鄉兵不算正式軍隊編

制，平時從事生產，僅在參加軍事行動時發放錢糧。少數鄉兵，如陝西和河東的弓箭手之類，也有相當戰鬥力。土兵為宋神宗時所設，隸屬各地巡檢司。弓手原為吏役，隸屬各縣尉司。宋神宗時，將弓手由輪差改為僱募後，南宋人也將弓手作為一種軍隊。「弓手為縣之巡徼，土兵為鄉之控扼」，都屬地方治安部隊。南宋時，因河東、陝西相繼失陷，蕃兵事實上已撤銷，而廂軍、鄉兵、土兵、弓手等仍保留。

宋朝實行募兵制，經常採取災年招兵的辦法，企圖將「天下失職獷悍之徒」招收為兵，用以防範人民的起義和反抗。但在兵源缺乏的情況下，也抓伕充軍。罪犯也是宋軍軍士的重要來源。此外，還鼓勵營伍子弟接替父兄從軍。宋太祖曾挑選壯士作為「兵樣」，分送各地依此募兵。後又改用「等長杖」，主要按被募者的身長，分配於各等禁軍，而短弱者則充廂軍。兵士須在臉部、手部等處刺字，以防逃亡。兵士的家屬一般居住於軍營。宋朝制定詳細的軍法，其中最重要的是「階級法」，規定各級官兵之間嚴格的隸屬關係，兵士對上級稍有冒犯，便須處死或流放，連上告也得判刑。軍士逃亡，按規定須處以嚴刑。宋朝軍法雖嚴，但因軍政腐敗，特別是對犯法的武將有法不依，所以執法不嚴的情況屢見不鮮。官兵俸祿等級繁多，正俸有料錢、月糧、春冬衣等名目，還有如招刺利物、郊賞、特支、軍賞、口券等各種補助。由於軍政腐敗，官員刻剝和私役軍士的情況十分普遍，很多軍士兼營他業以維生。

北宋各代養禁軍、廂軍達數十萬人至一百幾十萬人，維持

火藥武器

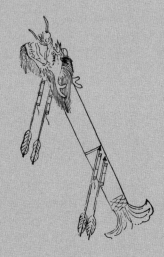

《武備志》所繪「火龍出水」

　　火藥是中國古代四大發明之一。唐末戰爭中就已開始出現火藥箭。到宋代，東京開封府設有專門生產火藥的部門。宋神宗時，宋邊防軍中已大量配備火藥弓箭等兵器。南宋在建康府（今江蘇南京）、江陵府（今湖北荊州）等地都設有火藥兵器製造業，生產出類似於手榴彈的爆炸物，南宋水軍還配備有霹靂炮、火炮等兵器。南宋中期以後，火藥兵器在兵器中的比重顯著增大。宋金交戰中，雙方都曾使用火炮。可以說，遼、宋、金時代是人類使用火藥武器的奠基時期。

了一支前朝未有的龐大而冗濫的常備軍。軍中老弱眾多，訓練頗差，編制也往往不滿員，嚴重地影響了戰鬥力。軍費佔據財政開支的大部分，儘管宋廷竭澤而漁，仍出現長時期的財政危機。

宋神宗時實行將兵法，在四川以外各路和開封府各縣設置一百幾十將。每將大都有幾千兵力，包括各種番號的若干禁軍指揮，而事實上已打亂了原有的編制，稱系將禁軍。各地不編組為將的禁軍稱不系將禁軍，降居次要地位。留駐京城的禁軍稱在京禁軍。編組系將禁軍，旨在加強軍訓，並作為征戰時的機動主力。北宋後期，系將禁軍逐漸形成將、部、隊三級編制，不久又在將之上設軍。此後，統制、統領等臨時差遣也演變為軍一級的統兵官。

北宋和南宋之交，禁軍大部潰散，南宋重新編組正規軍，稱屯駐大軍。南方各地原有的系將禁軍和不系將禁軍，淪為與廂軍相類的雜役兵。但在軍情緊急時，仍可抽調禁軍壯卒，軍士又分成揀中和不揀中兩等。屯駐大軍幾經改組，番號也屢有更易。紹興十一年（1141），宋廷用陰謀手段解除岳飛、韓世忠等大將兵柄後，陸續在沿江和川陝交界設置十支屯駐大軍，各軍番號為某州府駐紮御前諸軍，統兵官為都統制和副都統制。北宋的三衙統兵制度已經廢除，三衙的三支軍隊，實際上也是屯駐大軍。這十三支正規軍下設軍、將等軍事編制單位。屯駐大軍改變了禁軍番號和等級繁多的狀況，其軍士一般分效用和軍兵兩級。效用軍俸較高，很多效用實際上不刺字，效用和軍兵內部又分若干等級。各屯駐大軍有一定比例的「不入隊人」，充輜重、火頭等非

戰鬥人員。

宋軍以步兵為主，弓弩是主要兵器。騎兵缺馬的情況相當嚴重，宋朝不重視騎兵建設，往往將騎兵作為步兵的附庸。南宋因防江和防海之需，水軍規模大於北宋，自長江中游、下游至沿海各州，大都部署水軍。水軍在對抗金、元的戰爭中起着重大作用。宋朝已進入冷、熱兵器並用時期，特別到南宋中、後期，成批生產的火藥武器，已在宋軍兵器中佔有相當的比重。火藥兵器不僅應用於陸戰，也應用於水戰。

宋寧宗開禧北伐失敗後，三衙和十都統制司的正規軍體制逐漸破壞。一般由文臣任制置使、安撫制置使、宣撫使等，主持各大軍區，逐步改變這類官員以往節制軍事軟弱無力的狀態，在事實上取代和剝奪了十都統制司的統兵權和指揮權。各大軍區的制置使等，又在屯駐大軍之外，另外創建很多番號的新軍，這些新軍的兵力不斷擴充，逐漸成為南宋後期的正規軍主力。各屯駐大軍兵力相應漸次減削，僅佔正規軍的一小部分。

科舉制

宋太祖至宋真宗朝，在革除唐代科舉制弊病的基礎上，建立起一套相當完整、嚴密的科舉制，成為封建專制主義中央集權制的重要組成部分。

北宋前期，貢舉設進士、諸科（包括九經、五經、開元禮、三史、三傳、三禮、學究、明法等科）和明經，另外還有制舉、

武舉、童子舉等科。熙寧四年（1071）後，廢罷明經、諸科和制舉，命諸科舉人改應進士科，另設新科明法。宋哲宗元祐四年（1089），進士科分為詩賦進士、經義進士兩科，又設賢良方正能直言極諫（原屬制舉科目之一）等科。紹聖時，恢復熙寧之制。後一度設八行、宏詞等科。南宋設詩賦進士、經義進士、武舉、賢良方正能直言極諫、博學宏詞等科。宋代科目逐漸減少，進士科成為最主要的科目。

　　宋代實行解試、省試和殿試三級考試制。解試又稱鄉貢，由地方官府考試舉人，然後將合格舉人貢送朝廷。解試包括州試（鄉試）、轉運司試（漕試）、國子監試（太學試）等幾種方式，在省試前一年秋季，擇日考試，舉人解試合格，由州或轉運司、國子監等按照解額解送禮部，參加省試。省試由尚書省禮部主管，宋英宗後每三年舉行一次，在春季選日考試各地舉人，連試三日，合格者由禮部奏名朝廷，參加殿試。自開寶六年（973）開始，由皇帝親臨殿陛複試禮部奏名合格舉人。從此，每次省試後，必定舉行殿試，殿試所定名次與省試有所不同，舉人殿試合格才算真正「登科」。

　　除解試、省試、殿試外，南宋時四川還舉行與省試相當的類省試，以照顧遠離臨安的四川舉人。

　　為了防止考官作弊，在解試和省試時，規定有關官員的子弟、親戚、門客必須迴避，另派考官設場屋考試，稱「別頭試」。如由官府用公牒送到別處貢院考試，稱「牒試」。現任官員參加貢舉考試，稱「鎖廳試」。

各級考試程式逐步完備。如省試，在開考前數日，考官進入貢院，直到考畢，不得外出或會見親友，稱為「鎖院」。舉人事先向貢院交納試紙和家狀，加蓋官印。在考場內，舉人按座位榜對號入座，按貢院刻印的試題考試。封彌院將試卷卷頭上的舉人姓名、鄉貫糊住，編成字號，謄錄院負責謄寫試卷副本；對讀所負責校勘。考官根據副本審批定等，再送知舉官等復審並決定名次。這種考試程式比唐代嚴密得多。

考試內容，因科目而異。如北宋前期，進士科考試詩、賦、論各一首，時務策五道，貼《論語》十貼，答《春秋》或《禮記》墨義十條。後來允許用作文或撰賦代替，稱「贖貼」。宋神宗熙寧四年後，停試詩賦、貼經、墨義，改考經義和論、策。新科明法考律令大義和斷案。宋哲宗元祐四年，對經義進士考試本經義三道、《論語》義一道等，兼考論、策；對詩賦進士考試詩、賦，也兼考論、策。此後，各科考試內容還有一些變化。

參加科舉考試的各科士人，通稱「舉人」。舉人沒有出身，只享有免除本人丁役、身丁錢米的特權；曾赴省試的舉人，可以贖免徒以下的公罪和杖以下的私罪。舉人殿試合格，按五甲（或五等），授予本科及第、出身或同出身等。前三名依次為狀元、榜眼、探花。對於多次參加省試或殿試的落第舉人，只要達到規定的舉數及年齡，由禮部另立名籍奏申朝廷，參加殿試，稱「特奏名」。經過簡單的考試，授予本科一定的出身或文學、助教等。

宋代科舉向士大夫廣泛開放，除嚴禁有「大逆人」近親、「不

孝」「不悌」「工商雜類」、僧道還俗、廢疾、吏胥、犯私罪等人
應試外，對於各科舉人，不重門第，考試合格，就可錄取。

兩宋三百餘年間，貢舉登科者共有十一萬多人，平均每次錄
取的人數為唐代的十倍左右。更重要的是，唐代登科後，還要經
過吏部身、言、書、判的考試，才能走上仕途，宋代士人及第即
可釋褐入官，因而更能夠吸引廣大知識分子參加科舉，「以一日
之長」，「決取終身富貴」。大多數舉人出身於一般地主和殷富農
民，還有少數工、商子弟和官宦子弟，由此來擴大統治基礎，加
強專制主義統治。

朝廷為防止科舉中發生弊端，禁止知舉官與舉人結成「座
主」（或「恩門」「師門」）與「門生」的關係；禁止台閣近臣
在知舉官入貢院前，「公薦」自己所熟悉的士人，或「囑請」知
舉官錄取某一舉人；禁止舉人在試場夾帶文字、暗傳經義或點
燭等。

宋徽宗崇寧三年（1104），曾停止舉行解試和省試，全國取
士都經過學校升貢，太學成為士人參加殿試的主要途徑。宣和三
年（1121），恢復舊制。

法律

宋初，以《後周刑統》為藍本，經過修改和補充，編成《重
詳定刑統》三十卷，是宋代的第一部法典。該書律文大都照抄唐
律，令、格、式、敕則增添了許多新的內容。宋代皇帝的詔敕是

最有效力的法津形式，敕可代律，所以編敕是當時最重要的立法活動。每逢皇帝即位或改元，把多年的單行敕令分類整理，刪去重複和矛盾的內容，再頒佈實行，稱為編敕。敕由皇帝根據實際需要隨時頒佈，不及律穩定，但具有靈活性，不僅有適用於全國範圍的敕，而且有適用於一司、一路、一州、一縣的專敕。宋神宗時，進一步肯定敕的地位和作用，改其目為敕、令、格、式，律反而不被重視。宋代的立法制度遂由從前的律、敕並重而進入了以敕代律的新時期。自宋孝宗趙眘時開始，編纂「條法事類」。今存《慶元條法事類》（殘本），是宋寧宗時行用的一部法典。宋代法令繁多，超越前代，因而法網嚴密。但也出現皇帝以言廢法的現象，尤以宋徽宗時最為嚴重，所謂內降手詔、御筆手詔，如不奉行或執行遲緩，即以「違制」或「大不恭」論罪。有些權臣也用都堂批狀、指揮行事，以至與成法並立。

　　宋代法律的內容極為廣泛，對官民的輿服、官員職制、選舉、文書、榷禁、財用、賦役等，涉及政治、經濟、日常生活等各個方面，都作了詳盡的規定。這些內容帶有時代的特點。如唐、宋之際社會階級結構發生一些變化，宋代法律便明確規定了官戶、形勢戶①的含義及其各種特權，又規定了鄉村客戶的遷移手續和法律地位等，這些都是中國歷史上首次出現的條法。宋代土地私有制進一步發展，法律正式制定了保護土地買賣的條文。

---

① 形勢戶：「形勢戶」一詞早在唐和五代就已出現，指地方有勢力的豪富之家。宋朝的形勢戶包括官戶、州縣衙門中的公吏和任鄉里基層政權頭目的上戶，比例上官戶較少、吏戶較多。

宋代農村租佃關係盛行，地主和佃農之間一般訂有契約，佃農違反契約，就要受法律的制裁。有關這類經濟法、民法等的條文日益增多。農民起義此起彼伏，連綿不絕，法律對此作了種種防範和鎮壓的規定，如嚴禁民間私有武器，嚴禁「傳習妖教」。對於謀反、謀大逆、謀叛等罪，判刑都比前代加重，或腰斬、棄市，或凌遲處死。對於強盜、竊盜等罪，也計贓和情節加重判刑。宋仁宗嘉祐（1056～1063）時，規定對在開封府諸縣犯罪者皆判重刑，量刑始有「重法地」和「非重法地」之分。宋神宗時，重法地擴大到河北、東京、淮南、福建等路，還制定了《盜賊重法》。

宋初在朝廷中央設置刑部和大理寺，作為最高司法機構。大理寺決斷全國所申奏的案件，刑部復審大理寺所定重大即死刑案件，並主管全國刑法，刑事和民事訴訟，官員犯罪後赦宥、敘復、雪理等事。宋太宗時，在宮中另設審刑院，復查大理寺所定案件，直屬皇帝。宋神宗官制改革，撤銷此院，恢復刑部原有的復審權。經過大理寺和刑部二審的重要案件，還須經門下省復核，發現不當，即予駁正。中書省還有權作進一步評議。遇重大疑案，皇帝命正、副宰相與御史、諫官、翰林學士等「雜議」，然後決斷。有時奉皇帝命令，特設「詔獄」審理重大案件。宋神宗時，依詔立案審判犯人而特設的機構，稱制勘院；依中書之命而特設的機構，稱推勘院，結案後撤銷。地方的司法機構，路一級設置提點刑獄司，復核和審查所屬州府判決的案件和囚帳，並經常巡視州縣。州一級的司法機構，宋初設司寇院，後改稱司理

笞、杖、徒、流、死

即沿用多年的「封建五刑」。進入封建社會後，原有野蠻殘忍的奴隸制肉刑逐漸被廢除，以自由刑為主的封建五刑產生了，分別為笞、杖、徒、流、死。最早是在隋《開皇律》中以完整的刑罰體系出現的，隨後由唐朝律疏（《武德律》《永徽律》《唐律疏議》）進一步完善，是中國刑罰制度的重大進步。具體來說，封建五刑是五種不同程度的刑罰。笞刑，是以竹、木板打犯人背部、臀部或腿部的輕刑，以十下為一等，從十到五十下分為五等；杖刑，是以竹、木板打犯人背部、臀部或腿部，以十為一等，從六十下到一百下分為五等；徒刑，剝奪犯人的自由並強制其服勞役，刑期分一年、一年半、兩年、兩年半和三年，共五等；流刑，把犯人遣送到邊遠地方服勞役，里程分兩千里、兩千五百里和三千里，共三等；死刑，則分絞刑和斬刑兩等。

院，審訊民事訴訟和刑事案件。又設州院（或府院、軍院），由錄事參軍主管，職責與司理院相同，另設司法參軍，主管檢法議刑（判決）。自御史台、大理寺、開封府、臨安府以至地方州縣，還都設置監獄。宋朝逐步制定出一套嚴密的刑事審判制度。審行鞫（審）、讞（判）分司和州縣司法機構獨立審判的原則。縣級審判機構有權判決包括杖罪以下諸罪。州級審判機構在元豐前有權判決包括死刑在內的各種案件，元豐後，判決的徒以上案件必須呈報提刑司審複。

宋代對有關田宅買賣、財產繼承、婚姻、債負、交易等民事訴訟的期限、裁決等制定了詳細的法律條文。如為保證農時，不妨農務，規定地方司法機構以每年二月初一到九月三十日為「務限」，停止審理上述案件，到十月初一「開務」後，始行受理。又規定詞訴結案的時限，縣為當天結絕；如須追問證人，不得超過五天；州府為十天；監司半月。又如規定大理寺判決案件的時限，大事為二十五天，中事二十天，小事十天。

宋代還沿襲唐代，將刑罰分為笞、杖、徒、流、死五等，但對徒、流刑都附加杖刑。流刑在決脊杖之外，還在臉上刺字或耳後刺環，稱「刺配」。宋代又沿用五代舊制，流配犯人發往遠惡地區服苦役，稱為「配隸」。配隸者附屬於軍籍。宋仁宗後，增加了凌遲即剮刑，與絞、斬同列為法定的死刑之一。

宋代還有赦免制度，赦免分為大赦（死罪以下者都予免罪）、曲赦（適用於一路、一州等範圍）、德音（死、流罪者減刑，其他罪者釋放）等。但赦免僅限於一般犯罪，凡屬「十惡」之類危

害封建國家和社會的重大犯罪，不在赦免之列。

高度發展的宋代經濟

在漫長的中國封建時代，宋代是經濟發展迅猛的時期，無論在農業、手工業、商業等方面，都取得了突出的、引人注目的成就。

農業

作為國民經濟基礎的農業，由於人口的增加，墾田面積的擴大，鐵製工具製作進步，耕作技術的提高，產量倍增，以及經濟作物的擴大，多種經營的展開，從而取得了前所未有的全面發展，為手工業、商業的發展奠定了基礎。

人口和墾田的增加

封建時代的生產以個體勞動為基礎，因而人口的增長和減少，對社會生產具有直接影響。宋代人口就其總趨勢看，一直是增長着的。

經過唐末、五代以來的長期戰亂，宋太宗趙炅末年（997），全國戶口統計僅有四百一十三萬二千五百七十六戶。宋真宗趙恆末年（1021），增加到八百六十七萬七千六百七十七戶，一千九百九十三萬零三百二十口。宋仁宗趙禎末年（1063），增加到一

千二百四十六萬二千三百一十七戶，二千六百四十二萬一千六百五十一口。宋英宗治平三年（1066），增加到一千二百九十一萬七千二百二十一戶，二千九百零九萬二千一百八十五口。宋徽宗趙佶大觀四年（1110），更增加到二千零八十八萬二千二百五十八戶，四千六百七十三萬四千七百八十四口。宋代戶口統計一般只計男丁，戶口數字中的口數乃指男丁的人數。按每戶實際平均五口計算，宋徽宗時全國人口約為一億，這是前代所未達到的。北宋國土小於漢、唐，但人口則多於漢、唐，人口增長速度和人口分佈密度都高於漢、唐，這是宋代農業生產遠遠超過漢、唐的一個重要條件。

南宋國土比北宋約減少五分之二，而農業生產發達地區都在南宋境內。南宋初，除四川、廣南等地外，東南一帶遭受嚴重的兵燹破壞，如在建炎末，產米最豐富的平江府（今江蘇蘇州）在金軍屠殺和官兵荼毒之餘，加上瘟疫，死亡五十萬人，僅剩十分之一二的人口。明州（今浙江寧波）、洪州（今江西南昌）等地都遭受金軍屠城的慘禍。但是，由於北方勞動人民大批南遷，和南方農民共同辛勤勞動，使南宋的農業生產，較快地得到恢復和發展。

宋高宗趙構末年（1161），南宋全國戶口統計為一千一百三十六萬四千三百七十七戶，二千四百二十萬二千三百口，此後戶口數或升或降，至宋寧宗末年（1223），全國戶口統計為一千二百六十七萬零八百戶，二千八百三十二萬口。依每戶實際平均五口計算，南宋自孝宗至寧宗時，人口約有六千萬左右。南宋與金

朝、元朝接壤的淮南路、京西南路、荊湖北路等，戶口比北宋減少，但在腹地的某些路，人口仍有所增長。如自宋徽宗崇寧元年（1102）至宋寧宗嘉定十六年（1223），兩浙路自一百九十七萬五千戶增至二百二十二萬零三百戶，江西路自一百五十五萬一千八百五十八戶增至二百二十六萬七千九百八十三戶，湖南路自九十五萬二千三百九十八戶增至一百二十五萬一千二百戶，福建路自一百零六萬一千七百五十九戶增至一百五十九萬九千二百一十四戶，成都府路自八十八萬二千五百一十九戶增至一百一十三萬九千七百九十戶。

　　隨着人口的不斷增長，墾田面積也不斷擴大。宋代平原地帶已大部墾闢，如浙西平江府一帶，「四郊無曠土，隨高下悉為田」。「江（江南路）、浙（兩浙路）之田，不以肥瘠，民爭尺寸」。「兩川地狹生齒繁，無尺寸曠土」。在山陵地區，尤其是南方各路，還到處「墾山為田」，開墾了大批梯田。「梯田」一詞即起源於宋代。宋代梯田的數量也相當可觀。如福建路大部分耕田都是梯田。建康府（今江蘇南京）的上元和江寧縣，寧國府的宣城縣（今屬安徽），山田約佔耕田的半數。由於廣大農民的積極墾闢，宋代墾田以前所未有的速度增加。據官方統計，宋太宗至道二年（996）為三億一千二百五十二萬五千一百二十五畝，而至宋真宗天禧五年（1021）即達五億二千四百七十五萬八千四百三十二畝，二十五年間增長了百分之六十八。由於品官形勢之家的隱田漏稅，宋仁宗時登錄在國家版籍上的僅二億二千八百萬餘畝，以後雖有所回升，到宋神宗趙頊時，僅達

四億六千一百六十五萬五千五百五十七畝。根據宋神宗時人口增長情況，以及宋代農戶生產能力估計，北宋時墾田可達七億至七億五千萬畝，超過漢唐時期的墾田數。

農田水利的發展

北宋時，農民盡可能克服自然條件的限制，因地制宜地開墾農田。長江下游各地，圩田（圍田）大有增加。北宋中期，僅宣州（今安徽宣城）到池州（今屬安徽），就有千區以上的圩田。不少圩田，圩長數十里，圍墾田達數百頃、上千頃。例如永豐圩、萬春圩、陶新圩等，就是這類著名的圩田。圩田能防旱抗澇，使收穫可得到較多保證，成為當時的穩產高產田。絳州（今山西新絳）農民人工引馬壁谷水淤田，使河林淤泥入田，因而原來畝收穀五七斗的鹽鹼地，變成了良田，每畝可收二三石。江淮農民還墾殖數量甚多的沙田。福建、江西等路農民，還「緣山導泉」，在山田種植水稻。宋神宗時王安石變法，大搞農田水利建設，取得了巨大成就。

南宋也比較重視水利建設，僅在五十年內，各地就興建或修復了一批較大的水利工程。如：潭州（今湖南長沙）的龜塘，可溉田萬頃；興元府（今陝西漢中）的山河堰，溉田九千三百三十多頃；鎮江府練湖的七十二源，溉田在萬頃以上。江東路不少州縣也盛行圩田。太平州（今安徽當塗）的耕地，圩田十居八九。浙西路圍田相望，據宋孝宗淳熙十年（1183）統計，達一千四百八十多所。澱山湖四周被圍墾幾十萬畝。兩宋在

東南地區興修圩田、圍田之類，實際上即是對低窪地的改造與墾殖。然而在當時的歷史條件下，豪勢之家霸佔水利、圍湖造田，平時壟斷水利，一遇澇災則以鄰為壑，又對農業生產發生不利的影響。如紹興府著名的鑒湖，灌溉面積幾乎佔會稽縣農田的一半，由於豪強富戶不斷侵耕包佔，至宋寧宗時，幾乎喪失了灌溉效能。

農具的改進

宋時農具製作不但數量大、質量好，而且品種多。鐵製犁鏵已經多樣化，主要有尖頭、圓頭兩種，適用於耕作不同的土壤。碎土疏土用的鐵耙，安裝在耬車車腳上的鐵鏵，除草用的彎鋤，在北宋中原和華北地區已普遍使用，說明耕作程序增多，農民對精耕細作更加注意。鐵耙、钁頭、鍘刀、鐮刀等形制也有改進，輕巧耐用。戽水灌田的龍骨翻車，有全用腳踏和用牛拉的兩種，已為南方農民普遍使用。南方山田的大量墾闢，使用了高轉筒車，依靠水力推動，引水上山。其他如插秧用的秧馬、中耕用的雲蕩等則是宋代的創造，對農業生產也有一定的作用。

作物品種的交流　畝產量的提高　複種技術的推廣

北宋結束了十國割據局面，消除了南、北方交通的障礙，各地農民得以彼此交流培育農作物的經驗。宋太宗曾命江南、兩浙、荊湖、嶺南、福建等路各州官員，勸諭百姓種植粟、麥、黍、豆，由淮北提供種子，江北各州則學習南方，廣種水稻。此

後，河北、河東、京西、京東等路都逐步推廣種稻。淤田辦法推行之後，北方種稻面積更為擴大。籽滿粒大的天竺綠豆在北宋時引進，西瓜從遼代時自中國西部邊疆傳至中國北部契丹統治區，南宋初傳到江南地區，逐漸為各路所普遍種植。由越南傳入的占城稻，宋真宗時推廣到江南、兩浙以及淮南諸路。占城稻成熟早，抗旱力強，並且「不擇地而生」，適於普遍種植，從而擴大了稻的栽種面積。南方農民還培育出許多優良稻種，如蘇州的師婆粳、箭子稻，洛陽的和尚稻等。這類優良品種，僅秈稻就達幾十種之多，糯稻也不下一二十種。

特別值得注意的是，宋代農業在精耕細作方面有進一步的完善。其中尤以兩浙路精耕細作居全國之最。其精耕細作的方式已比較完善，不僅深耕細耙，而且在育秧、灌溉、糞肥、中耕管理、換茬等方面，都有一套行之有效的做法，因地制宜地種植糧食作物。

由於優良品種的培育和交流，比較普遍地實行精耕細作，提高了農田單位面積產量。北宋兩浙路產量最高，蘇州一般年成每畝產米二至三石。南宋自四川至長江下游，一般都可產米二至三石，還出現了畝產稻穀六七石的高產紀錄。

在宋代複種技術也得到了推廣。自大江以南，稻米普遍分「早禾」和「晚禾」兩種，種植和收穫的時間不同，但一般並非雙季稻。南宋時，由於愛吃麵的北方人口大量南遷，佃客繳租，在不少場合下，只納稻，不納麥，促使冬麥和晚稻兩熟制得到大面積推廣，成為長江流域相當普及的耕作制度，改變了南方種麥

較少的狀況。實行複種，一般可畝產稻麥三四石。此外，在閩廣一帶已出現雙季稻，然而僅限於膏腴的農田種植，尚不普遍。由於提高畝產量和增加複種指數，宋代耕田的利用率大為提高，這是農業史上的重大變革，宋代以後的糧食生產仍大體沿襲了這個發展方向。

經濟作物的發展　專業化程度的提高

在糧食生產增長的基礎上，宋代的經濟作物，特別是在南方，有相當大的發展。當時有菜園戶、漆戶、藥戶、花戶、果農、菜農、蔗農等專業經營者，他們部分或主要地從事商品生產，這對男耕女織的傳統自然經濟結構有一定程度的突破。

《鬥茶圖》

南宋劉松年繪。鬥茶，是宋代盛行的評價茶質量好壞的一種習俗。

南方各地普遍栽種茶樹。淮南、江南、兩浙、荊湖、福建和川蜀地區，種茶的園戶極多，不少州郡以產茶著名。北宋時，僅江南、兩浙、荊湖、福建地區，每年輸送官府茶葉專賣機構的，即達一千四百四十一萬二千斤，而淮南產茶地則由官府自己置場，督課園戶採製，其歲入數字還不計在內。南宋的產茶州縣又比北宋有所增加。川蜀、兩廣、兩浙、福建是著名的甘蔗種植區，福、明（今浙江寧波）、廣、漢（今四川廣漢）、遂（今四川遂寧）五州都有一些「糖霜（冰糖）戶」，種植甘蔗，生產各種蔗糖，其中以遂州（南宋升遂寧府）的冰糖最為著名。蘇州洞庭山共三千戶居民，「多種柑橘、桑麻，糊口之物盡仰商販」；種柑橘一畝，比種稻麥得利多至數倍。廣南農民也「多種柑橘以圖利」。福建、廣南、川蜀還種植荔枝，以福州所產最多，興化軍（今福建莆田）「最為奇特」。

宋朝的紡織纖維生產仍以絲和麻為主，而棉花的栽培區逐漸擴大，產量逐漸提高。北宋至南宋初，植棉地區局限於氣候較熱的廣南和福建路。棉花當時稱吉貝或木綿。海南島的黎族人民和雲南大理地區人民，在宋朝以前已種植木綿，紡織為白氈布。北宋末，曾與金朝商定，將木綿布一萬段，作為歲幣的一部分。南宋初，宋廷所需的木綿布是從福建路收買的。到南宋後期，棉花種植區已向北推進到江淮和川蜀一帶。

各地農業發展的不平衡

宋朝農業生產南北方發展不平衡，經濟重心已顯著南移，而

南北各路的生產水平也同樣存在頗大的差異。

在北方，河北路、京東路、陝西路的關中平原一帶是比較富庶的地區，但河北路東部沿海一帶，因大面積鹽鹼地的存在，不適於耕植。河東路和陝西路的大部是貧瘠落後的地區。京西路在北宋建國後約一百年內，一直人口稀少，大量土地荒廢，後來才得到開發。

在南方，長江下游和太湖流域一帶的兩浙路，是豐腴的穀倉，出現了「蘇湖熟，天下足」或「蘇常熟，天下足」的諺語。四川的成都平原，江南東、西路等地的農業也相當發達，而荊湖南、北路的農業生產水平較差。廣南東、西路土曠人稀，以粗放經營為主，尚未得到很好開發，然而至晚在北宋後期，缺糧的福建路已必須依賴廣南餘糧的接濟，廣南的糧食甚至還由海道遠銷兩浙路。四川、荊湖不少山區和少數民族聚居區，還停留在刀耕火種的水平。北宋的淮南路也是比較富庶的地區。南宋時，淮南東、西路，京西南路等地，與金朝、元朝接壤，因長期戰亂，大片農田荒蕪，耕作粗放，畝產量很低，始終沒有恢復到北宋時的生產水平。

儘管宋代各地農業發展很不平衡，但從總的方面來看，其發展水平遠遠超過漢唐則是無疑的。

手工業

中國古代三大發明 —— 指南針、印刷術、火藥，宋時逐漸

應用於實際，獲得迅速發展。造船、礦冶、紡織、染色、造紙、製瓷等部門，在原料採集、生產過程和產品種類、數量方面，都有顯著的進展。各業作坊規模之大，超越了前代。獨立手工業者的數量也較前代加多。

造船業的發達

北宋建都開封，每年需要大量漕船載運東南的糧食等貨物。宋太宗至道末（997），各州歲造船三千三百三十七隻。官營作坊打造戰船、漕船等，民營作坊打造商船、遊船。兩浙的明（今浙江寧波）、溫、台（今浙江臨海）、婺（今浙江金華）等州，江西的虔（今江西贛州）、吉州（今江西吉安），荊湖的潭（今湖南長沙）、鼎（今湖南常德）等州，陝西的鳳翔府斜谷（今陝西眉縣西南）等地，都已成為造船業的中心。福建沿海四個州軍都生產海船，海船質量居全國首位。長江兩岸交通要衝還設有專門修船的場所。

內河航運出現了「萬石船」。當時所造海船船形下側如刃，便於破浪，船上設備齊全，包括拋泊、駕駛、起碇、轉帆和測深等方面。還設置了隔離艙，使用了稱為「轉軸」的桅杆，從而增強了戰勝逆風惡浪的能力。這種海船在當時世界上是最先進的，中外商人所乘用的海船很多是宋人建造。北宋末年出使高麗用的一種大海船稱「神舟」，其高長闊大，什物器用及所載人數都相當於「客舟」的三倍。洞庭湖的楊幺起義軍與官府對抗，雙方都用大力製造車船。車船用翼輪激水行駛，每一雙翼輪貫軸一根，

山西太原晉祠北宋時期
鑄造的鐵人

謂之一「車」，軸上設踏板，供人踩踏。當時出現三四十車的大船。車船航行快速，但不能用於航海。後來又發展了車槳並用、可隨時裝卸的新技術。造船業的發達，促使遠洋航行技術不斷進步。

礦冶業

宋代採礦冶煉業的發展為農業、手工業、商業的發展提供了雄厚的物質基礎。河北、京東、陝西、河東等路都已大量開採石炭（煤）。河東境內居民、東京開封及其附近城鄉的上百萬戶人家都用石炭作燃料。封建官府在許多地方的市場都徵收石炭稅，或由官府買賣石炭。江西豐城、萍鄉山間的煤礦也已被開採。今河南鶴壁發現北宋後期河北路相州的煤礦遺址，由地面開鑿豎井，依煤層開掘巷道，採取「跳格式」挖掘，先內後外，逐步後撤，還有排水井和木製轆轤等排除坑道積水的設備。

今河北邢台、安徽繁昌、福建廈門同安區等地，都曾發現宋代冶鐵遺址。繁昌遺址的冶鐵爐呈圓形，用栗樹柴作燃料，石灰塊作熔劑，但更多的冶鐵爐使用石炭

作燃料。石炭火力強，冶煉快，鐵的質量高，對改進農具作用極大。徐州利國監（今屬江蘇）、兗州萊蕪監（今屬山東）是當時著名的冶鐵地。宋仁宗皇祐（1049～1053）間，全國每年得鐵七千一百二十四萬一千斤。宋英宗時，又增加一百餘萬斤。利國監用石炭冶鐵作兵器，犀利異常。冶鐵爐的鼓風器由皮囊改為木風箱，裝置牢固，風力增大。

宋代在軍事和醫藥上都已利用石油，沈括在《夢溪筆談》中科學地預見到石油日後「必大行於世」。

北宋初，全國共有礦冶二百零一處。宋英宗時增加到二百七十一處。宋仁宗皇祐時，朝廷每年得金一萬五千零九十五兩，銀二十一萬九千八百二十九兩。宋英宗時，金減少九千六百五十六兩，銀增加九萬五千三百八十四兩。鑄錢用的銅，由官府嚴格控制。宋仁宗皇祐時，年收五百一十萬零八百三十四斤。宋英宗時，增至六百九十七萬零八百三十四斤。宋神宗時，更增加到一千四百六十萬五千九百六十九斤。銅錢需要鉛、錫混合鑄造。宋仁宗皇祐時，鉛年產九萬八千一百五十一斤，錫三十三萬零六百九十五斤。宋英宗時，鉛增為二百零九萬八千一百五十一斤，錫增產一百餘萬斤。宋神宗時，鉛更增加到九百一十九萬七千三百三十五斤，錫二百三十二萬一千八百九十八斤。這樣高額的礦產量在當時世界上是首屈一指的。南宋礦冶業在產品數量上較北宋遜色，但在技術上又有一些提高。

紡織業

北宋時，南方的絲織業逐漸勝過北方。兩浙、川蜀地區的絲織業最為發達。宋仁宗時，梓州已有幾千家機戶，從事絲織業生產。成都府、漢州（今四川廣漢）、青州（今屬山東）、濟州（今山東巨野）、河北路等地也有許多機戶或綾戶。開封府設有綾錦院，為皇室貴族織造高級織品。河北路產絹，號稱「衣被天下」。絲織物的品種和花色比前代增加了很多。如蜀錦就有數十種名目，號稱「天下第一」。亳州（今屬安徽）輕紗，撫州（今屬江西）蓮花紗和醒骨紗，婺州（今浙江金華）紅邊貢羅和東陽（今屬浙江）花羅，越州（今浙江紹興）寺綾，邵州邵陽（今屬湖南）隔織，定州（今屬河北）刻絲（即隔織）等，是當時著名的絲織品。李覯描述當時江南地區絲織業的盛況說：「平原沃土，桑柘甚盛，蠶女勤苦，罔畏飢渴。……繭薄山立，繅車之聲連甍相聞。非貴非驕，靡不務此。……爭為纖巧，以漁倍息。」麻織分佈在成都府路、廣南西路、京東東路、河東路等地，廣西廣泛種植苧麻，農村婦女都善長織布。麻布產量比唐代增加很多。有些地區的麻織品極為著名，如明州象山女兒布、平江府（今江蘇蘇州）崑山藥斑布、江西虔布等。南宋絲織品和麻織品的生產繼續增長，隨着植棉區的擴大，棉織品在全部紡織品中的比重有所上升。

染色業

宋代印染技術比唐代有所提高。刻工雕造花板，供給染工

宋代造紙程序示意圖

印染斑斕。開封有官營染坊，也有像「余家染店」這樣的民營染坊，還有推車染色的工匠。各州也有民營染坊和染工。

造紙業

隨着雕版印刷業的興盛，紙張的需要量激增，促使民間造紙業迅速發展。宋代造紙技術比前代大有提高。徽州黟縣、歙縣生產的紙張，放在熏籠上用火焙烤，五十尺為一幅，各幅匀薄如一。這種方法比上牆日曬要進步得多。因此，紙張的產量比前增加很多。宋代紙張一般都達到薄、軟、輕、韌、細的水平。紙的種類很多，有白色紙、自然色紙等。在質量方面有薄厚與粗細之分，又有全料和半料之別。四川的藤紙、浙東的竹紙、江南的楮紙等，因原料的不同而各有特點。江西清江的藤紙、江東徽州的龍須紙、平江府的春膏紙等都是紙中佳品。各地還有多種加工製作的箋紙。紙張經過加粉、加蠟、染色、砑花，製造成精緻的印花箋，箋色有紅、紫、褐、黃、碧等，而以紅色箋最為流行。建陽書坊曾用一種特制的椒紙印書，係用山椒果實煮汁染成，紙性堅韌，且可防蠹。紙還用來製作紙甲、紙被、紙帳、紙衣等。

製瓷業

宋代製瓷業普遍發展，在產量和製造技術方面都比前代有很大提高。製瓷窯戶幾乎遍佈全國各地。不僅供貴族享用的高級瓷器在工藝技術上達到新水平，而且生產出大量的一般日用器皿，為居民廣泛使用。各地瓷窯形成自己的特色。北方的定州（今屬河北）定窯，所產薄胎白瓷，用印花、刻花和劃花裝飾的日用器皿，曾充作貢品。汝州（今河南臨汝）汝窯，生產帶有較細紋片的青釉瓷，「色近雨過天青」，宋徽宗時專為王室燒造。潁昌府陽翟（今河南禹州）出產的瓷器，釉色若玫瑰般嬌豔，間以紫紅和青藍，極盡絢麗燦爛，後世稱為「鈞瓷」。開封官窯生產的瓷器，土脈細潤，有月白、粉青等色，帶蟹爪紋片。南方的饒州（治今江西鄱陽）景德鎮窯，出產各種品類的瓷器，遠銷各地，號稱「饒玉」。該鎮瓷窯內部已有很細的分工，有陶工、匣工、土工之分，有利坯、車坯、釉坯之分，還有印花、畫花、雕花之分。臨安府鳳凰山、烏龜山下官窯，出產瓷器的釉面呈現出各種美麗的紋片，特別是青瓷，有翠青如玉之感，是瓷中珍品。此外，如北方的耀州（今陝西銅川耀州區）窯、磁州（今河北磁縣）窯，南方的吉州（今江西吉安）窯、處州龍泉（今屬浙江）窯以及廣南東路、福建路沿海地區的瓷窯，也都發展迅速。廣南東路和福建路的瓷器主要是銷售海外。宋代瓷器產量的增長，使製瓷業在宋代全部手工業中佔有突出的地位。

製鹽業

宋代製鹽有曬、煮兩種方法。解州安邑（今山西運城西北）、解縣（今運城西南）境的鹽池是池鹽的主要產地。京東、河北、兩浙、淮南、福建、廣南等路沿海地區，煮海水為鹽。河東、陝西、河北等路的一些地區的貧苦農民括取鹹土煎煮為鹽，稱為土鹽，以并州的永利監（今山西太原南）為最多。成都和梓、利、夔州等路鑿井取鹵煎煮，稱為井鹽。宋仁宗時，蜀中民間首創卓筒井，口小而井深，井壁與唧筒都用竹為之，採用了機械提鹵的先進技術，極大地提高了功效。

手工業作坊

宋代規模較大的手工業生產，都集中在官營和少數私營的作坊。官營作坊為統治階級製造器物。南、北作坊在宋神宗前，分成五十一作，有工匠和兵校七千九百三十一人，專門製造各種軍用物資。官營作坊主要「差僱」民匠，有時也和僱一些民匠，並役使有手藝的軍匠、罪犯等；私營作坊採用和僱方式僱募民匠。陵州（今四川仁壽）開私鹽井的豪民，一家多者有一二十口井，少者有七八口井，每家和僱工匠四五十人到二三十人，每井約四五人。工匠大都是隱名改姓逃避戶籍和刑法的農民或罪犯，向豪民領取「工直」。徐州利國監有三十六處鐵冶，每冶工匠至少數十人，多僱傭逃亡農民。這些工匠脫離了農業，對僱主不存在嚴格的隸屬關係，但遭受着殘酷的經濟剝削。

商業、城市經濟、貨幣流通

　　宋代商業的發展，超過了前代，大城市和小鎮市的興旺發達，紙幣的出現和廣泛使用，海外貿易的盛況空前，都非常引人注目。

大城市的繁華　小鎮市的興旺

　　宋時因城市人口的膨脹，在很多州縣城門外，形成了新居民區，稱作草市。有的草市，例如著名的鄂州南草市，其人口和規模甚至大大超過城區。

　　宋代擁有一批人口在十萬以上的大城市。都城開封是北宋最大的城市。宋真宗天禧五年（1021），開封府僅新、舊城內，八廂居民，即達九萬七千七百五十戶。唐代長安和洛陽城內的坊只是居民住宅區，黃昏後鎖閉坊門，禁止夜行，商業活動只能白天在市裏進行。北宋開封和其他大城市的繁盛，逐漸突破了坊和市的界限，相同行業的店舖多集中在鄰近，工商與居民雜處，面街開店，隨處都有商舖、邸店、質庫①、酒樓、食店。相國寺每月開放五次，中庭兩廊可容上萬人，商旅交易，都集中在這裏。還出現了遲至三更的繁盛夜市，到五更，「鬼市」（早市）又開張營

---

① 質庫：押物、放款、收息的商舖，即典當行的前身。唐宋時期社會經濟迅速發展，質庫也日趨發達。富商、官府、軍隊、寺院等紛紛經營這種以物品作抵押的放款業務。送入質庫抵押的物品，一般都是金銀珠寶和錢貨，但有時會有奴婢、牛馬等。

業。各地貨物諸如糧食、水產、畜產、蔬果、茶、酒、藥材、紡織品、器皿、書籍等，都運到這裏銷售。日本扇、高麗墨和大食香料、珍珠等，在開封市場上也是熱門的貨物。宋真宗時，北京大名府的坊郭主、客戶也達幾萬家。宋仁宗時，廣州只有子城，城外「蕃、漢數萬家」。

北宋初佚名《閘口盤車圖軸》（局部）

此圖描繪了當時一個官營面坊的勞作場景。

臨安府作為南宋的「行在所」，也是最大的商業城市。儘管在南宋初遭受嚴重戰禍，到宋寧宗初年，臨安府城已增至十一萬二千多戶。市民、達官貴人、官府和宮廷所需的糧食和百貨，都來自附近州縣，以至福建、廣南、淮南等地，城內店舖林立，還有不少質庫、手工業作坊、寄存貨物的塌坊，十分繁華。長江下游的建康府（今江蘇南京）也是重要的商業城市，南宋後期府城人口達幾十萬。長江中游鄂州（今湖北武漢武昌區）城外的南草市，是川、廣、荊、襄、淮、浙的貿易中心，居民達十萬戶。四川的成都府城也達十萬戶。泉州作為對外貿易中

心，州城居民約十萬戶，五十萬人。

在大城市發展的同時，成千上萬個鎮市也因商業的發達而興盛起來。《元豐九域志》等書都記錄了大量鎮名，其地位僅次於縣治。官府在各鎮設立場務，收取商稅。市的地位又低於鎮，有些市也設置行政機構。有的鎮市發展到相當大的規模。如黃池鎮（今安徽蕪湖東）和沙市（今湖北荊州沙市區）是從屬於州縣的鎮市，卻發展為商旅萃聚的貿易中心，黃池鎮商業的繁榮已超過太平州（今安徽當塗）。上海的前身青龍鎮（今上海青浦區北），也是宋時有名的商埠。此外，鄉村還有定期的集市，稱墟、集（或草市），農民在此出售蔬菜、魚蝦或手工業品，成為溝通城鄉經濟的重要環節。較大的市、墟或集開設酒店、客店。有些市、墟或集因商業的發達而發展成為鎮，有的鎮也升為縣。由於商品流通和交換的頻繁，官府在不少商船客貨輻輳地設置稅場，商稅收入也非常可觀。

行與作

唐代城市中同業店舖組織成行。宋代自都城至州縣城鎮，同業商鋪組織成「商行」。入行的商戶稱「行戶」，參加商行叫「投行」。隨着商業的發展，商行的組織不斷增加。開封市上，至少有一百六十多行，臨安有四百一十四行。商行保護和壟斷本行的商業利益。外來的商人，不經投行，不得在市上貿易。各行有自己的行話，行的首領叫「行頭」或「行老」，他們有權規定本行商品的價格。各行還有作媒介招攬買賣的牙人。

商行還是官府控制和勒索商人的工具。唐代後期，皇室通過商行徵購宮廷需用的貨物，稱「宮市」。宋真宗時，宮中也常常通過商行向商鋪徵購貨物。內東門司購買行人物品，有拖欠多年不給價錢的。開封供應百貨的商行，被官府上下勒索，比別處多十倍以上，各行賠累很多。各行商鋪被迫輪流「祗應」，向皇室或官府低價或無償地提供貨物，商行反而成為束縛商人的一種組織。

民間工匠的同業組織也稱「行」，開封的各行工匠集中在大貨行和小貨行。如做靴鞋的稱「雙線行」。行又可稱「作」。如木作、碾玉作、漆作等，其中包括作坊及各類工匠。有些行業的工匠尋找工作，必須經行老介紹。

貨幣流通

北宋貨幣以銅錢為主，鐵錢為輔。金銀作為貨幣，流通量不大。北宋銅錢年鑄造額約為唐朝的一二十倍，特別到宋神宗元豐時，年鑄造額高達五百零六萬貫，依每貫五宋斤計，約折合一萬五千餘噸。儘管如此，北宋的銅、鐵錢仍不能滿足商品流通的需要，由於各種複雜的原因，還出現了「錢荒」。

商業中的「賒」，即信用關係，孕育了世界上最早的紙幣「交子」。宋真宗初年，益州（今四川成都）十六戶富商發行一種交換券，叫作「交子」。宋仁宗天聖元年（1023），官府收奪私家發行紙幣之權，在益州設立交子務，負責印製和發行交子事務。交子以鐵錢作為本位，每界（期）發行額為一百二十五萬

北宋宣和元寶

六千三百四十貫，另儲備鐵錢三十六萬貫，以保證交子隨時兌換。交子以兩周年為一界，當界滿時，製造新交子，調換舊交子。商民向官府持舊換新，每貫交紙墨費三十文。起初交子只在川峽流通，後來發行數量越來越多，交子流通的地區擴大到陝西、河東等路，官府便在開封設置交子務，專門負責交子的印造發行。

南宋銅錢年鑄造額減至十萬貫左右。最多的年份也不過十五六萬貫。由於大量銅錢外流，錢荒愈益嚴重。除了鑄造鐵錢外，紙幣逐漸成為主要的貨幣。南宋的紙幣主要有四種，四川錢引、湖廣會子和兩淮交子都以鐵錢為本位，東南會子則以銅錢作為本位。各種紙幣都有規定的流通地域，相互之間又有一定的兌換率。官府沒有足夠的銅錢和鐵錢作為兌換本錢，為了彌補財政虧空，又大量濫印紙幣。東南會子在宋孝宗時，規定兩界並行，每界發行一千萬貫，到淳祐六年（1246），第十七、十八界東南會子已發行了六億五千萬貫。濫發紙幣，造成嚴重的幣價貶值，通貨膨脹，使廣大人民的生活遭受很大痛苦，而政府的財政危機也愈益嚴重。

南宋亡國前夕，賈似道又主持發行新紙幣關子，停止第十七界東南會子的行用，規定第十八界東南交子三道折合關子一道，結果卻造成更劇烈的通貨膨脹。

宋與遼、西夏、金等的經濟交流

宋與遼、西夏、金、回鶻、大理、吐蕃等存在不同程度的經濟交流。宋與遼、西夏、金在某些交界地點設置榷場，進行官方許可的貿易，但榷場貿易有各種規定和限制，官府還要抽稅，故民間的走私貿易，不論在陸地或沿海都相當興盛。宋與遼、西夏、金等使者相互往還，也往往附帶做生意。遼對宋出口物品有羊、馬、馬具、皮革、毛氈、刀劍、北珠、鹽等，宋對遼的出口物品有茶、藥材、糧食、絲麻織品、漆器、香料、犀角、象牙、硫磺、銅錢等。宋的榷場收入大致可抵消對遼輸納歲幣的損失。西夏對宋的出口物品有駝、馬、牛、羊、玉、氈毯、藥材、鹽等，宋對西夏的出口物品有茶、絲織品、糧食、香料、漆器、瓷器、銅錢、銀等，特別是茶馬貿易，對宋與西夏都至關重要。回鶻將玉器、馬匹、藥材、香料等運往內地，從內地換回茶、鐵器、錢幣等。金對宋的出口物品有北珠、毛皮、人參、絲織品、銀、馬等，宋對金的出口物品有糧食、茶、銅錢、牛、書籍、外洋舶貨等。遼、西夏、金主要使用宋朝錢幣。在今吉林、內蒙古等地的考古發掘中，發現湖州銅鏡、建陽刊本，而景德鎮和龍泉的瓷器更是遍及各地。大理是南宋的主要馬匹供應者，其出口物品還有藥材、手工業品等，宋對大理的出口物品有書籍、絲織

品、錢幣、茶、銀等。中國境內各個政權密切的經濟聯繫，為元朝統一準備了重要條件。

海外貿易

宋時海外貿易得到很大發展，與海外聯繫地區之廣，進出口貨物品種和數額之多，都遠遠超過了前代。宋朝是當時世界上重要的海上貿易國。

宋時有從廣州和泉州通往越南、印尼乃至阿拉伯、東北非洲等地的海上交通線，還有從明州或杭州通往日本和高麗，由登州（今山東蓬萊）或密州板橋鎮（今山東膠州）通往高麗的海上交通線。宋朝與印度支那半島、南洋群島、阿拉伯半島以至東北非洲等幾十個國家都有貿易關係。

北宋在主要港口廣州、明州、杭州、泉州、密州、秀州（今浙江嘉興）、溫州、江陰軍（今江蘇江陰）等地相繼設立市舶司，主管舶商進出手續，並徵收舶稅，抽買舶貨。宋仁宗皇祐時，市舶收入每年為五十三萬餘貫，宋英宗時增為六十三萬餘貫，成為國家的一項重要財政收入。南宋海外貿易有很大發展。宋高宗在位末年，市舶收入達二百萬貫，超過北宋最高額近一倍以上。為保持市舶收入的穩定增長，宋朝有時還派遣使臣出海，招徠外商。廣州和泉州都是當時世界上有名的大商港。明州主要與日本、高麗貿易，規模略小。

在兩浙、福建、廣南等路，海商數量很多。《萍洲可談》載「海舶大者數百人，小者百餘人，以巨商為綱首」。「舶船深闊各

數十丈，商人分佔貯貨，人得數尺許，下以貯貨，夜臥其上。貨
多陶器，大小相套，無少隙地」。這就是宋代商人來往東南亞等
地搭載的商船。

大食、真臘、闍婆、占城、勃泥、麻逸、三佛齊等國，也有
不少商人經南海到宋朝貿易。宋朝輸出東南亞等地的商品主要有
瓷器、絲織品、銅錢、金、銀、銅、鐵、鉛、錫等，輸入的商品
主要有香料、藥材、犀角、象牙、珊瑚、珍珠、玳瑁、蘇木等。

宋朝和日本、高麗之間的貿易關係極為密切。宋朝開往日本
的商船，主要由兩浙路出發，幾乎年年都有。宋朝運往日本的商
品主要有藥材、香料、瓷器、文具、書畫、絲織品等，自日本輸
入的商品主要有硫磺、木材、水銀、沙金、工藝品等。日本製造
的寶刀和扇子，在宋朝最為著名。宋朝不斷有商船橫渡黃海，駛
往高麗。運往高麗的商品有各種綢緞、臘、茶、瓷器、書籍等，
自高麗輸入的商品有人參、礦產、綾布以及扇子、文具等。

交通運輸、郵遞

宋代交通運輸業也相當發達。內河運輸以大江（長江）、汴
河和運河為主動脈。自東南地區通過汴河和運河輸送東京的糧
米，一般為六百萬石，有時甚至達八百萬石，漕運額大大超過
前代。陸游描寫長江中游鄂州稅務亭一帶，「賈船客舫，不可勝
計，啣尾不絕者數里」，「吳船與蜀舸」途經黃牛峽（今湖北宜
昌西）時，都要到廟中祈神，反映了大江民間水路運輸的興盛。

漕運所用的漕舫

宋朝除廣泛的海外貿易外，國內沿海運輸業也有較大規模，兩者都以民間運輸為主。南宋初，官府一次自潮州海運三萬擔糧至福州，而另一支船隊又運糧至溫州。宋朝缺馬，畜力車以牛車最普遍，也廣泛使用人力和畜力駝運。開封府的「太平車」需用五、七頭牛拉拽，「平頭車」則是獨牛車，又有驢拽的獨輪車，人拽的「浪子車」。宋時官府運輸，往往以同類物資編組為綱。如米以一萬石為一綱，銅錢以兩萬貫為一綱，金以兩萬兩為一綱，銀以十萬兩為一綱。官府以綱作為計量單位，制定有關綱運的各種法令，其中包括對押綱人員的獎懲。

　　宋時的通信系統是遍佈各地的驛站網。郵遞分步遞、馬遞、急腳遞、金字牌遞等。規定步遞日行二百里，除官府文書外，還

可郵寄私人信件。馬遞日行三百里。急腳遞日行四百里。金字牌遞日行五百里。金字牌是朱漆牌，刻以金書「御前文字，不得入鋪」，專用以遞發皇帝御前緊急重要公文。事實上規定的速度往往達不到，郵遞稽遲的情況經常發生。南宋時，樞密院又造一種以雌黃色為底色的青字牌，規定日行三百五十里；後又改用黑漆紅字牌，規定日行三百里。

高度繁榮的宋代文化

在漫長的中國封建時代，宋代是文化高度繁榮的時期，無論在科學技術、哲學思想、教育、文學、藝術、史學等方面，都取得了長足的進步。

科學技術

宋代是中國古代科學技術發展的高峰期，著名科學家沈括是最重要的代表人物。指南針、印刷術和火藥是聞名於世的三大發明，到宋代又有了劃時代的發展。天文、數學、醫藥、農藝、建築等各個領域的成就，不僅超越前代，而且在當時的世界上處於領先地位。

三大發明

指南針，在戰國時已經有用天然磁石製造「司南」的記載。

縷懸法指南針（據沈括
記載複製的模型）

到宋代又有重大進展，沈括《夢溪筆談》記載，用天然磁石摩擦針鋒磁化為磁針，可以指南而常微偏東。宋軍中配備有指南魚，用於陰天和黑夜判斷行軍方向。北宋末已有使用指南針於航海的記載。南宋時，海船上普遍裝有「針盤」，即原始的羅盤導航。這是世界海運史上空前的進步，對發展海上交通，推進世界各地人民的交往，起了巨大的作用。

　　雕版印刷的發展和活字印刷的發明。唐、五代時開始應用雕版印刷術印書，北宋時有了很大發展。國子監刻印的書，後世稱監本，各地官府也刻

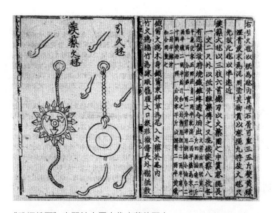

《武經總要》中關於中國古代火藥的配方

印書籍。各地民營書坊刻印的書，世稱坊本。開封府、杭州、西川、福建是當時印書的中心。刻印技術，杭州第一，蜀本次之，福建又次之，開封刻版雖可與杭州媲美，但紙張不佳。南宋地方政府、寺院和書坊都刻印書籍。臨安府是印書業最發達的地方，質量也較高。平江府（今江蘇蘇州）、婺州（今浙江金華）、饒州（治今江西鄱陽）、撫州（今屬江西）和吉州（今江西吉安）等地，也都是重要的印書業中心。福建路建陽縣的麻沙、崇仁兩鎮集中了眾多的書坊，印書質量雖較差，但印刷量很大，行銷遠方，世稱麻沙本。四川成都府、眉山縣有許多書坊，刻印不少史籍和詩文集。

宋仁宗慶歷年間（1041～1048），布衣畢昇發明活字印刷術，用膠泥刻字排印。對後代木活字、銅活字的創造有很大影響。畢昇的發明，比歐洲早四百年，是對世界文明的偉大貢獻。南宋時，周必大也曾用膠泥活字和銅版，印刷自己的著作《玉堂雜記》。

火藥和火器。唐末戰爭中已有火藥箭和用拋石機投擲火藥包「發機飛火」的記載。宋朝政府設有火藥武器的作坊。北宋仁宗時編撰的《武經總要》，記載了三種火藥配方，以及火箭、火炮、蒺藜火球、毒藥煙球等火器的做法和用途等。宋神宗時，邊防軍已大量配備火藥箭。南宋軍隊配備的火藥兵器，數以萬或十萬計，有火箭、火槍、突火槍、鐵火炮、霹靂炮等。開慶元年（1259），壽春（今安徽壽縣）軍民又發明了名為「突火槍」的

水運儀象台

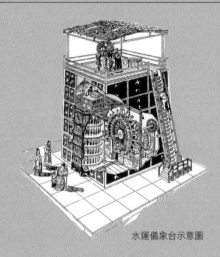

水運儀象台示意圖

　　宋代天文學家蘇頌、韓公廉等人自宋元祐元年（1086）起，在開封歷時七年設計製造的大型天文儀器。它將觀測天象的渾儀、演示天象的渾象、計量時間的漏刻和報告時刻的機械裝置集中於一體。英國科學家李約瑟等人認為它「可能是歐洲中世紀天文鐘的直接祖先」。水運儀象台約七米寬、約十二米高，是個上窄下寬的木製方台。全台共分三層，上層是一個板屋，裏面放有一個渾儀；中層是密室，放置渾象；下層則是複雜的報時裝置和儀象台的動力機構。

　　值得一提的是，水運儀象台的機械結構設計直接來自農業生產，廣泛採用了水車、筒車、桔槔、凸輪和天平秤杆等機械原理，把觀測、演示和報時設備集中起來，顯示了中國古代人民的勤勞和智慧。

管形火器，在巨竹筒內裝火藥和「子窠」，點燃後將「子窠」發射出去。「子窠」是後世子彈的前身。發射「子窠」的管形武器的發明，是世界武器製造史上劃時代的進步。

天文學

北宋時進行了多次較全面的恆星觀測。元豐年間（1078～1085）觀測的結果，於元祐三年（1088）繪成星圖，南宋淳祐七年（1247）又在平江府（今江蘇蘇州）刻石，稱為《天文圖》。

景德三年（1006）關於「客星」的記載，是世界上著名「超新星」中的最早記錄；至和元年（1054）關於世界天文史上最著名的「超新星」的記錄，在現代天文學研究中極受重視。

元祐（1086～1094）時，蘇頌、韓公廉等人，創造了世界上第一台「天文鐘」（水運儀象台），並將其結構寫成《新儀象法要》，其中關於擒縱原理的發現，已開近代鐘表構造的先河。他們還創造了「渾天儀」，球面按照恆星位置穿有小孔，人進入內部可看到模擬的天象，是世界上最早的「假天儀」。南宋紹興年間，王及甫也製造過類似的「假天儀」。

宋代的曆法經過多次改進，姚舜輔編制並於大觀元年（1107）施行的《紀元曆》，首創利用觀測金星以定太陽位置的方法。而由楊忠輔創制，並於慶元五年（1199）實行的《統天曆》，確定回歸年的數值為 365.2425 日，和現行公曆的一年長

王懷隱像

王懷隱（約925～997），
北宋著名的醫學家。宋州
睢陽（今河南商丘）人。
初為開封建隆觀的道士，
於太平興國三年（978）奉
宋太宗之命參與編修《太
平聖惠方》，淳化三年
（992）成書。後奉詔還俗，
任尚藥奉御。

度完全一樣，但比公曆頒行早三百八十三年。

數學

北宋中期賈憲的「開方作法本源」圖，世稱賈憲三角形，
比西歐相同的帕斯卡三角形早約六百年；他的「增乘開方法」，
與霍納的方法大致相同，但早約七百七十年。南宋淳祐七年
（1247），秦九韶著《數書九章》，他的「正負開方術」發展了「增
乘開方法」，算式井然有序，今人稱為「秦九韶程序」；而「大衍
求一術」，則發明了整數論中一次同餘式組的普遍解法，是聞名
於世的中國剩餘定理。南宋末楊輝著有《詳解九章算法》《日用

算法》《田畝比乘除捷法》和《乘除變通算寶》，後三種都是實用
算法著作。

醫藥學

宋代醫藥學比唐代有較大的發展。官修的有《開寶本草》《嘉
祐本草》等。元豐五年（1082），唐慎微撰《經史證類備急本
草》，共收藥物一千七百四十六種，為《唐本草》的一倍。宋徽
宗時重加刊正，稱《政和本草》，沿用近五百年，日本、朝鮮亦
曾刊印。

醫方，宋太宗初官修《太平聖惠方》一百卷，收一萬六千八
百三十四方。宋徽宗時審定的《和濟局方》，收複方二百九十七
方，是中國由國家頒佈的第一部配方手冊，不少名方至今沿用。

針灸，宋以前只重視灸法，宋時才重視針法。王惟一（一
作惟德）受命考訂針灸經絡，並先後鑄銅人兩具，外刻腧穴名
稱。他又著《銅人腧穴針灸圖經》三卷，標誌着針灸學的重大
進步。

太醫局將產科、眼科等單獨設科，是醫學史上的重大進步。
南宋陳自明撰《婦人大全良方》二十四卷，分論婦科、產科諸
病，附有方劑和醫案，有許多新見解。北宋錢乙《小兒藥證直
訣》，是理論與實踐結合的名著。南宋宋慈《洗冤集錄》十五卷，
是世界上最早的法醫學專著，對後世法醫學影響很大，近代又被
譯為英、法、德等多種文字。

農藝學

北宋末陳旉總結兩浙農民的耕作經驗，在南宋初撰成《農書》，是綜合性的農學著作，介紹了稻、麥、粟、豆、麻、芝麻等種植時間和方法，以及養牛和蠶桑等，注意到多種經營，以提高土地利用率。指出土壤好壞不一，只要治理得法，都適合耕種並能經常保持新壯，書中有專篇論述施肥、秧田育苗等農技。

皇祐元年（1049）陳翥撰寫的《桐譜》，嘉祐四年（1059）蔡襄著《荔枝譜》，淳熙五年（1178）韓彥直著《橘錄》，都是傳世最早的有關經濟作物的專著，論述了桐、橘和荔枝的種類、土宜、栽培、採伐或採摘，以及果品的加工、貯藏，有的還論述了防治病蟲害、果園管理等。園藝方面，除「本草」一類書中和南宋陳景沂《全芳備祖》已有論述外，還有不少專書，如劉攽、王觀、孔武仲都撰有《芍藥譜》傳世；《菊譜》亦曾有多種，傳世本是劉蒙於崇寧三年（1104）撰寫的。這些書中論述了植物變異現象，以及通過嫁接產生變異等。

建築

端拱二年（989），喻皓建成開封開寶寺木塔，他根據當地多西北風，使塔身微向西北傾斜。修建杭州梵天寺塔時，他對木塔的穩定性問題又作了科學的說明。開封開寶寺木塔焚毀後，慶曆元年（1041）建成磚塔，屋簷、斗拱等用特製的鐵色琉璃磚塊，塔身面磚為有佛像等浮雕圖案的鐵色琉璃磚，因此俗稱鐵

塔。建築此塔改變了磚砌塔筒與木製樓板相結合的傳統做法，改用發券等法建築塔心室和樓道等，成為以後北方通用的磚塔建築方法。今河北定州的開元寺塔，是為了抵抗遼軍瞭望敵情而於至和二年（1055）建成，亦稱瞭敵塔，高八十四米，是中國現存最高的磚塔。蘇州報恩寺磚塔和泉州仁壽寺、鎮國寺兩座石塔，則具有宋代南方建築風格，飛簷高出，形象輕盈。泉州附近的洛陽橋，嘉祐四年（1059）建成，「其長三百六十丈，種蠣於礎以為固」，是中國著名的梁架式古石橋。《清明上河圖》描繪的虹橋，用木建成，結構科學，不建橋墩，便於航運。北宋滅南唐，根據樊若冰的建議造船數千艘，先在石牌鎮（今安徽懷寧縣境）附近長江支流上，依樊若冰測量的長度，試造浮橋。開寶七年（974）冬，「移石牌鎮浮梁於采石磯（今安徽馬鞍山市境），繫纜三日而成」，在長江下游建成浮橋，經歷了一年的風雨洪水考驗，是世界橋梁史上的創舉。建築學著作方面，宋初喻皓的《木經》惜已失傳。元符三年（1100），李誡編撰的《營

周敦頤像

周敦頤（1017～1073），宋代哲學家、理學的奠基者。字茂叔，原名敦實，因避宋英宗舊諱，改名敦頤。道州營道（今湖南道縣）人。他愛廬山風景，在廬山購地築屋，並取故鄉「濂溪」命名，後人又稱其為濂溪先生。

造法式》三十四卷，對材料、結構、式樣以及彩繪等，都有詳細的說明和精緻的圖樣，是中國現存最古的建築學專著。

哲學思想

宋太宗時校定孔穎達《五經正義》，宋真宗時又頒邢昺《九經疏義》，這幾十年主要是唐代經學的繼續，學術思想不很活躍。宋仁宗時，劉敞撰《七經小傳》，以己意進行解釋，開創了新學風。孫復、石介、胡瑗和李覯相繼而起，分別就《春秋》《易》《禮》進行新的闡述，李覯還說孟子背離孔子。及至歐陽修、司馬光、蘇軾、蘇轍等公開對孟子、《周禮》和《易》，提出不同程度的疑問，學術風氣大變，由原先的「漢學」轉變成了新的「宋學」，理學和其他儒家學派先後出現。

宋代理學是以儒家經學為基礎，兼收佛、道思想形成的新儒學，基本上可分為兩派：一派是以程顥、程頤及朱熹為代表的客觀唯心主義學派，稱為「程朱理學」；一派是以南宋陸九淵為首的主觀唯心主義學派，即「心學」。談宋代理學的從來都把周敦頤列為首位，實際上，周敦頤雖撰寫過《太極圖說》和《通書》，但他的學術思想在北宋並無傳人（程顥、程頤全不傳他之學）。南宋朱熹對其著作大力闡明之後，才為世人所注意。所以在北宋學術思想領域內，周敦頤是全然沒有地位的。張載反對「有生於無」的思想，提出「太虛」即「元氣」、「氣」，是萬物生成的本

源。他晚年時融合《易》《禮》和《中庸》的思想,撰《西銘》,把天、地、君、親合為一體,闡明事天、地、君、親之道,綜述了義理和倫常,備受理學家的讚賞。

程顥、程頤,世稱「二程」,是理學的奠基者,兩人觀點基本一致,其著作後人輯為《二程全書》。他們提出「理」(又稱「天理」)或「道」,作為世界萬物的本體,常自稱其學為「道學」,通常稱為「理學」。他們認為「理」是永恆存在、無所不包的,先有「理」,然後產生萬物,而又統轄萬物。這顯然是受佛教「真如」「佛性」(意為最後的真理)說的影響。人性說等則有道家的影響。二程理學當時沒有多大影響。大致到南宋孝宗時,程頤的四傳弟子朱熹集理學之大成,理學才大為興盛。朱熹的論著很多,有文集、語類和《四書集注》等。二程創立的理學,經過朱熹的發展和闡述,成為更精緻、更系統、更富哲理的新儒家學派,世稱程朱理學或程朱學派。宋理宗時,程朱理學成為官方哲學。元、明、清時期,在思想文化界更居於統治地位。陸九淵提出「心即理也」,號為「心學」,是理學的主觀唯心主義學派的創立者。他說:「宇宙便是吾心,吾心即是宇宙。」認為「本心」即是真理,可以採用「易簡工夫」,只要「根本者立」,再「發明人之本心」,即在自省上下功夫,「一是即皆是,一明即皆明」,就可成為聖賢。深受佛教禪宗「一悟即至佛地」的「頓悟」說的影響。他反對朱熹那套博覽群書,「格物致知」的做法,認為是「支離」。朱熹譏諷陸學過於簡易,是「禪學」。這就是淳

小・鏈・接

《百家姓》

宋代以來的幼兒啟蒙讀物。成書於北宋初年，與《三字經》《千字文》並稱「三百千」。《百家姓》原收姓氏四百一十一個，後來增加到五百零四個，其中單姓四百四十四個，複姓六十個。《百家姓》的排名次序並沒有依據各姓氏人口的多少排列，而是需要順口、易學、好記。頭四姓「趙錢孫李」還有著地域原因，因為《百家姓》最早出現於宋朝的吳越錢塘地區，所以首先包括了宋朝皇帝的趙氏、吳越國王的錢氏、吳越國王錢俶正妃孫氏和南唐國王的李氏。

小・鏈・接

《千字文》

中國教育史上最早、最成功的啟蒙教材。南朝學者周興嗣編撰。相傳梁武帝為教育諸皇子，命人從王羲之書寫的碑文中拓下一千個不重複的字，以供學習。為了讓孤立的字互有聯屬、便於記憶，他召來周興嗣說：「卿有才思，為我韻之。」周興嗣思如泉湧，像為歌詞譜曲一樣，用了一個晚上就編好，並上呈皇帝。這就是日後廣為流傳的《千字文》。全文以儒學理論為綱，穿插了許多常識，配以四字韻語，很適合幼兒和兒童誦讀。《千字文》一直流傳至今，不僅超越了漢族和少數民族的疆界，而且傳到了日本，成為儒家文化圈的一條紐帶。同時，《千字文》在中國文化史上也有獨特地位，隋唐以後的著名書法家，大都書有《千字文》傳世。

熙二年（1175），兩人在信州（今江西上饒）鵝湖寺進行的「鵝湖之會」爭論的主要內容。

除理學外，宋代還有一些具有樸素唯物主義思想的儒家學派，主要有王安石的「新學」、陳亮的「永康學派」和葉適的「永嘉學派」等。王安石吸收老子、商鞅、韓非等道家、法家思想，形成被稱為「新學」的儒家學派，一開始就受到剛產生的理學派的攻擊。他說的「道」，也稱為「元氣」，是物質性的，由「元氣」產生萬物；並認為「新故相除」是「天」（自然）和「人」（社會）共同的變化規律，為自己的變法提供理論根據。「新學」形成後，盛行了六十年左右，南宋以後逐漸衰落。陳亮反對理學家脫離客觀事物的「道」，倡導功利主義，認為義和利本出於一元，王和霸也出於一元，兩者都是程度的區別，並無本質的差異。他和朱熹曾就「王霸義利」，進行了長時間的辯論。葉適認為不能說「道」在天地之先，能生天地；他指出《易傳》中的「太極生兩儀，兩儀生四象」之說「文淺而義陋」。他也提倡功利主義，指出「既無功利，則道義者，乃無用之虛語爾」。有《水心文集》《習學記言序目》傳世。

教育

宋初沿舊制，設國子監為最高學府，一度改名國子學。宋仁宗慶曆時設太學，北宋末，太學生達三千八百人，實行三舍

法。又設武學、律學、算學、書學、畫學等專門學校，國子監主要成為中央教育管理機關。地方教育有州縣學和書院。由於印刷術普及等原因，宋代教育的發達程度遠遠超過前代。在鄉村農民中，如《百家姓》《千字文》之類的識字課本，有一定程度的普及。不少地區利用農閒舉辦冬學，由窮書生教農家子弟識字。福州一地解試，宋哲宗時每次參加考試者已達三千人，宋孝宗時增至兩萬人。南宋時，福建建寧府（今建甌）每次參加解試者達一萬餘人，連小小的興化軍也達六千人，反映了教育的普及程度。

州縣學

北宋前期，州縣學很少。宋仁宗寶元元年（1038），令藩府設立學校。慶曆四年（1044），曾令州縣皆設學校。熙寧四年（1071），又詔各州縣普遍設學校。計劃逐漸以學校「升貢」代替解試，崇寧三年（1104）至宣和三年（1121）的十八年間，解試、省試曾全部停廢。北宋末是州縣學最盛時期，不僅有學舍供學生食宿，還有學田及出租「房廊」的收入作為學校經費。大觀三年（1109），北宋二十四路共有學生十六萬七千六百二十二人，校舍九萬五千二百九十八楹；經費年收入錢三百零五萬八千八百七十二貫，支出二百六十七萬八千七百八十七；糧食年收入六十四萬零二百九十一斛，支出三十三萬七千九百四十四斛；校產中有「學田」十一萬五千九百九十頃，「房廊」十五萬

五千四百五十四楹。在校學生之多、校舍之廣、經費之大且如此
充裕，都是空前的。

書院

宋代私人辦學得到很大發展，一些學者、儒生紛紛設立「精
舍」「書院」，教授生徒。宋初著名的四大書院是白鹿洞（今江西
九江廬山）、嶽麓（今湖南長沙岳麓山）、應天（今河南商丘）、
嵩陽（今河南登封）或石鼓（今湖南衡陽石鼓山）書院；此外，
茅山（今江蘇南京三茅山）書院亦頗有名。這些書院大多得到政
府的資助與獎勵，如賜額、賜書、賜學田等，也有私人捐贈學田
和房屋。書院規模都較小，學生數十至數百人。北宋中期以後，
書院逐漸衰落。南宋時，儒學受佛教寺院宣傳教義的影響，書
院大興。朱熹首先於淳熙六年（1179）興復白鹿洞書院，次年
竣工，並置學田，聘主講，親訂規約，即著名的《白鹿洞規》，
還常親去授課，質疑問難。紹熙五年（1194），朱熹恢復並擴
建嶽麓書院，學生達千餘人。朱熹以白鹿洞書院作為研討、傳布
理學的中心。其建置、規約，乃至講授、辯難等方式，無不受禪
宗寺院的影響。各地儒學家的書院先後建立，如陸九淵的象山書
院、呂祖謙的麗澤書院，等等。南宋先後興建的書院總數達三百
所以上，書院大多得到官方的支持。書院與州縣官學，成為南宋
地方的主要教育機構，書院大多又是理學的傳布中心，理學因而
益盛。

陸游像

陸游（1125～1210），南
宋愛國詩人。字務觀，
別號放翁。山陰（今浙
江紹興）人。今存詩作約
九千三百首，數量之多，
居中國古代詩人之冠。

文學藝術

宋代文學藝術繼唐代之後，有了進一步的發展，而且更加豐富多彩。各種文藝形式，諸如散文、詩、詞、繪畫、書法、雕塑、「說話」、諸宮調、宋雜劇、南戲等的興起、革新與發展，使宋代的文學藝術呈現出一派繁榮瑰麗的景象。

古文運動

宋初駢體文佔統治地位，柳開、王禹偁以繼承韓愈、柳宗元的古文傳統為己任，穆修、蘇舜欽等相繼而起。宋仁宗時，歐陽修登上文壇，倡導流麗暢達，駢、散結合的散文新風，主張「其道易知而可法，其言甚明而可行」，成為北宋古文運動的領袖。王安石認為文章應「務為有補於世」；蘇軾在強調「言必中當世之過」的同時，認為文章應如「精金美玉」，很重視文采。曾鞏、蘇洵、蘇轍等名家

輩出，古文運動終於取得全勝。他們的文章大多風格清新，自然流暢。歐陽、曾、王、三蘇與唐代的韓愈、柳宗元，後世合稱為「唐宋八大家」。

詩

宋初王禹偁首倡繼承杜甫、白居易詩風，但不久即出現楊億、劉筠為代表的西崑詩體，崇尚詞藻華麗，重形式、輕內容，風靡一時。文壇主將歐陽修以及梅堯臣、蘇舜欽等相繼而起，詩作大多平淡清新，間或粗獷奔放，詩風始為之一變。才華豐茂的蘇軾，詩備眾格，灑脫豪放。王安石不少「以適用為本」的詩，如《河北民》《兼併》《感事》《省兵》等，反映社會生活，主張改革。黃庭堅提倡「以故為新」，並主張作詩文要「無一字無來處」，其後便形成了江西詩派。但其後繼者走了只注重文字技巧、聲韻格律的形式主義道路。江西詩派陳與義，南渡後詩風轉向悲壯。楊萬里、范成大、陸游、尤袤，號稱「中興四大詩人」。其中最傑出的是著名愛國詩人陸游，才氣豪邁，詩作悲壯奔放，曉暢自然。南宋末民族英雄文天祥的詩，很少雕飾，詩集《指南錄》是抗元詩史，《正氣歌》更是傳世名篇。宋詩繼承唐詩而有所創新，題材廣泛，一個顯著的特點是描寫農事的詩篇較多，真實地描寫了農民的生活和民間疾苦，大有助於了解宋代社會。愛國詩篇之多，更成為南宋詩的一大特色，對後世產生巨大影響。

詞

北宋前期以晏殊、張先、歐陽修為代表的婉約派，詩尚婉麗，未完全擺脫五代羈絆。柳永精通音律，開始創作慢曲長調新體裁，長於鋪敘，情景交融，深受下層平民的歡迎，以至「凡有井水處，即能歌柳詞」。高才逸氣的蘇軾，衝破詞專寫男女戀情、離愁別緒的境界，清新豪放，開創了豪放詞派。南宋著名愛國詞人辛棄疾，在蘇軾豪放派詞風基礎上高度發展，抒情、寫景、敘事、議論，無往不宜，氣勢磅礴，充溢着愛國主義的激情。陳高、劉克莊和宋末劉辰翁，均受辛棄疾影響，都是豪放派愛國詞人。婉約派詞人有蘇軾門人秦觀，他善於以長調抒寫柔情，語工而入律。北宋末年的周邦彥，所作多豔詞，詞調方面有創新。北宋末南宋初，著名女詞人李清照，獨樹一幟，影響較大，其散文、詩篇雖不甚多，都屬佳作，實為古

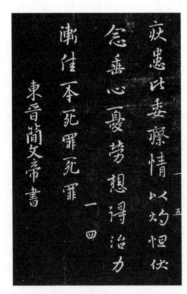

《淳化閣帖》明拓肅府本卷一（局部）

代最有成就之女作家。南宋後期的姜夔，長於音律，講究技巧，對後世影響很大。

繪畫

李成為五代入宋的山水畫名家，師法五代荊浩、關仝，善畫平遠寒林，時稱「古今第一」。范寬重視自然山水的寫生，畫風雄健，自成一家。李成、范寬、關仝，形成北方山水畫的三個主要流派。宋神宗時的郭熙，師法李成，其畫秀美明淨，與李成齊名，世稱「李郭」。郭熙與子郭思合著《林泉高致》，認為應觀察山水，分別四季，畫出朝暮等景色，要求賦予山水畫以生活氣象。南唐入宋的南方山水畫派名家巨然，學習董源水墨畫風，並稱「董巨」，淡墨輕嵐，自成一體。南宋初，李唐以畫牛著稱，兼工人物，尤擅山水畫，創「大斧劈皴」法，並為劉松年、馬遠、夏珪所師法。他們合稱南宋四大畫家。

五代後蜀黃筌、南唐徐熙，善畫花鳥，風格不同，有「黃家富貴」、「徐熙野逸」之說。黃筌子居寀等入北宋畫院，風格工麗細緻，為「院畫體」的標準畫格。其後兩派逐漸合流。宋神宗時的崔白，所畫花鳥，清淡生動。宋徽宗繪畫造詣很深，尤工花鳥，畫風工整，神形俱妙。南宋花鳥畫傳世作品不少，作者大都佚名，畫面也大都鮮明生動。

北宋前期的武宗元，專長佛道人物畫，行筆流暢。北宋中期的李公麟，以畫馬馳名，又是宋代最有影響的宗教人物畫家，所

畫人物，性格突出，形神俱工。南宋四大畫家，都兼工人物，劉松年所畫《中興四將圖》，為著名人物圖畫。

反映當時社會生活風習的風俗畫，宋代也有較大的發展。北宋末張擇端的《清明上河圖》，是風俗畫的代表作，所繪開封景況，是當時社會生活的忠實寫照，具有極大的史料價值。李唐的《村醫圖》，繪一鄉村醫生在田邊為患者治病，救護及圍觀者緊張的神態，躍然紙上。李嵩的《貨郎圖》，描繪了一群婦女兒童被貨郎擔所吸引的生動情景。

文人畫，不講形似，只講神韻、情趣。作者都是文人，自稱所作為「藝畫」。他們輕視嚴整細緻的畫作，稱之為「術畫」，將作者稱為「匠人」。文人畫的代表作者為蘇軾、米芾、米友仁等，蘇軾喜作枯木怪石，畫竹學文同。米芾畫山水，不求工細，多用水墨點染，「意似便已」；子友仁，繼承父風，世稱「米派」。

書法

淳化三年（992），宋太宗出祕閣所藏歷代書法家珍品，命王著編次，標明為《法帖》，稱為《淳化閣帖》。此後重輯、翻摹的很多。北宋時，潭州（今湖南長沙）據《閣帖》又增補部分作品；絳州（今山西新絳）亦據《閣帖》而有所增損，皆摹勒上石，十分精美，世稱《潭帖》和《絳帖》，對傳佈書法藝術很有貢獻。宋代書法家以蘇軾、黃庭堅、米芾和蔡襄最為著名。蘇軾擅長行、楷，刻意創新，用筆豐潤而以韻勝；黃庭堅擅行、草，

宋佚名《宋雜劇圖》
（局部）

————————

圖中兩個角色均由
女子扮演，是研究
雜劇史的珍貴形象
資料。

以側險取勢而挺秀，亦以韻重；米芾亦擅行、草，師法王獻之，
技巧為當時第一；蔡襄正楷端重，行書婉媚，草書參用飛白法。
宋徽宗正楷學唐薛曜而略變其體，稱為「瘦金體」，亦善狂草。
南宋陸游、張孝祥、文天祥等，書法造詣也很高。

雕塑

　　北宋元祐時塑造的太原晉祠的四十二尊侍女彩塑，富麗濃
豔，各具神態，栩栩如生。山東濟南靈岩寺，北宋末所塑四十六
尊羅漢彩塑，色彩素雅，形象各異，生動逼真，都是很典型的宋
代塑像，為中國藝術寶庫的珍品。四川大足石刻，多數是宋代作

品，上起宋太宗時，下至宋理宗，造窟數以百計。銘記中載有元豐至紹興時的雕刻匠師元俊、文惟一等二十一人，以他們為代表的民間藝術家創造了無數生動的石刻造像，佛和菩薩形態端莊而具有世人氣息；供養人、力士，誇張有度，各有特徵。經變故事造像中，多是現實生活的片斷與勞動生產場景，樸實健康，微妙入神。

工藝

宋代的織錦，以蘇州、建康、成都的最為著名。紋樣通常是龜背紋、雲水紋、古錢、卍字等，穿插龍、鳳、朱雀、「三友」「四季」「八仙」以及「百吉」等圖案、文字，絢麗多彩。緙絲也稱「刻絲」，主要產地為定州、蘇州。織法稱為「通經斷緯」，可以將山水、花鳥、人物、樓台等照樣織製，成為絕妙的工藝品。傳世的沈子蕃緙絲花鳥，圖案逼真。刺繡有平繡、辮繡、扣繡和打籽繡等多種繡法，針線細密，配色精妙，所繡山水、花鳥、昆蟲、祥雲等，宛如圖畫。1967年浙江瑞安仙岩塔中，發現宋慶曆（1041～1048）以前的三方經袱，在杏紅色素羅地上，用白、黃等色平繡的對飛翔鸞團花雙面圖案，花紋兩面一樣，是傳世的雙面繡品中有明確年代的最早藝術品。

雕漆即「剔紅」。以金屬或木作胎，通常再塗上幾十層朱紅色漆，乘未乾透時鏤雕人物、花鳥、山水、樓台等，金屬作胎的常露出胎底金屬本色。用黃漆作底再塗朱紅漆，刻成黃地紅花，

稱為「臘地」。也有以朱漆作底而塗黑漆，刻成錦地壓花。或以各色漆重疊塗抹，雕刻時所刻花紋深淺不同，現出各種色彩的圖案，如黃蕊、紅花、綠葉、黑石等，十分美觀。產地主要是兩浙路，尤以溫州最為著名，北宋首都開封有專賣溫州漆器的店舖。

戲曲與曲藝

　　宋代各種新的曲藝、戲曲形式主要有話本、諸宮調、宋雜劇和南戲等。話本原是「說話」（講故事）藝人的底本，對後世的長、短篇小說和戲劇很有影響。宋神宗時孔三傳以不同宮調的不同曲子，說唱情節曲折的長篇故事，稱為諸宮調。南戲《張協狀元》前面有一段諸宮調，可從中看到宋代說唱相間的諸宮調的某種格式。諸宮調對宋雜劇、南戲、金院本和元雜劇都有較大影響。宋雜劇是繼承唐代參軍戲，又吸收「大曲」（歌舞）、諸宮調等形成的早期戲劇。北宋時，雜劇有時還指傀儡戲、「角觝」等。南宋的雜劇，專指有滑稽諷刺的表演，並以曲子演唱的短劇，角色通常四五人。傳世的無名氏《宋雜劇圖》，描繪了演出時的生動場面。南戲，北宋末興起於永嘉（今浙江溫州），形成於南宋光宗時（1190～1194），亦稱「永嘉雜劇」、「溫州雜劇」。南戲起自民間歌舞小戲，後吸收宋雜劇及其他民間伎藝，作者亦多下層文人，詞語通俗，不為士大夫所重視，流行於今浙東、福建地區。

史學

　　宋代是中國封建時期史學的鼎盛期，新史體先後創立，長篇巨著之多，史學家成就之大，各種地理志的纂修，以及把史學領域擴大至金石學等，都足以凌駕漢唐，睥睨明清。

　　宋初，薛居正等據五代各朝實錄等，仿《三國志》體例，編成《五代史》（即《舊五代史》）。宋仁宗時，歐陽修受命重修唐史，成《新唐書》，以別於五代後晉劉昫《唐書》（即《舊唐書》）。歐陽修不滿薛居正《五代史》，重撰《五代史記》（即《新五代史》）。《五代史記》效法《南史》《北史》體例，將五朝紀傳綜合在一起，按時間先後編排。《新唐書》增修儀衞、選舉、兵等志。宋代編修的前代史還有多種，傳世的有王溥《唐會要》《五代會要》，徐天麟《西漢會要》《東漢會要》，以及路振《九國志》，陸游《南唐書》等。

　　司馬光主編的《資治通鑒》，自戰國迄五代，是中國第一部編年體通史，取材詳備，考訂精確。這種經過改進的編年史體，稱為「通鑒體」，成為後來編年史的通用體裁。南宋袁樞自出新意，將《資治通鑒》中的重要事件分門別類，每事詳備始終，並列出標題，撰成《通鑒紀事本末》，開創了吸收紀傳、編年兩體之長的新史體——紀事本末體。

　　南宋李燾用四十年時間，編撰《續資治通鑒長編》，對眾多的官私資料，進行考訂辨偽，是《資治通鑒》之後第一部出色的

當代編年通史，亦是中國古代卷帙最龐大的私修編年史。楊仲良仿《通鑑紀事本末》，編撰《皇宋通鑑長編紀事本末》，彭百川撰《太平治跡統類》三十卷，實際上也是一部《長編紀事本末》，兩書都分類編纂北宋的重要事件，保存了《續資治通鑑長編》已佚的部分史料。

宋人編撰的當代史，還有徐夢莘《三朝北盟會編》，編年記述徽、欽、高三朝與金的和戰史事，每事取諸家之說，全錄原文，保存了豐富資料。李心傳《建炎以來繫年要錄》，編年繫月，專記高宗一朝史事，考證史實，條理清晰。王稱《東都事略》，為紀傳體北宋史，無志，間亦有他書未載史料。佚名《宋史全文》記宋太祖趙匡胤至宋理宗趙昀朝史事，其北宋一代十五卷，全係自《續宋編年資治通鑑》（《續資治通鑑長編》之摘抄本）輯錄者，南宋十五卷，則係輯錄《中興兩朝聖政》諸書而成；佚名《兩朝綱目備要》記光、寧二朝事；宋末元初佚名《宋季三朝政要》記理、度、恭三朝事，雖都較簡略，仍為研究南宋史所必備。

宋政府重視編修本朝史，設國史院、實錄院等機構，或由宰相兼任「提舉」或「監修」，編纂日曆、實錄、會要、國史等，常受政治鬥爭影響而改編。宋代官修史籍記述之詳，篇幅之大，居漢唐明清各朝之冠。宋孝宗趙眘在位二十七年，其在位時的編年體官史《日曆》，竟有兩千卷。現行《宋會要輯稿》，僅為宋代官修《會要》的殘本，材料已十分豐富。錢若水《宋太宗實錄》

亦有殘本二十卷傳世。

兩宋之際鄭樵仿《史記》修撰的紀傳體通史《通志》，紀傳襲自舊史，全書精華是相當「志」的二十略。宋元之際馬端臨仿唐杜佑《通典》修撰《文獻通考》，取材下迄宋寧宗，分二十四考，引文摘取原文，敘述條理分明，尤以宋制為詳，為研究宋史所必備。《通考》與《通典》《通志》，並稱「三通」。

宋代方志的著述達到了前所未有的水平，體例已臻完備，後代方志在體例上大致未超脫宋方志之窠臼。有多種地理總志，記載宋朝統治區域概貌；專記州、縣、鎮的地方志，也大量出現。宋初樂史《太平寰宇記》，增設風俗、人物、土產等門。王存《元豐九域志》，分路記載州、縣戶口、鄉鎮、土貢額數等，可供考核史實。北宋末歐陽忞《輿地廣記》，略於戶口、土產等，詳於沿革地理等，清晰詳明。南宋王象之《輿地記勝》，多記山川名勝，所引文獻資料，多為他書所未見。祝穆《方輿勝覽》，略於沿革建制，詳於名勝、詩賦、序記。傳世的州、縣、鎮志，尚有二十多種，少則數卷，多至百卷。北宋宋敏求《長安志》記述還比較簡略，而南宋梁克家《淳熙三山志》、范成大《吳郡志》、陳耆卿《嘉定赤城志》、周應合《景定建康志》、潛說友《咸淳臨安志》等，內容豐富，體例完備，標誌着地理志編撰的重大進步。南宋常棠《澉水志》為澉浦鎮鎮志，鎮志的出現，反映了宋代社會經濟發展的新情況。孟元老《東京夢華錄》、周密《武林舊事》、吳自牧《夢粱錄》，分記北宋末開封和南宋臨安的繁華

景況，為研究宋代城市生活提供了豐富的資料。

金石學是中國考古學的前身，是宋代史學領域新開闢的園地。北宋歐陽修《集古錄》，是現存最早研究石刻文字的專書。南宋洪适《隸釋》和《隸續》，為傳世最早的集錄漢魏石刻文字專書，對有關史事進行了考釋。趙明誠《金石錄》，著錄金石拓本兩千種，並作辨證，有宋代初刻本存世。元祐七年（1092）成書的呂大臨《考古圖》及《釋文》，著錄古代銅、玉器二百多件，繪圖形、款識，載尺寸、重量等，記出土地及收藏處，開創著錄古器物體例，是中國最早而較有系統的古器物圖錄。南宋人繼作《續考古圖》。北宋王黼《宣和博古圖》，著錄古銅器達八百多件，亦繪圖形等，考證精審，所定古器名多沿用至今。宋代金石學諸書為研究五代以前，尤其是研究商周秦漢史，提供了寶貴的參考資料。

宋朝的歷史地位

宋朝是當時的世界大國，並且是經濟文化高度發展的封建帝國。其經濟文化多方面的成就，不僅在當時世界上居於領先地位，並且對人類文明作出了重大貢獻，產生深遠的影響。就舉世聞名的中國四大發明而言，其中印刷術、火藥、指南針三項，開發應用的主要階段都在宋代。宋朝在世界上最早發行紙幣，又是海上貿易大國之一，輸入品大多是原料，而輸出品大多是手工業

製成品，這也反映了宋朝在世界上的經濟地位。

在中國歷史發展的長河中，宋朝屬於封建社會的中期，尚未產生資本主義萌芽。唐五代以來，從階級關係到政治制度的一系列變化，大致到宋代告終，宋代處於一個相對穩定的發展時期。宋代社會生產迅猛發展，其農業、手工業、商業等的發展水平，大大超過唐朝，成為戰國秦漢以後，中國經濟發展的又一高峰期。中國經濟重心的南移，也完成於宋代。在長江下游和太湖流域一帶的浙西平原，其經濟以稻麥兩熟制為基礎，成為當時世界上的最發達地區。唐詩與宋詞的主要取向與境界，全不相同，自難以斷言其間的高低優劣，但宋代的詞和在文學藝術方面的全面發展，則非唐代之所能及；而從科學技術、哲學思想、教育、史學等方面作綜合比較，宋代無疑也都超越了唐代，成為中國封建文化發展的鼎盛期。

總之，宋代在物質文明和精神文明所達到的高度，在中國整個封建社會歷史時期之內，可以說是空前的。從世界歷史的範圍看，宋元時期又是中華文明居於世界領先地位的最後時期。自明以降，中華文明便逐漸落後於歐洲文明，喪失了世界上的先進地位。

但從另一方面看，宋朝是中國歷史上統治地區最小的中原王朝。在鏟除唐五代藩鎮割據勢力的基礎上，實行了一系列「守內虛外」的政策，有效地維持了內部統治局面的長期穩定，又造成了對外軍事能力的軟弱狀態。在與北方遼朝的抗衡中，宋朝處於

劣勢，後被新興的金朝佔奪了北方半壁山河，最後又被北方的元朝滅亡。宋金元時期複雜的、尖銳的民族矛盾和鬥爭，造成了北方部分地區經濟文化的嚴重倒退。

（鄧廣銘　漆俠　朱瑞熙　王曾瑜　陳振）

以党項為主體民族所建立的國家。1038 年，元昊
稱帝，國名大夏，又號白上國。在漢籍中習稱西夏，
又有唐古、唐兀、河西、弭藥等稱。傳十代，至 1227
年為蒙古所滅；先後與遼、北宋及金、南宋鼎立。境
土包括今寧夏回族自治區全部、甘肅省大部、陝西省
北部以及青海省、內蒙古自治區的部分地區。

西夏

建國前的歷史

党項的內遷

　　党項族是羌族的一支。原居地在今青海省東南部黃河曲一帶。隋唐時期，活動範圍擴展，東及松州（今四川松潘北），西抵葉護（即處於今新疆的西突厥領地），南鄰春桑、迷桑諸羌（在今青海果洛藏族自治州），北接吐谷渾（在今青海北部與甘肅南部一帶）。他們按分衍出來的家族結成部落，大的五千餘騎，小的千餘騎，各自分立，不相統一。著名族姓有細封氏、費聽氏、往利氏、頗超氏、野利氏、房當氏、米擒氏、拓跋氏等，以拓跋氏最強。過着無法令，無徭賦，不知稼穡，土無五穀的原始遊牧生活。

　　開皇五年（585），党項族大首領拓跋寧叢率部落徙至旭州（今甘肅臨潭境）住帳。隋朝封賜他大將軍官號。唐太宗時，党項首領細封步賴於貞觀三年（629）率部歸附，唐就其居地設軌州（今四川松潘西境），任步賴為刺史。其他党項諸部也聞風歸附。貞觀八年，唐將李靖率大軍討吐谷渾，党項首領拓跋赤辭助吐谷渾主伏允抵抗，兵敗請降。唐即其地設懿、嵯、麟、可等

三十二羈縻州，以其部落酋領為刺史。拓跋赤辭為西戎州都督，賜姓李，受松州都督府節制。

隨後，吐蕃北上擴展，滅吐谷渾。散居在今甘肅南部與青海境內的党項部落，因不堪吐蕃的逼脅，請求內遷。唐朝把原設在隴西地區的靜邊州都督府移置慶州（今甘肅慶陽），轄下的二十五個党項州，也一道遷徙。8世紀中，吐蕃進而奪取河西、隴右之地，與靈（今寧夏靈武）、鹽（今寧夏鹽池北）、慶州一帶的党項部落勾結，進行騷擾。唐朝為了拆散他們的聯繫，便把党項部落遷到銀州（今陝西米脂）以北、夏州（今陝西靖邊北白城子）以東地區；靜邊州都督府也移置銀州。綏州（今陝西綏德）、延州（今陝西延安）一帶，也陸續遷來大批党項部落。住居在慶州一帶的稱東山部；夏州一帶的稱平夏部；平夏地區的南界橫山一線，唐人謂之南山，住居在這一區域的，稱南山部。

遷入內地的党項部落，仍然遊牧，財富漸有積累，人口迅速增殖。他們用土產的勁馬、善羊換取漢族商人的鎧甲弓矢，用以抵抗唐朝官吏的勒索奴役，並加強對唐邊境地區的抄掠。部落之間為了爭奪財富而爭戰不休。部落內部階級分化也漸趨明顯。

夏州政權的建立與發展

當拓跋赤辭降唐時，其侄思頭同時降附。唐中宗時受褒贈為靜邊州都督，稱拓跋思太。思太子守寂，唐玄宗時受封為西平公，以參與平安史之亂有功，升容州刺史、領天柱軍使，後贈靈

西夏女供養人像

甘肅安西榆林窟第 29 窟壁畫

西夏男供養人像

甘肅安西榆林窟第 29 窟壁畫

州都督。拓跋守寂孫拓跋乾暉曾任銀州刺史。其孫拓跋思恭因參
與鎮壓黃巢起義，升任夏州定難軍節度使，統領夏、綏、銀、宥
（今陝西靖邊東）四州地，再次賜姓李，進爵夏國公。從此夏州
拓跋氏改稱李氏。乾寧二年（895）李思恭死，弟李思諫繼位，
李思諫死，李思恭孫李彝昌繼位。後梁開平四年（910），彝昌
為部將高宗益所殺，其族父李仁福為定難軍節度使，臣附於後
梁、後唐。後唐長興四年（933），李仁福死，子李彝超繼為留

後①。後唐明宗圖乘機併吞夏州，下令將李彝超內調延州，派兵五萬人前往接收夏州。李彝超聞訊，集軍堅守，挫敗後唐軍，從而大大提高了李氏在党項諸部中的威望。李彝超死，其兄李彝殷繼掌夏州政權。開運元年（944），他率兵從麟州（今陝西神木北）渡黃河，助後晉進攻契丹。乾祐二年（949），後漢增設靜州（今陝西米脂北），屬定難軍，李氏的轄區又擴為五州。

建隆元年（960），宋太祖趙匡胤建立北宋，宋加封李彝殷為太尉。乾德五年（967），李彝殷死，宋贈封為夏王，子李光睿繼位。太平興國三年（978），李光睿死，子繼筠繼位。七年，李繼筠死，弟衙內都指揮使李繼捧襲位。李繼捧無力解決族屬內部的矛盾，便率領族人親朝宋帝，獻出四州八縣的轄區，留居於開封。宋太宗趙炅授李繼捧為彰德軍節度使，發兵前往接收統治權力，並發遣所有李氏親族齊赴汴京。李繼捧族弟李繼遷反對降附，率領族屬逃奔夏州東北三百里的地斤澤（今內蒙古鄂托克旗境）反宋。

李繼遷的反宋鬥爭

李繼遷是銀州防禦使李光儼的兒子，長騎射，有謀略，不斷侵擾宋邊。雍熙元年（984），宋知夏州尹憲發動偷襲，繼遷損失慘重，母與妻皆被俘虜。不久，他在夏州北的黃羊平招聚

① 留後：唐代節度使、觀察使缺位時設置的代理職稱。

蕃眾，以恢復故土相號召，勢力日漸壯大。二年，一舉攻下銀州，自稱定難軍留後，向遼聖宗耶律隆緒稱臣請婚。淳化元年（990），遼冊封李繼遷為夏國王。宋太宗因屢次用兵無效，任李繼捧為定難軍節度使，賜姓名趙保忠，派他回鎮夏州。又任李繼遷為銀州觀察使，賜姓名趙保吉。宋朝為迫使他就範，禁絕夏地土產的青鹽販運漢界；同時封鎖漢界糧食出口。結果蕃族因缺乏糧食，相率擾邊；關隴人民因缺鹽，也引起騷亂。宋朝被迫撤銷這項禁令。

淳化五年，李繼遷與李繼捧合作，聯結契丹抗宋。宋派李繼隆率軍進駐夏州，將李繼捧捕送回朝。又平毀夏州城，改授李繼遷為鄜州（今陝西富縣）節度使。李繼遷拒不接受，攻宋清遠軍（今甘肅環縣北）。至道二年（996），在浦洛河（今寧夏吳忠南）成功地劫擊了宋接濟靈州的軍需糧草，進圖靈州。宋太宗親作部署，五路出兵，相期會師平夏。李繼遷熟悉地利，靈活游擊，宋軍無功而返。

至道三年，宋真宗趙恆繼位，李繼遷遣使求和。宋任他為定難軍節度使。李繼遷在取得夏、銀、綏、宥四州之後乘勢挺進，直指靈州。宋急派兵六萬赴援。援軍未到，靈州已失。李繼遷改靈州為西平府。次年，又率軍越過黃河攻佔西涼府（今甘肅武威）。吐蕃族大首領潘羅支乘其不備，進行突襲，李繼遷中流矢死，終年四十二歲。子德明嗣位。

德明遣使向遼請求冊封，又向宋朝納貢乞和。景德三年（1006）和議成立，宋以李德明為定難軍節度使，封西平王；並

賜銀一萬兩、絹一萬匹、錢三萬貫、茶兩萬斤。遼朝也封李德明
為大夏國王。李德明得以專力西向,攻殺潘羅支,再克西涼;進
破甘州（今甘肅張掖北）及瓜州（今甘肅安西東）回鶻可汗,控
制了河西走廊。在李德明統治時期,境內保持相對的安定,農業
有了較大的發展。商業貿易也因控制了河西走廊而有所增長。李
德明在夏、綏二州建驛館,在鏇子山造宮室;又在靈州懷遠鎮（今
寧夏銀川）築城,更名興州。

元昊建國及歷朝概況

元昊建國

宋仁宗天聖九年（1031）,李德明死,長子李元昊嗣位。李
元昊對其父臣屬宋朝早懷不滿。即位後,改姓嵬名氏,發佈禿髮
令,以恢復本民族舊俗;積極整飭軍政,升興州為興慶府,擴建
宮城,準備建國稱帝。1034年,始建年號開運,繼改廣運,攻
宋府州（今陝西府谷）,在環州（今甘肅環縣）、慶州（今甘肅
慶陽）擊敗宋軍;次年攻打湟水流域的吐蕃首領唃廝羅,經過苦
戰,取得勝利。大慶元年（1036）,頒行新製西夏字。又發兵鎮
壓肅（今甘肅酒泉）、瓜、沙（今甘肅敦煌東）三州的回鶻反抗
勢力,並回師取蘭州,南至馬銜山（今甘肅臨洮北）,築壘戍兵,
以截斷宋與吐蕃的交通。

天授禮法延祚元年（1038）,嵬名元昊正式稱帝（景宗）,

國號大夏，又自稱「邦泥定國兀卒」。西夏語「邦泥定國」意即「白上國」，「兀卒」意即「青天子」。這時夏國的領域，東臨黃河，西盡玉門關（今甘肅敦煌西小方盤城），南迄蕭關（今寧夏同心南），北抵大漠。除保有夏、銀、綏、宥、靜（今寧夏靈武境）、西平府、鹽、會（今甘肅靖遠東北）、勝（今內蒙古准格爾旗十二連城）、甘、涼（今甘肅武威）、瓜、沙、肅諸州外，又將部分重要鎮堡升置洪（今陝西靖邊南）、定（今寧夏平羅東南）、威（今寧夏同心境）、懷（今寧夏銀川東南）等州。

西夏景宗稱帝後，與宋連年交戰。天授禮法延祚三年在三川口（今陝西延安西北）、四年在好水川（今寧夏隆德東）、五年在定川寨（今寧夏固原西北）三次大戰役中，夏兵大敗宋軍。六年，遼敦促西夏停止對宋用兵。夏國的內部也因戰爭而遭受損失，遂於次年與宋達成和議。元昊以夏國主名義稱臣；宋每年給予「歲賜」銀、絹、茶、採二十五萬五千兩、匹、斤；改所賜敕書為詔而不名，許夏國自置官屬；置榷場於保安軍（今陝西志丹）及鎮戎軍高平寨（今寧夏固原），唯不許青鹽入宋境。同年，夏遼關係激化。遼興宗親率大軍，三路渡河，深入夏境。夏人堅壁清野，乘勢縱擊。遼軍潰敗。元昊在重創遼師後，與遼議和。從此形成北宋、遼、夏三足鼎立的局勢。

統治集團內部鬥爭

從西夏景宗李元昊到崇宗乾順四代中，統治集團內部不斷發

生皇族與后族的鬥爭，以及奉行漢禮或蕃禮的矛盾。

　　夏國是以党項族為主體，並包括漢族、吐蕃、回鶻等民族的多民族政權。從中唐、五代以來，党項部落內家長奴隸制迅速向早期封建制即領主封建制過渡。西夏景宗李元昊為了強化自己的統治權力，一方面效法漢官儀式，藉以提高君權；一方面又蓄意保存和發揚党項固有的淳風悍俗。集中皇權與堅持享有平等議政舊俗的貴族領主勢力不可避免地產生矛盾。這些守舊的貴族、領主多是與皇族世通婚姻的後族。西夏景宗對於這些顯貴氏族首領，如衛慕氏族、野利氏族都進行鎮壓。西夏景宗先有妻野利氏，生子寧凌噶；復納妻沒藏氏，生子諒祚。天授禮法延祚十年（1047），任國相的沒藏訛龐（沒藏氏之兄）唆使寧凌噶刺殺西夏景宗，然後又乘機殺害寧凌噶及其母野利氏，與大將諾移賞都等共立年幼的嵬名諒祚為帝（西夏毅宗）。沒藏氏為太后，與其兄訛龐盡攬朝權。延嗣寧國元年（1049），遼興宗乘西夏景宗新死，大舉親征，但為夏軍所敗。

　　奲都五年（1061），訛龐父子陰圖殺害西夏毅宗李諒祚，子婦梁氏先期告發，毅宗在大將漫咩支持下，擒殺訛龐父子，盡誅其家族，廢皇后沒藏氏（訛龐女），納梁氏為后，以后弟梁乙埋為國相。西夏毅宗下令停止使用蕃禮，改行漢禮，並向宋請求書籍及宋廷的朝賀儀式。拱化元年（1063），他改用漢姓，恢復姓李。

　　拱化五年，毅宗死，子李秉常（惠宗）繼位，年僅七歲，母梁太后攝政，梁乙埋任國相。他們一反毅宗所為，廢止漢禮，恢

復蕃禮。梁氏集團在天賜禮盛國慶二年（1070）大舉攻宋，遊騎進抵慶州城下。次年，宋襲據羅兀城（今陝西米脂北），夏國乞遼師為援，全力攻奪宋沿邊城堡。宋任王韶經營熙河路地區，有力地改善了在夏國右側的攻防形勢。

大安二年（1076），西夏惠宗親政，又下令以漢禮代替蕃禮。這項措施雖得到皇族的支持，但遭到朝中后黨的強烈反對，無法實行。七年，惠宗圖藉助宋朝弱梁氏勢力，梁太后得知，將惠宗囚禁。擁帝將領擁兵自重，不聽梁氏號令；保泰軍統軍禹藏花麻籲請宋出兵討伐。宋五路進兵。夏軍堅壁清野，引敵深入，在西平府擊敗宋軍，然宋猶佔據銀、石、夏、宥諸州之地。八年，宋在銀、夏、宥三州交界地修築永樂城（今陝西米脂西北）。夏軍來攻，城陷，宋軍損失慘重。梁氏集團迫於擁帝勢力的強大，次年又讓惠宗復位。天安禮定元年（1086），惠宗死，三歲的幼子李乾順（西夏崇宗）即位。母梁氏（梁乙埋之女）當政。梁乙逋與皇族嵬名阿吳、大將仁多保忠三大家族分攬朝權，互相傾軋。天祐民安五年（1094），嵬名阿吳、仁多保忠等聯合，在梁太后的支持下，殺了擅權驕縱的梁乙逋。

皇族與后族的鬥爭，實際上體現封建專制君權和守舊封建領主貴族特權的生死鬥爭。採行漢官儀制有助於君權的發展，維護蕃禮有利於保持封建領主的固有權勢，因此這一鬥爭又表現為行漢禮與蕃禮的鬥爭。專制皇權戰勝氏族首領的共治形式，使夏國封建社會由早期的領主制進一步發展為地主制。

皇權的鞏固與封建制的進一步發展

　　天祐民安六年，宋宰相章惇對夏實行強硬措施，先後在沿邊修建了平夏城（今寧夏固原北三營附近）、靈平寨（平夏城南）等城寨五十餘所，且發兵連破洪州（今陝西靖邊南）、鹽州，一度攻入宥州。夏軍全力反攻平夏城，無效。宋於是在新拓的地區修建了西安州（今寧夏海原西）和天都寨（今寧夏海原南），接通了涇原與熙河兩路，遂把秦州（今甘肅天水）變為內地，鞏固了自己的邊防，對夏構成嚴重威脅。

　　崇宗親政以後，對外採取了附遼和宋的方針。這時，宋徽宗趙佶在位，累遣邊將進攻，崇宗求援於遼而與宋約和。雍寧元年（1114），童貫企圖藉開邊以樹威，復大舉進攻西夏。從此，連年混戰。五年，統安城之戰，宋軍大敗，崇宗仍以遼國名義再次向宋請和。崇宗在國內扶植宗室掌權，消滅貴族酋豪勢力，以鞏固皇權。他積極倡導學習漢族的儀制與文化；建立「國學」（即漢學），設教授，收學生三百員，官給廩餼，以培養官僚人才；貞觀十二年（1112），又公佈了按照資格任用官員的規定，除「宗族世家議功、議親，俱加蕃、漢一等」外，對於擅長文學者也特予優待。他還確立了后妃等級及有功宗室冊封王爵的制度。

　　金滅遼後，元德五年（1123），崇宗向金稱臣，共同對北宋作戰。夏佔領天德軍（今內蒙古烏拉特前旗北）、雲內州（今內蒙古呼和浩特西南），又攻佔震威城（今陝西榆林境）。天德、雲內兩地被金國奪去，夏又取宋西安州（今寧夏海原西）和懷德

西夏元德二年（1120）
首領印

軍（今寧夏固原北）以為補償。以後，夏以藩屬禮事金，金、夏雙方劃疆而守，設榷場貿易。

大德五年（1139），崇宗死，子李仁孝（西夏仁宗）即位。仁宗母曹氏，漢人。仁宗十分重視儒學教育。大慶四年（1143），下令各州普遍設置學校。又在宮廷內設立皇家學校，七歲至十五歲的宗室子弟都必須入學學習。尊孔子為文宣皇帝，令州郡興修孔廟。人慶五年（1148），又興建內學，選名儒主持講授。仁宗妻罔氏，出身党項大族，也好漢禮。人慶四年，仁宗依仿宋朝科舉制，策試舉人，立唱名法；又設立童子科，通過科舉擢用官員，限制了貴族的特權。

蕃部起義與任得敬篡國的失敗

西夏仁宗李仁孝統治時期，貴族、官僚都以奢侈相尚，對百姓的誅求克剝越來越重。官員、軍隊人數激增，僧徒遍佈境內，大慶元年，夏州統軍蕭合達叛亂，以復興遼朝相號召，遣兵四出略地，遊騎直逼

賀蘭山，都城震動。這次戰亂雖然被靜州統軍任得敬平定，但對夏國腹心地區造成了嚴重的破壞。三年，饑荒四起，升米百錢。四年，興慶府、夏州一帶發生強烈地震，人畜死亡萬數。地震加重了饑荒，人民紛起暴動。威州的大斌，靜州的埋慶，定州的笆浪、富兒等蕃部，多者萬人，少者五六千，所在結集，攻城掠邑。州將出兵鎮壓，都被起義者所敗。起義終於被西平府都統軍任得敬所剿滅。

任得敬原是宋西安州通判，降夏後獻女為崇宗妃（後正位為皇后）。他以后戚而鎮壓反亂有功，官位迅速上升。他通過賄賂得為尚書令，升中書令，後居國相高位，獨攬朝權。弟得聰為殿前太尉，得恭為興慶府尹，族弟得仁為南院宣徽使，侄純忠為樞密副都承旨。任得敬受封為楚王。乾祐元年（1170），他公然脅迫仁宗「分國」，要求以夏國之半歸他統治。仁宗無奈將西南路及西平府、羅龐嶺一帶劃作楚王的直轄封疆；並遣使奏報金國，代任得敬請求冊封。金世宗不允。任得敬因此怨金而陰謀附宋自立。在金國的支持下，仁宗令弟仁友等捕殺任得敬，盡誅任氏族黨，改任著名儒學家斡道衝主持國政。乾祐二十四年，仁宗死，子李純祐（西夏桓宗）嗣位。

夏的滅亡

13世紀初，蒙古在漠北興起。成吉思汗在統一蒙古草原諸部的同時，開始向外擴張。天慶十二年（1205），侵夏，陷力

吉里寨；經落思城時，大掠人畜。蒙古兵退走後，桓宗下令修復各地殘破的城堡，大赦境內，改都城興慶府為中興府。應天元年（1206），鎮夷郡王李安全廢黜桓宗，自立為帝（西夏襄宗）。其年秋，成吉思汗再次侵夏，破斡羅孩（兀剌海）。次年二月北撤。

應天四年，成吉思汗第三次侵夏，出黑水城北，趨斡羅孩關口。襄宗以皇子承禎為元帥，大都督府主高逸為副，率兵抵抗，大敗，高逸被俘殺。蒙古軍進逼中興府的外圍要隘克夷門。襄宗任嵬名令公率軍增援，兵敗被俘。蒙古軍進圍中興府，引黃河水灌城。城將破，適外堤崩決，反淹蒙古軍，迫使解圍。襄宗納女請降。襄宗附蒙攻金，雙方迭起兵爭。光定元年（1211），宗室齊王李遵頊廢襄宗自立（西夏神宗）。

光定六年，成吉思汗開始集軍圖遠征中亞，屢向夏國徵兵，夏不堪其苦，表示拒絕。於是又招致蒙古軍第四次來侵，東京中興府被圍。神宗匆忙逃往西京西平府，留太子李德任防守都城，再次向蒙古請降。蒙古軍退後，神宗圖聯金抗蒙，金國不許，又圖結宋攻金，朝中意見紛紜。光定十三年，神宗派李德任率兵侵金。李德任主張聯金，拒絕受命。神宗廢德任，隨即以皇位付次子李德旺，自稱太上皇。李德旺（西夏獻宗）即位後，力主抗蒙。乾定二年（1224），蒙古國王孛魯攻銀州，夏軍損失慘重，獻宗遣使與金議和，相約為兄弟之國，以圖自保。

乾定四年，成吉思汗親率大軍攻夏。分兵兩路：一路自畏兀兒境東進，攻取沙、肅、甘諸州，直逼西涼府；另一路由成吉

思汗親率，從漠北南下，下黑水，斡羅孩諸城，進至賀蘭山。七月，成吉思汗與西路軍會合，陷西涼府。獻宗驚憂致死，侄南平王李睍（末帝）繼立。蒙古軍穿越沙陀，下應理（今寧夏中衛）等縣。十一月，奪取靈州後，進圍中興府。寶義二年（1227）初，成吉思汗留蒙古軍一部繼續攻城，他本人南下克積石州，進掠金朝州郡；六月，避暑六盤山。中興府被圍半年，糧盡援絕，末帝遣使乞降。他請求成吉思汗展限一月，然後親往朝覲。七月，成吉思汗病死軍中。末帝在赴降時被執殺。蒙古軍陷中興府，夏亡。

夏國的制度

行政組織

唐末、五代以來，拓跋（李）氏統治者既是諸蕃落的首領，又受封為節度使。因此夏州政權設有州衙和蕃落兩種行政機構。州衙所治，限於四州八縣蕃漢雜居之地；其餘廣大地區的蕃部，則由兼領的押蕃落使統治。蕃部居民多聚族而居，一家叫作一帳。小族數百帳，大族千餘帳，各有首領，沿舊俗而治，附屬於夏州政權，而又擁有相當的獨立性。

1033 年，元昊仿宋朝制度設官分職。包括中書（最高行政機關）、樞密（最高軍事機關）、三司（財政機關）、御史台（監察機關）、開封府（管理都城事務）、翊衛司（掌宿衛）、官計司

（掌任免官吏）、受納司（掌倉儲收支）、農田司（掌農田水利）、群牧司（掌飼養馬匹）、飛龍院（掌理御廄）、磨勘司（掌官吏考核）、文思院（掌御用器物製作）、蕃學與漢學（學校）。這些機關的長官由蕃、漢人擔任。此外，另設有只限於蕃人（主要是党項人）充任的官職，有寧令、謨寧令、丁盧、素齎、祖儒、呂則、樞銘等。夏國的官制，基本上仍是蕃漢並行，實行蕃漢分治。大慶二年（1037）增漢官為十六司，天授禮法延祚二年（1039）又設尚書令，總理十六司政務。文武官員的冠服有嚴格的等級規定。地方行政編制分州縣兩級。

軍事制度

　　夏國所有的男子，平時從事農牧業，有戰事則接受徵發。年十五歲為丁，每兩丁徵正軍一人；另配備隨軍服雜役的「負贍」一人，合稱為一「抄」。初以四丁為兩抄，合住一帳幕。後改三丁同住一帳幕，即二正丁合用一負贍。兵丁自備弓矢甲冑，自帶糧草。正軍每人官給馬、駝各一，如有倒斃需予賠償，稱「長生馬駝」。每當發兵時，夏主以銀牌召部長面受約束。部落首領各統領本部落兵應召，謂之「一溜」。出征前各部落首領刺血設盟，由夏國王率領他們一道進行射獵，將獵獲的野獸環坐共食，席上讓他們各自發表征戰意見。國王擇善而從，佈置行軍作戰任務。全境分為左右兩廂，各軍駐地設置監軍司，由都統軍、監軍使等統率。總計可徵兵額五十餘萬。

在中央，元昊選豪族子弟五千人組成侍衛軍，號「御圍內六班直」，分三番宿衛。這支宿衛軍同時也是一支質子軍，通過它加強了夏王廷對各部落豪族的控制。此外還設有號為「鐵鷂子」的騎兵和叫作「潑喜」的炮手，是具有熟練技術的特殊兵種，其職責主要是充任禁衛。

刑法制度

夏國「蕃族有和斷官，擇氣直舌辯者為之，以聽訟之曲直，殺人者，納命價百二十千」。骨勒茂才所撰《番漢合時掌中珠》裏，記載其刑事訴訟的程序是：官府接到訴狀後，把犯人枷禁在監獄中，並進行查證；如拒不招認，便用嚴刑拷打，逼使「伏罪入狀」。傷人致死者要賠償死者的命價。夏國的法律，一部分當是來源於党項部族沿行的習慣法，另一部分則是雜採宋、遼的條法、制度。仁宗在位時期編行的《天盛年改定新律》，便是一部仿照宋朝政書編修的夏國政治制度和法令的匯編。它是據前代所發佈的律令增補、修訂而成的。

經濟狀況

党項族在唐末、五代時期，奴隸制有了很大發展。西夏景宗李元昊建國稱帝，從奴隸制轉化為早期封建制，即領主封建制。11、12 世紀之交崇宗統治時期，轉變為更加成熟的地主封建制。

土地佔有狀況

夏國的土地佔有制，大體上有以下幾種形式。

國有或皇室所有

皇帝代表國家直接掌握規模龐大的「御莊」和其他廣大的閒田曠土，具有國有性質。河渠、水利也主要掌握在國家手中。

貴族和官僚所有

党項貴族首領都佔有大量土地，它一部分來源於原部族所有的土地，一部分是皇帝的賜予。貴族官僚們也多乘勢豪奪。一些漢人士子、吐蕃首領與回鶻上層人物被夏國授予官職，也因此獲得一定份額的土地。愈到後來，官僚佔地的數量就愈大。

寺院所有

夏國崇佛，境內寺廟林立。上層僧侶在政治、經濟、文化上都起着特殊的作用，成為統治者有力的助手。寺廟從夏廷得到豐厚的佈施，擁有大量土地，並開設質房，發放高利貸。

農牧民小土地所有

在夏、宋鄰接的沿邊地帶居住的「蕃部」和「屬羌」，常有將土地買賣及抵押的事實。夏國存在有個體小農牧民以至中小的庶民地主或牧主。西夏仁宗時修訂的《天盛年改定新律》規定：生荒地歸開墾者所有，其本人和族人可永遠佔有，並有權出賣。

這證明農牧民的小土地所有制是得到法律承認的。

農業和畜牧業

党項人原來主要從事畜牧業。李繼遷提倡墾殖，興修水利，使境內農業生產有所發展。李德明統治時期，國內相對安定，農業出現興盛局面。夏國的主要農產區，除東部的橫山，西部的天都、馬銜山一帶外，還有興慶府、西平府，甘、涼諸州之地。這些地區土宜種植，特別是興慶府、西平府地區有良好的水利條件，歷代所開鑿的大小水渠甚多。景宗李元昊又興修了從今青銅峽至平羅的水利工程，世稱「昊王渠」或「李王渠」。因此，這一帶成為夏國糧食生產的主要基地。河西、隴右地區歷來是著名的牧區，但也有相當發達的農業。甘、涼兩州利用祁連山的融雪水灌溉。夏國在許多地區都有所謂「御倉」的設置，大量收儲糧食。

夏國的農業生產技術和農產品種，基本上與漢族地區相同。糧食作物有麥、大麥、蕎麥、青稞、糜粟、稻、豌豆、黑豆、蓽豆等。蔬菜有芥菜、香菜、蔓菁、蘿蔔、茄子、胡蘿蔔、葱、蒜、韭菜等。水果、藥材也有栽培。耕作農具有鏵犁、鐮、鋤、鍬、碌碡、子耬、耙、鵰扻（坎）等。牛耕已普遍採用。從事農耕的多是漢人，但也有一部分從事畜牧的党項人開始轉事農耕。

党項、吐蕃和回鶻人則以畜牧業為主，橫山以北和河西走廊

地帶是良好的牧場。牲畜品種以羊、馬、牛、駝為主，還有驢、
騾、豬等。國家設有群牧司以管理畜牧，官營的畜牧業是政府收
入的重要來源。

手工業

手工業主要由官府控制工匠生產。夏國設有文思院、工藝院
以及金工司、絹織院、鐵工院、木工院、造紙院、磚瓦院、出車
院等機構，管理各種手工業生產，為王家服務。

毛紡織業

夏國毛皮原料豐富，毛紡織業發達。產品有氌毲、毛布、
氈、毯等，它們是党項人製作帳幕、衣服、被單、帽、鞋、襪等
的原料，也是對外交易的重要物資。

冶鐵和金屬製造業

景宗在夏州東境曾置冶鐵務，管領鐵礦的開採和冶煉。現存
安西榆林窟的西夏壁畫中有鍛鐵圖，圖中二人持錘鍛鐵，一人在
豎式的風箱後鼓風。1976 年在夏王陵區出土的鎏金銅牛，形體
碩大，重達一百八十八千克，形態逼真，顯示了當時高超的冶鑄
工藝水平。

兵器製造業

夏國統治者十分重視兵器製造。景宗曾在其官廳東廂後設

有鍛造作坊。兵器的種類有弓箭、槍、劍、鍬、鵰、斤、斧、刀
等，工巧質優。鎧甲片採用冷鍛工藝製造，堅滑晶瑩，非一般箭
弩所能射透。夏國鑄造的劍有「天下第一」的美譽。但因金屬資
源貧乏，無法自給，常遣使赴宋購買兵器；或者將購到的鐵就地
打造，再運回本國。

陶瓷業

寧夏靈武發現的夏國瓷器，器壁很薄，瓷胎呈灰白色，胎質
欠細膩，有的成型不規整，釉為白色，但不穩定，器表下部及圈
足部分都不掛釉，器底有砂痕，其質量顯然不能與宋瓷相比。在
內蒙古伊金霍洛旗發現的醬褐色釉剔花瓶，瓶身上刻有牡丹花紋
畫式，其形制與花式凝重大方，是夏國瓷器的精品。

雕版印刷業

夏國從宋、金輸入大量漢文典籍。金平陽的印本在夏國銷
行。夏國刻印書籍，以佛經為多。現存的印本書籍有崇宗正德六
年（1132）刻行的《音同》，仁宗乾祐二十一年（1190）刊行
的《番漢合時掌中珠》，桓宗天慶七年（1200）雕印的《密咒圓
因往生集》等。乾祐二十年，仁宗就大度民寺作大法會，一次就
散施刻印的夏、漢文《觀彌勒上升兜率天經》十萬卷，漢文《金
剛普賢行願經》《觀音經》等五萬卷。佛經之外，還刻印詩、文、
小說、諺語、文字、音韻、法律、醫術、日曆、卜筮、咒文等書
籍，以及大量以西夏文翻譯的漢籍，包括儒家經籍、諸子、史

傳、兵書、醫書以及版畫，等等。政府設有「刻字司」，作為官家的出版機構。

商業和貿易

夏國前期，主要是與宋朝進行貿易；後期則與金國。夏與宋、金間的貿易，主要採取以下幾種方式。

在雙方邊境設立榷場，進行大宗貨物交易

宋朝利用開閉榷場貿易，對夏國進行牽制，以期達到安邊綏遠的政治效果。

和市

在沿邊開設小規模榷場，主要用於滿足雙方邊民日常生活的需要。宋朝在河東路、陝西路的久良津、吳堡、銀星、金湯、白豹、蝦麻、折薑等地都闢有和市。如 1002 年，李繼遷所部在赤沙川、橐駝口各置「會」貿易。「會」是一種定期的集市。

通過貢使進行貿易

夏國的使節每年按規定到開封輸貢，宋朝政府除優予回賜外，還聽任使者在京自便貿易。這種貿易往往規模甚大，獲得甚豐。夏與遼也通過貢使進行貿易。上京臨潢驛、中京來賓館都設

有接待夏使的處所。夏使入境,允許沿途私相貿易。後期夏、金的貿易中,夏使進入金境便同富商交易,到達中都後留都亭貿易。

夏國從宋、金取得的商品主要為繒、帛、羅、綺、香藥、瓷器、漆器、薑、桂等。茶葉是夏國最感興趣的商品。它除了供夏人消費之外,還用來與西北鄰部交易,牟取厚利。夏國也圖多方貿取鐵製品,但遼、金都嚴禁鐵器外流。夏國的輸出品有羊、馬、牛、駱駝、鹽、玉、氈毯、甘草、蜜、蠟、麝香、毛褐、羱羚角、硇砂、柴胡、蓯蓉、大黃、紅花、翎毛等。其中以牲畜、毛皮製品和毛紡織品為大宗。鹽州一帶所產的青鹽,品質純淨,略帶青綠色。早在夏國建國之前,當地人民從鹽湖中取得鹽粒,運往關中,供應內地人民的需要,再購回糧食等生產必需物品。其後,夏國壟斷鹽產,成為重要的財政收入,強求宋朝政府收購,以換取物資。宋朝為了保障解鹽(解州所產)的專賣利益,總是加以拒絕,並嚴禁私販入境。但因為青鹽價低而質優,走私之風無法禁絕,且私販的數量相當巨大。藥材中,夏國所產的大黃最負盛名,商人遠販到各地。夏國地處中國與中亞地區往來的要道。它從回鶻或中亞商人那裏抽取實物或承買轉賣,從中獲取厚利。為了便利交通,夏國修築驛道,通貫全境。東西二十五驛,南北十驛,從興慶府東北行十二驛可至契丹。驛道的興修便利了商業的發展。

宗教和文化

宗教

党項人原崇信鬼神和自然物，巫術流行。西夏建國以後，大力提倡佛教，李德明和西夏景宗都通曉佛學，多次從宋朝請來《大藏經》。此後，以西夏文翻譯了大量佛經。夏國境內廟宇遍佈。景宗在興慶府東建高台寺、鳴沙州建大佛寺。西夏毅宗的生母沒藏氏曾出家為尼，在興慶府戒壇寺受戒。她修建了承天寺，前後役使兵民達數萬人。西夏崇宗在天祐民安五年（1094）重修涼州的護國寺感應塔，後又在甘州興建崇慶寺和臥佛寺。在夏國後期官署中設有僧眾功德司、出家功德司、護法功德司，位居次品（即五品中的第二級）。有不少高昌（今新疆吐魯番）的大乘高僧來到夏國宣教，他們都有頗高的佛學造詣，權勢甚盛。

約自景宗時起，喇嘛教在夏國已見流行，朝中達官有的便是喇嘛教徒，後期影響更加擴大。天盛十一年（1159），吐蕃迦馬迦舉系教派初祖都松欽巴建立粗布寺，西夏仁宗遣使入藏奉迎。都松欽巴派他的大弟子格西藏瑣布帶着經像隨使者來到夏國，仁宗尊禮他為上師，大規模翻譯佛經。

夏國也流行道教。景宗的太子寧明從定仙山道士路修篁學辟穀法，喪命。大安七年（1081）宋軍對夏大舉進攻，夏人散逃，西平府城裏留下僧道數百人。據馬可·波羅遊記中記述，夏國地

西夏文《大藏經》

西夏文碑刻殘片

漢文《大藏經》的西夏文譯刻本。始刻時間不詳。元大德六年（1302）刻成，共三千六百二十餘卷。西夏文《大藏經》的翻譯底本，可能是《開寶藏》的天禧修訂本。北宋景祐元年（1034），《開寶藏》印本傳到西夏，西夏開國君主景宗李元昊於興慶府建造高台寺予以收藏，同時召集回鶻僧人將其譯為新創造的西夏文字。據西夏文《過去莊嚴劫千佛名經》所附的發願文載，自西夏天授禮法延祚元年（1038）起，由國師白法信和以後的智光等三十二人參與翻譯，到天祐民安元年（1090）譯完，共譯出三百六十二帙，八百一十二部，三千五百七十九卷。此後，從大慶元年（1140）到乾祐二十四年（1193），又據「南北經」重校一次。南經可能指《開寶藏》；北經可能指《契丹藏》。

區除偶像教徒外，還有景教（基督教聶思脫里派）及伊斯蘭教
教徒。

夏人篤信巫術，稱巫師為「廝乩」，或音譯為「廝也」。出
兵作戰時，總要求巫師卜問吉凶。

學術文化

李繼遷、李德明兩代是夏國學術文化的發軔時期。西夏景
宗建國，經毅宗、惠宗兩代，文物漸趨興盛；及至崇宗、仁宗之
世，漢文化影響日益深廣。夏國統治者多喜愛漢文化，大量翻譯
漢文典籍，或依據漢籍編譯書籍。夏國湧現出一批對漢文化頗有
造詣的學者、文士，如儒學學者斡道衝，詩人濮王仁忠，撰修夏
國《實錄》的焦景顏、王僉，編纂《番漢合時掌中珠》[1] 的骨勒茂
才，寫作《夏國譜》的羅世昌等。

文學藝術

夏國的文士多有詩詞之作。一些通俗的勸世行善作品，也
常採用詩體形式。宋詞人柳永的作品在夏國廣泛流行。大德五
年（1139），夏國攻佔府州（今陝西府谷）時，崇宗親作《靈

---

① 《番漢合時掌中珠》：西夏文和漢文雙解通俗語匯辭書。党項人骨勒茂才編，
刊於西夏仁宗乾祐二十一年（1190）。1909 年在中國黑水城遺址（在今內蒙古
額濟納旗）出土。木刻本，蝴蝶裝，共三十七頁。編纂目的是為了便於番（党
項）、漢相互學習對方語言。

芝歌》，與濮王仁忠相唱和。詩篇的石刻曾保存在興慶府的孔廟裏。佛教藝術在夏國有較突出的發展。現存的夏文物中，佛畫以佛、菩薩的畫像為多，畫風精緻巧麗，與敦煌藝術有着某些共同點；在姿態容貌的表現手法上，則與吐蕃畫風相似。敦煌莫高窟、西千佛洞和安西榆林窟等處都保存有夏國時期的藝術作品。榆林窟第一窟內的夏國「水月觀音」壁畫，是造型藝術中的傑作。榆林窟內還有一些反映夏國人民生活狀況的壁畫，如《打鐵圖》《釀酒圖》《農耕圖》等。党項人早期使用的樂器有琵琶、簫、笛等，以擊缶為節。羌笛悠揚清越，最為流行。党項人也十分喜愛漢族歌曲。宋沈括有「萬里羌人盡漢歌」句。唐僖宗曾賞給拓跋思恭一部鼓吹樂（即軍樂），這是夏人有完整樂隊的開始。景宗時，漢族音樂在夏國仍有相當的影響。人慶五年（1148），夏國樂官李元儒曾參酌漢人樂書（歌譜集）更定音律。黑水城遺址曾出土《劉知遠諸宮調》殘本，說明金朝漢人的說唱藝術也傳到夏國。

建築雕塑

　　党項人多住氈帳。定居的屋室，只有有官爵者才得覆瓦。建國前後，大批漢人工匠來到夏國與党項工匠一起，修建了宮殿寺廟。皇帝陵墓也具有很大的規模。1972年清理的夏王陵八號陵（它被推斷是夏神宗遵頊的陵墓）由闕、碑亭、月城、內城、獻殿、靈台、內神牆、外神牆、角台等建築組成。它們沿中軸線左右對稱展開，嚴格地遵從了唐、宋建築的格式，但也顯示

了党項的某些民族特點及其他民族葬俗的影響。現存天祐垂聖元年（1050）建造的承天寺塔（在今寧夏銀川）和天祐民安五年（1094）重修的涼州護國寺感應塔（在今甘肅武威），雖經後世重修，仍現當時建築的宏偉。

甘州臥佛寺的大臥佛，體形魁梧，儀態莊嚴，是雕像中的傑作。夏王陵區出土的石馬，通體圓雕，神態生動。王陵碑亭遺址發現的石雕人像的造型奇特，線條粗壯，面部和肢體都突出地表現出強力感。在同一地區發現的已殘損的竹雕上，有庭院、松樹、假山、花卉和人物，佈置適宜，形態優美。

曆法和醫藥

党項人中，沿襲古代北方民族的習慣，以十二生肖紀年；藏曆對他們有着明顯的影響。宋朝每年要向夏國頒發新曆，在夏國行用。西夏建國前，党項人患病，便延請巫師驅鬼，或把患者遷避到另一間房內，以圖躲避災禍，叫作「閃病」。西夏建國以後，《千金方》《神農本草》等漢人醫書傳入夏國。夏國統治者還多次向金朝請求醫藥。1971 年在甘肅武威發現的西夏文藥方殘頁裏，有治療傷寒病的藥方，藥物有牛膝、椒、茱米等，明顯地反映了漢族醫藥的影響。

婚姻喪葬

党項人從隋唐以來，盛行收繼婚制，允許娶庶母、伯叔母、兄嫂、子弟婦，只是不娶同姓。富有家庭的男性家長可以收養眾

多的婦女，實行多妻制。党項人舊俗，死則焚屍，名為火葬。西
夏建國以後，皇室、貴族多改行土葬，並仿漢人制度修建豪侈的
陵墓。

（吳天墀）

女真族建立的王朝。1115 年金太祖完顏旻（阿骨打）在今黑龍江省阿城南建國。金太宗完顏晟時在此建立都城，稱會寧府，1153 年金海陵王完顏亮遷都燕京（今北京）。1161 年定為中都。1214 年金宣宗為蒙古所逼，遷都汴京（今河南開封）。1232 年蒙古軍圍汴京，金哀宗逃遷蔡州（今河南汝南）。1234 年蒙古與南宋聯軍滅金。金自太祖至末帝，傳十帝，凡一百二十年。

金

政治概況

女真的興起

建立金朝的女真族，原來居住在黑龍江流域。在古代文獻上，曾出現過「肅慎」的譯名，作為這一帶各族的泛稱。遼人和宋人稱他們為「女直」或「女真」，包括了黑龍江流域和松花江流域屬於同一族系的各部落。他們使用大體相同的語言。生活在遼陽一帶的女真部落，逐漸接受遼文化，被編入遼朝戶籍，稱為「熟女真」。又稱曷蘇館女真（義為籬笆內的女真）。松花江以北寧江以東的女真諸部落，保持本族的習俗和制度，被稱為「生女真」，生女真散居在山河之間，從事農業和狩獵。用木板或樺樹皮構築房屋，向南開門，環室為土炕，炕下燃火，家人飲食起居都在炕上。顱後蓄髮，穿皮毛衣。當時，生女真正處在父權制的氏族部落時期。氏族部落小者千戶，大者數千戶，各有首領。他們向遼朝交納貢品，並以馬匹、皮毛等與遼人交換貨物。

大約在遼興宗時，活動在安出虎水一帶的女真完顏部發展為強大的部落。聯合白山部、耶悔部、統門部、耶懶部、土骨論

部和遼朝稱為「五國部」的蒲聶（蒲奴里）、鐵驪、越里篤、奧里米、剖阿里等五部，組成部落聯盟。斡泯水蒲察部、泰神忒保水完顏部、統門水溫迪痕部、神隱水完顏部等相繼加入了聯盟，完顏部長烏古迺為聯盟長，接受遼朝加給的節度使稱號。又設有「國相」管理聯盟事務，由完顏部的雅達充任。

遼道宗時，烏古迺死去，子劾里鉢繼任聯盟長，以弟頗剌淑為國相，免去了雅達的職任。雅達子桓赧、散達等起而反抗，部落貴族間展開激烈的戰鬥。頗剌淑被桓赧、散達軍戰敗。劾里鉢與族弟辭不失擊敗桓赧軍。桓赧、散達率部降。以鍛鐵馳名的溫都部部長烏春，曾與桓赧等聯兵反抗，也被完顏部歡都戰敗。劾里鉢與弟盈歌又戰勝活剌渾水的紇石烈部，鞏固了部落聯盟。

遼道宗大安八年（1092），劾里鉢病死。頗剌淑繼任聯盟長，命劾里鉢長子烏雅束、次子阿骨打等討平紇石烈部。遼朝加

石龍山石塔

位於遼寧葫蘆島南票區沙鍋屯，建於金王朝泰和六年（1206）。

給完顏旻（阿骨打）「詳穩」稱號。大安十年，頗剌淑死，盈歌繼任聯盟長，以兄子撒改為國相。這時，女真族的徒單部另組成十四部的聯盟，烏古論部也組成十四部聯盟，蒲察部組成七部聯盟。三個聯盟聯合攻打完顏部為首的十二部聯盟，展開激戰。盈歌、撒改與完顏旻擊敗三聯盟，組成統一的部落聯盟，通告各部今後不得另組聯盟稱「都部長」（聯盟長）。遼乾統三年（1103），盈歌死，烏雅束繼任。天慶三年（1113）烏雅束死，弟完顏旻繼任聯盟長，稱「都勃極烈」。次年六月，遼天祚帝耶律延禧加給完顏旻節度使稱號。

金朝的建國

女真族組成統一的部落聯盟後，完顏旻即開始向外擄掠和擴張。天慶四年九月，集合各部落兵八百人向遼朝統治下的寧江州（今吉林扶余東南小城子）進攻，十月，攻破寧江州城。遼朝派出各族兵士大舉反擊。十一月，兩軍戰於出河店（今黑龍江肇源西南）。完顏旻領兵三千七百人迎戰，獲得大勝利，收降遼軍各族兵士編入女真軍。女真軍由此發展到一萬人，並乘勝攻佔遼賓州（今吉林農安東北紅石壘）、咸州（今遼寧開原老城鎮）。女真社會中原已出現由於犯罪或負債而淪為奴隸的現象，奴隸主與奴隸兩個對立的階級在逐漸形成。完顏旻勝利進軍，女真奴隸主貴族在戰爭中擄獲大批奴隸。隨着佔領區的迅速擴展，又需要加強對被征服的各族人民的統治。女真族的氏族部落制已不能適應

歷史發展的要求。完顏旻弟完顏晟（吳乞買）、國相完顏撒改等擁戴完顏旻建立國家。1115 年夏曆正月元旦，完顏旻依仿漢族制度，稱皇帝（金太祖），建國號大金，立年號收國。

金太祖廢除國相制，設立諳版勃極烈等輔佐國政。由完顏晟、完顏撒改、完顏習不失和完顏杲（斜也）充任。女真軍兵仍由猛安謀克統領。收編的遼東降軍依遼制設都統或軍帥。又命完顏希尹依仿遼、漢文字創製女真文字。天輔三年（1119），頒佈行用。

金朝建國後，繼續攻打遼朝。收國元年九月，攻佔黃龍府（今吉林農安）。後大敗遼天祚帝統率的遼軍。次年，攻佔遼東京遼陽府（今遼寧遼陽）。改年號天輔。此後，連年對遼作戰，不斷取勝。天輔四年（1120）四月，攻佔遼上京臨潢府（今內蒙古巴林左旗南）。五年，金太祖命完顏杲、完顏昱、完顏宗翰與完顏宗幹等領大兵進攻。六年，攻下遼中京大定府（今內蒙古寧城西大名城）、西京大同府（今山西大同）。遼天祚帝逃入夾山（今蒙古薩拉齊西北）。十二月，金太祖親率大兵攻下遼南京析津府（燕京，今北京）。次年八月，金太祖自燕擄獲北返，中途病死。

滅北宋

金太祖死後，弟諳版勃極烈完顏晟（金太宗）即位，聯合西夏，追擊遼天祚帝。天會三年（1125）二月，擒天祚帝。遼皇

族耶律大石（西遼德宗）西遷，後在中亞建西遼。

天會三年十月，金太宗下詔進攻北宋。以完顏杲為都元帥，完顏宗翰為左副元帥。金太祖曾與宋朝訂立「海上之盟」，約定南北出兵攻滅遼朝。金兵破燕京後，擄掠而去，燕京六州之地歸屬宋朝。金太宗命完顏宗翰與完顏希尹等攻打太原。太祖次子完顏宗望領兵攻奪燕京。十二月，宋燕京守將降金。完顏宗望繼續揮師南下進圍北宋都城開封。次年正月，宋欽宗割太原、中山（今河北定州）、河間三鎮求和，金軍北撤。八月，金太宗再次進軍。宗翰攻下太原，宗望攻佔真定（今河北正定）。閏十一月，兩軍在開封城下會師。破城，北宋亡。五年四月，金軍俘虜北宋徽宗、欽宗二帝北返。

天會五年五月，宋宗室趙構（宋高宗）在宋南京應天府（今河南商丘）重建宋朝，放棄中原，逃往江南，史稱南宋。金太宗派出重兵分路南下。逐步侵奪宋河北、河東、陝西、京西、京東

《套馬圖》

又稱《二駿圖》。金楊微繪。騎馬者梳裹頭長辮，身穿圓領窄袖裘服，生動描繪出女真騎士的形象。

各路大片土地。七年至八年，完顏宗弼軍一度渡過大江，攻下臨
安（今浙江杭州），擄掠而回。

金軍滅北宋後，金立宋降臣張邦昌在開封稱帝，建國號楚。
宋高宗稱帝，張邦昌投依宋高宗。天會八年九月，金朝又立劉豫
為子皇帝，國號齊，為金朝屬邦，都大名府（今河北大名）。以
後又遷都開封。

熙宗改制

天會十三年（1135），金太宗病死。在此以前，已立太祖孫
完顏亶為皇位繼承人，加號諳版勃極烈。十三歲的完顏亶（金熙
宗）即帝位。

金滅遼和北宋後，佔領地區又大為擴展。居民中包括契丹、
渤海和大批的漢人。為了鞏固金朝的統治，金熙宗時適應新形勢
的要求，對統治制度一再改革。在朝廷中樞，廢除傳統的諳版勃
極烈等輔政制。依遼、宋制度設太師、太傅、太保，稱三師；朝
中設尚書、中書、門下三省，由領三省事綜理政務，下設左、右
丞相及左、右丞（副相）。天會十五年金熙宗又廢除屬邦齊國，
在汴京（今河南開封）設行台尚書省。天眷元年（1138），又
改燕京樞密院為行台尚書省。兩行台尚書省負責對華北地區的
統治。同年，又進一步改定官制，史稱「天眷新制」。新制實際
上是全面實行漢族官制。女真官員予以「換官」，即將原來的女
真官職換授為相應的漢稱的新職。女真貴族實行封國制，封授某

地國王稱號，不實際任事，形同勛爵。又在尚書省設平章政事和
參知政事，在左、右丞之下，以加強尚書省的權力。金熙宗又在
會寧府（今黑龍江哈爾濱阿城區南白城村）仿漢制修建都城和宮
殿，建號上京（遼上京則改稱臨潢府）。制定百官朝見的禮儀和
有關制度。當年又頒佈一種筆畫簡省的新文字，稱為女真小字，
以供行用。

　　金熙宗時，金朝統治集團內部發生激烈的紛爭，完顏宗翰
一派的勢力，不斷受到削弱。天會十五年，太師、領三省事完顏
宗磐以貪贓罪逮捕完顏宗翰的親信尚書左丞高慶裔，慶裔死於獄
中，完顏宗翰抑鬱而死。完顏希尹也被罷相。天眷元年，完顏
昌、完顏宗磐等堅持主張將河南、陝西地歸還宋朝，以換取宋向
金稱臣納幣，並將汴京行台移治大名府（今河北大名東），又移
治祁州（今河北安國）。這時，金朝的統治仍以女真族的「內地」
為中心。二年，完顏希尹復任左丞相，與完顏宗幹、完顏宗弼等
劾奏完顏宗磐私通宋朝。郎君吳矢（吳十）謀反處死，也涉及完
顏宗磐。金熙宗召完顏宗幹、完顏希尹等逮捕完顏宗磐和完顏宗
雋（太祖子）處死。完顏宗幹升任太師，完顏宗弼為都元帥。三
年，金熙宗採宗幹、宗弼議，再次出兵奪回陝西、河南地。金行
台尚書省又移治汴京，以燕京路直屬中央尚書省，從而撤銷燕京
行台尚書省的建置。完顏宗弼進軍至淮南，擄掠而還。完顏宗弼
劾奏完顏希尹曾竊議皇位繼承，金熙宗殺希尹。

　　皇統元年（1141），完顏宗弼領兵南下侵宋，南宋請和。金
宋議定以淮水為界，宋向金納幣稱臣。這年，完顏宗幹病死。完顏

宗弼進拜太傅，仍為尚書左丞相、都元帥，並領行台尚書省，掌握
了軍政大權，七年，進為太師，領三省事，都元帥，領行台尚書
省。次年，病死。完顏宗弼死後，熙宗無力控馭朝政，皇后裴滿氏
結納朝臣干預政事，帝后之間與貴族朝臣之間相互傾軋。熙宗一再
殺逐大臣，朝政日益混亂。皇統九年初，完顏宗幹次子完顏亮為都
元帥；三月，拜太保，領三省事；五月，被逐出朝，領行台尚書省
事，中途又召還，為平章政事。十二月，完顏亮與左丞相完顏秉德
等殺熙宗。完顏亮篡奪帝位，改年號為天德。

海陵南侵

完顏亮（金海陵王）即位後，殺完顏秉德等同謀者，又誅
殺金太宗子孫七十餘人。以弟完顏衮領三省事，不任宗室。又任
用渤海人大臬、張浩，以及漢人張通古、奚人蕭裕等入尚書省執
政。海陵王削弱女真皇室貴族勢力，組成多民族的集團，以鞏固
其統治。

天德二年（1150），廢除汴京行台尚書省，政令統一於朝
廷。正隆元年（1156），又廢除附於尚書省形同虛設的中書、門
下兩省，由尚書省專理政務，直屬於金帝。金朝軍事原統於都元
帥府，設都元帥及左、右副元帥等。海陵王廢都元帥府，改依漢
制設樞密院，由樞密使、副使統軍。尚書省與樞密院成為政治和
軍事最高機構，形似北宋舊制，但樞密院仍由尚書省節制。海陵
王改訂的官制，成為此後金朝的定制。

海陵王又命渤海人張浩在燕京營建都城。貞元元年（1153），自上京會寧府遷都燕京，定為中都。金太祖、太宗的陵寢也自上京遷至中都附近的大房山。海陵王的統治鞏固後，隨即策劃進兵江南，消滅南宋。正隆六年六月，海陵王至南京開封府（今河南開封），作為京都。九月，海陵王親自領兵南下，樞密使完顏昂、尚書左丞紇石烈良弼分任左、右領軍大都督。工部尚書蘇保衡統領水軍由海道向南宋都城臨安進發。劉萼為漢南道行營兵馬都統制自蔡州（今河南汝南）發兵。徒單合喜為西蜀道行營兵馬都統制，自陝西鳳翔發兵。十月，海陵王領兵渡淮，攻入宋淮南路。

當海陵王領兵南下時，山東、河北、河東等路的各族人民已經相繼舉行起義。西北路契丹等族農牧民以撒八、移剌窩斡為首起兵反抗，規模頗大。東京留守完顏雍出兵鎮壓。十月，隨從海陵王南下的女真猛安完顏福壽，率領遼東徵調的兵士萬餘人，返回遼陽，舉行政變，擁立完顏雍為帝（金世宗）。金世宗下詔廢黜海陵王。十月，蘇保衡水軍在膠西縣附近海面（今山東青島附近）被宋海軍殲滅。十一月，海陵王親率軍渡江受挫，在揚州被部下耶律元宜殺死。

世宗之治

金海陵王死後，樞密使完顏昂入朝金世宗完顏雍，被任為都元帥。尚書令張浩自南京開封府上表賀世宗即位，仍被任為尚書令。蘇保衡、耶律元宜也都受命去鎮壓人民起義。金世宗繼續任

用海陵王的文武官員，在混亂中順利穩定了政局。這時，契丹農牧民起義仍在迅猛發展。起義領袖移剌窩斡殺撒八，在大定元年（1161），自稱皇帝，建年號天正，轉戰臨潢府一帶，攻破泰州。次年，轉攻濟州（今吉林農安），進軍山西。金世宗任命僕散忠義領重兵鎮壓，移剌窩斡軍敗，北走沙陀。九月，被部下擒送中都處死。金軍擊敗宋軍，重新奪取陝西地區，又於大定三年，在宿州符離縣（今安徽宿州）擊敗南宋北上進攻的軍兵。次年，與南宋訂立和議。雙方各守舊疆，宋對金不再稱臣，改稱侄皇帝。和議後，兩國維持四十年休戰狀態，金朝穩定了南方邊陲。

女真貴族身上配帶的裝飾品

黑龍江綏濱出土。

　　金世宗仍定都中都，繼續實行海陵王制定的各項制度。只是尚書省又恢復被海陵王罷廢的平章政事官。宋金再次和議後，金世宗又將元帥府改為樞密院，作為和平時期管理軍政的最高機構。金世宗在任用海陵王朝女真官員的同時，也繼承海陵王的政策，大批任用非皇室的女真人和漢人、契丹人、渤海人參與執政。女真貴族間長期以來的紛爭至世宗時逐漸結束。史稱金世宗為「小堯

舜」，因為在他統治三十年間對外不再發動戰爭，統治集團內部
也漸趨穩定。

金太宗以來，女真民戶即不斷南遷到漢地。海陵王遷都中
都後，上京一帶的女真人大批南下，分佈於燕山以南、淮河以北
的廣大地區。女真猛安、謀克戶散處在漢人村落之間，多把田地
出租給漢人佃戶耕種，成為封建地主，並逐漸接受漢族文化，通
用漢族語言。女真貴族也多已習用漢語、漢文，通曉女真語者日
益稀少。金世宗即位前，即學習漢文化，即位後一面繼續倡導學
習漢族經史和詩文，一面又力求保持女真風習和本族的文化，大
力推行民族壓迫。大定二十四年五月，金世宗率領皇室子弟和文
武從官去上京，召集女真族故老演習女真歌舞，並親自以女真語
歌唱祖先創業的艱難。次年，皇孫完顏麻達葛封原王，用女真語
謝恩。世宗大喜。二十六年，賜名璟，拜尚書右丞相，立為皇太
孫。二十八年，世宗病死，完顏璟即帝位。

金朝的衰落

金章宗完顏璟以能女真語得到世宗的讚賞，但他即位後卻積
極地學習和倡導漢文化。章宗本人擅長漢字書法，又大量收藏歷
代繪畫、圖書，是金朝歷代皇帝中漢文化素養最高的一人。在章
宗倡導下，女真貴族研習漢文化成為風氣。章宗正式下令鼓勵女
真屯田戶與漢族通婚，加速了民族間的融合。猛安謀克戶出租田
地，坐事享樂，尚武之風逐漸消失，作戰能力日益削弱。

在章宗統治的二十年間，北方和南方又都爆發了戰爭。北邊的轄韈和蒙古合底斤、山只昆等部一再起兵反抗金朝的控制。金右丞相完顏襄連年出兵，攻打北邊各族，在北邊修築長達千餘里的壕塹，以防遊牧騎兵南下。臨潢府路的契丹人和被統治的各族分子（諸糺）也相繼起兵，威脅着金朝在邊疆的統治。

泰和六年（1206）四月，南宋寧宗、韓侂冑發動了對金朝的進攻。五月，宋寧宗下詔北征，各路宋軍相繼失敗，金軍乘勝分路南下，攻佔宋京西、淮南部分地區。南宋兵敗求和。金右副元帥僕散揆、都元帥完顏宗浩等相繼死於軍中。泰和八年，宋金雙方重新訂立和約。金朝在這次作戰中也損失慘重，金章宗也於當年病死。金世宗第七子完顏允濟（衞紹王）即位。

在戰亂頻仍的年代，自大定二十九年（1189）至明昌五年（1194），黃河三次決口，泛濫成災，黃河兩岸農村遭到嚴重破壞，大批農民死於水患或被迫逃亡。金朝賦稅收入急劇減少，對外作戰的軍費卻與日俱增。財政入不敷出，大量發行交鈔（紙幣），又造成社會經濟秩序的紊亂。當金朝矛盾重重的年代，北邊的蒙古族興起，開始了滅金的過程。

蒙古侵金

1206 年，蒙古成吉思汗建立大蒙古國，佔據漠北。大安二年（1211）二月，開始南侵金朝。金衞紹王命平章政事獨吉思忠領兵抵禦，在烏沙堡戰敗退兵。七月，蒙古軍攻佔烏月營，進

而攻入撫州（今內蒙古興和境）。八月，衛紹王罷獨吉思忠，命參知政事完顏承裕領大兵據野狐嶺，又大敗於蒙古軍，退守宣德州宣平縣（今河北舊懷安東北），成吉思汗領兵追擊，在澮河堡（今河北懷安東）大敗金軍。完顏承裕逃往歸德。蒙古的另一路大兵，由西路佔領金淨州（今內蒙古四子王旗西北），進攻西京大同府（今山西大同）。金守將紇石烈執中棄城逃跑。十月，蒙古由者別率領的先鋒軍直抵中都，久攻不下。十二月，撤軍。

崇慶元年（1212）秋，成吉思汗再次大舉南侵，掠昌州（今內蒙古錫林郭勒盟太僕寺旗白城子）、桓州（今內蒙古正藍旗西北）、撫州，再攻金西京。金西京留守抹撚盡忠堅守。蒙古軍退回。又攻金東京遼陽府，擄掠而去。貞祐元年（1213）秋，成吉思汗自陰山進軍，經宣德州至懷來（今河北懷來東），大敗金完顏綱軍。又乘勝進攻居庸關，威脅中都。蒙古軍兵分三路攻掠黃河以北的山東、河東、河北路州縣，直抵登州（今山東蓬萊）、萊州（今屬山東）海濱。二年春，擄掠大批財物後又返回居庸關一帶，圍攻中都。

宣宗南遷

金軍敗退，朝中混亂。駐守中都城北的右副元帥紇石烈執中在貞祐元年八月殺衛紹王允濟，迎立金世宗孫完顏珣即帝位（宣宗）。九月，金宣宗遣使向蒙古軍求和。次年三月，中都被圍，金宣宗獻納人口財物，並將衛紹王女岐國公主獻給成吉思汗。成

吉思汗許和，退軍。

蒙古軍退後，金宣宗深恐蒙軍再來，朝廷不保，五月間率領皇室，載運宮中珍寶，逃離中都，遷都南京開封府。留尚書右丞相完顏承暉留守中都。宣宗南遷後，駐守中都以南的金糺軍起兵反金，遣使與蒙古聯絡。成吉思汗隨即派兵南下，貞祐三年五月攻佔中都，完顏承暉自殺。

在蒙古軍的進攻面前，金王朝日益暴露了它的腐朽和虛弱。山東、河北地區的人民，紛紛舉行武裝起義。各地起義軍身穿紅襖作為標誌，被稱為「紅襖軍」。少者數萬人，多者至數十萬。起義軍領袖有益都楊安兒，濰州（今山東濰坊）李全，密州（今山東諸城）方郭三，泰安州劉二祖、霍儀，兗州郝定等。金宣宗派遣官軍進行鎮壓，起義浪潮依然不可遏止。山東、河北地區的地主豪強，在蒙古軍不斷侵擾、金軍敗退的形勢下，也紛紛組織地主武裝據地自保。

貞祐四年，蒙古三木合拔都軍經西夏進兵關陝，十一月抵南京。胥鼎領兵援南京，蒙古軍退去。這年，成吉思汗已返回蒙古草原。興定元年（1217），成吉思汗封木華黎為太師、國王，命其專統大軍攻金朝。興定二年，木華黎軍攻下太原、平陽府（今山西臨汾），威脅南京。

面對蒙古的威脅，金朝以尚書右丞相尢虎高琪為首的官員，主張南下侵掠南宋，擴大疆土。興定元年四月，金兵開始南侵。胥鼎反對出兵，尢虎高琪不理。金兵分路進攻，遭宋軍反擊。次年十二月，金宣宗命樞密副使僕散安貞輔太子完顏守緒大舉南

侵。雙方戰事又綿延十餘年。

金兵侵宋，原來起兵抗金的紅襖軍等人民起義軍紛紛投附南宋，與宋軍聯合抗金。興定二年，金兵進至采石（在今安徽馬鞍山），威脅建康府（今江蘇南京）。抗金義軍分道出擊，金兵敗退。金兵侵宋連遭失敗。朝臣紛紛上奏，彈劾尤虎高琪。十二月，尤虎高琪被宣宗處死。

興定四年，西夏與南宋相約聯合攻打金朝。八月，夏兵萬人攻破金會州（今甘肅靖遠南）。九月，攻金鞏州（今甘肅隴西），與宋軍會師。金行元帥府事赤盞合喜堅守鞏州。夏兵敗退。五年，金宣宗又命僕散安貞領兵南下侵宋，進至宋蘄州（今湖北蘄春）、黃州（今湖北黃岡）。俘虜南宋宗室和臣民七十餘人，獻俘南京，金宣宗斬僕散安貞。

木華黎統率的蒙古軍，在數年之內，攻取金遼東、遼西、山東、河北、河東、陝西大片土地。元光元年（1222），木華黎率領的蒙古大軍攻打鳳翔府，不下。二年春，木華黎退軍，在聞喜（今屬山西）病死。金元帥右都監侯小叔於當年正月收復河中府（今山西永濟西），蒙古大軍再破河中府，侯小叔戰死。十二月，金宣宗病死。

金朝的滅亡

金宣宗死後，太子完顏守緒即帝位（哀宗）。金哀宗停止南線的侵宋戰爭，集中兵力抵抗蒙古。正大三年（1226）至四年

秋，金兵進軍河東，連續收復絳州（今山西新絳）、平陽、太原府。正大四年，成吉思汗軍又佔領德順州（今甘肅靜寧），破臨洮府等地。六月，滅西夏。金哀宗遣使向蒙古求和，被拒絕。七月，蒙古軍進攻鳳翔府和京兆府（今陝西西安），關中大震。成吉思汗病死，延緩了金朝的滅亡日程。正大五年，陝西蒙古軍經涇州（今甘肅涇川北）進入大昌原（今甘肅寧縣東南）。金平章完顏合達命忠孝軍提控完顏陳和尚擊敗蒙古軍，取得重大勝利。

正大六年，蒙古窩闊台即汗位，繼續出兵侵金。攻慶陽府（今甘肅慶陽），不下。次年，攻破代州（今山西代縣）、石州（今山西呂梁離石區），在衛州（今河南衛輝）被完顏陳和尚軍擊退。正大八年二月，蒙古軍攻破鳳翔府。九月，蒙古軍分三路，窩闊台親率中軍攻河中府，又轉攻河南府（今河南洛陽）。斡陳那顏率左軍進攻濟南府。成吉思汗幼子拖雷率右軍自鳳翔府過寶雞，沿漢水而下，穿行宋境趨均州（今湖北丹江口西北），企圖轉攻南京，一舉滅金。窩闊台攻下河中府，拖雷進軍鄧州（今屬河南）。哀宗詔樞密副使完顏合達與副使移剌蒲阿自潼關東移兵鄧州。拖雷部蒙古兵不滿四萬人，與一部分由窩闊台派來的軍兵會合，進至禹山（今河南鄧州西南）。天興元年（1232）正月，完顏合達與移剌蒲阿率騎兵兩萬、步兵十三萬自鄧州進軍鈞州（今河南禹州），至三峰山（今河南禹州南），遭到蒙古大軍襲擊，金軍全部潰敗，完顏合達敗死，移剌蒲阿、完顏陳和尚等被俘處死。鈞州三峰山之戰，金軍主力全部潰滅，決定了金朝的滅亡。

蒙古軍乘勝進圍南京開封府。城內空虛，軍民製造名為「震天雷」的火炮反擊，激戰十六晝夜。金哀宗求和，蒙古軍暫退。南京糧食斷絕，援兵不至。十二月，哀宗率群臣自南京逃往汝州（今河南臨汝），中途改道逃往歸德府（今河南商丘）。天興二年正月，南京守將崔立降蒙。六月，哀宗又自歸德府逃往蔡州（今河南汝南）。蒙古聯宋，夾攻金朝。十一月，宋孟珙率兵兩萬至蔡州。十二月，蒙古軍攻破蔡州外城。蔡州被蒙古軍及宋軍圍困三月。天興三年正月，哀宗將帝位傳給東面元帥完顏承麟，自縊而死。蒙古軍入城，殺金末帝完顏承麟，金亡。

金朝的制度

金朝在女真族氏族部落制的基礎上建立國家。初期仍保留女真族的若干舊制，兼採遼朝制度。金太宗時，佔領遼、宋地，仍實行遼、宋舊制，與女真地區存在差異。金熙宗時，對各項制度作了改革。金海陵王遷都中都，統一制度，又作了進一步的改革。金世宗時，各項制度大體確立。此後，只有局部的修改。伴隨着統治地區的擴大和女真族自奴隸制向封建制的過渡，金朝越來越多地採用漢族的統治制度，女真舊制逐漸削弱或消失。

勃極烈輔政制

勃極烈原意為「官長」，即部落酋長。女真部落聯盟中原設

有「國相」輔政,女真語稱「國論勃極烈」。金初曾在皇帝周圍設勃極烈四人,輔佐國政。四勃極烈職責不同,分稱為諳版(女真語:大)勃極烈、國論(女真語:國家)勃極烈、阿買(女真語:第一)勃極烈、昃(女真語:第二)勃極烈。輔政的勃極烈成為朝廷最高官職,任此職者均為皇室貴族。其人數或多或少,並無定額。以後又有移賚(女真語:第三)勃極烈和管理對外事務的乙室(迎迓)勃極烈等。金太宗時,叔謾都訶參議國政,稱阿舍勃極烈。金熙宗即位,設太師、太傅、太保,稱三師,分領三省事,勃極烈輔政制遂廢。

猛安、謀克制

猛安,女真語原義為部落軍事酋長;謀克,女真語原義為氏族長。金朝建國後,連年對外作戰,猛安、謀克逐漸成為軍事編制單位,仍統領女真兵士家口民戶。金朝初期收降的外族人口也被編入猛安、謀克。金熙宗以後,女真猛安、謀克戶大批南遷,分散到漢人地區,受田定居。各猛安、謀克所轄戶數初制三百戶為一謀克,十謀克為一猛安。以後減少到二十五人為一謀克,四謀克為一猛安。一謀克作戰的士兵不過十餘人。居漢地既久,多出租田地,坐食地租,作戰能力逐漸衰弱。金朝有時也把猛安、謀克作為榮譽稱號封授。

封國制

金熙宗對勛臣加封國王稱號，如尚書令完顏宗磐封宋國王，都元帥完顏宗翰封晉國王。海陵王削封前朝皇室貴族爵號，國王多降封為郡王。此後，皇室親王封國者，只依國號稱某王，不稱國王。以下有郡王、國公為正從一品，郡公為二品，郡侯為三品。親王萬戶，實封一千戶。郡王五千戶，實封五百戶。國公三千戶，實封三百戶。郡公二千戶，實封二百戶。王、公無封地，只是依爵食祿。國號又有大、次、小之分。多依古邑名為號。金章宗時定制，漢、遼、唐、宋等前朝國名，不得作為臣下封國的國號。金朝封親王（國王）者多為皇室宗親。郡王、國公以下可以加封於外姓或外族官員。金宣宗南遷，招納各地漢人地主武裝抗蒙，其中九人封給郡公稱號，史稱「九公封建」。

官制

金太宗時置尚書省及中書省、門下省為朝廷政務中樞，金海陵王廢中書、門下，只設尚書省綜理政務。中樞官制經金世宗改訂，成為金朝的定制。尚書省最高長官為尚書令。下設左、右丞相各一員，平章政事二員為宰相。左、右丞各一員，參知政事二員為宰相副貳。尚書省設吏、戶、禮、兵、刑、工六部分掌政務。六部長官為尚書、侍郎。御史台司監察，設御史大夫、御史

中丞、侍御史等職。翰林學士院掌制誥詞命文字，設翰林學士承
旨、翰林學士、翰林侍讀學士、翰林侍講學士等職。設大宗正府
（後改大睦親府）掌理宗室事務。

地方官制，依遼、宋舊制，設路、府、州、縣四級，但又
沿襲女真舊制，各級地方長官兼領軍事。金世宗定都中都前後，
設五京（上京會寧府、東京遼陽府、北京大定府、西京大同府、
南京開封府），又設十四總管府，十九路。五京各設留守一員，
兼本府府尹及本路兵馬都總管事。上京、東京等路原設提刑司，
後改設按察司及安撫司，長官稱「使」，掌鎮撫人民。諸路轉運
司，設使、副，掌規措錢穀。總管府設兵馬都總管統領本府軍民
事，兼任府尹。下設同知都總管、副都總管。一般的府，長官稱
府尹，掌民政而不領兵，下設同知、少尹、府判等官員。州又分
節鎮州、防禦州、刺史州三類。節鎮州為軍事要地，長官為節度
使，統領兵馬兼管本州政務。下設同知節度使、副使。防禦州長
官為防禦使掌防禦盜賊，兼管本州政務。下設同知防禦使等官。
刺史州長官稱刺史，專治州事，不領兵。縣分為赤縣、次赤縣、
諸縣三類。赤縣為大興府所屬大興、宛平縣。次赤縣又稱劇縣，
即民戶在二萬五千戶以上的大縣。二萬戶以上為次劇縣，在諸京
倚郭縣為京縣，萬戶以上為上赤縣、次赤縣和諸縣，長官都稱縣
令。下設縣丞一員、主簿一員、縣尉四員。縣不設軍，專管民
政。萬戶以下三千戶以上的縣為中縣，不設縣丞。三千戶以下為
下縣，不設縣尉。

金代銅印「元帥監軍之印」

北京延慶出土。元帥監軍是金代一級軍事長官職務。

軍事制度

　　女真族在氏族部落制時期，原無獨立的軍事編制，部落氏族成員對外作戰，即由猛安、謀克統領。謀克的副職蒲里衍也隨同領兵。兵士從軍作戰，帶領隨從一名，稱為阿里喜。作戰獲勝，兵士即可獲得財物和奴隸。初期收降外族兵士，也被編入猛安、謀克統率。金太祖對遼朝的契丹、奚、渤海等族降軍，依遼制設都統司管領。攻掠燕雲地區收降的漢軍，仍依原來建置。金太宗任遼降將劉彥宗為樞密院事兼領漢軍都統。對北宋降將，也仍官舊職。天會三年（1125），金太宗大舉侵宋，始設元帥府，由都元帥，左、右副元帥等指揮作戰。金海陵王時，因軍帥勢力強大，改設樞密院主管軍事，其長官有樞密使、樞密副使等，受尚書省節制。此後平時設樞密院，戰時改元帥府。金朝後期則兩套機構並置。作戰時對領兵將領加給稱號，戰後即撤銷。常駐各地的鎮防軍，分駐各州，向各地猛安、謀克戶簽發兵士。猛安、謀克戶多由奴婢替代從軍。金世宗時曾下令禁止。

　　金朝建國初期，皇帝有合札謀克，即親軍護衛。金海陵王時

以太祖及宗王的親軍編為合札猛安，依宋制稱侍衛親軍。選年輕
步兵及騎兵一千六百人備宿衛。金世宗時置親軍四千人。金章宗
時增至六千。北邊地區置東北路、西北路、西南路三招討司，設
招討使、副招討使統領，鎮撫邊地諸族。各族降人編為乣軍守衛
邊堡。河南、山西、陝西、山東諸路設統軍司，統領軍馬，鎮守
邊陲。

法律

　　女真族在部落聯盟時期，開始有原始的「條教」，主要是保
護私有財產和確立秩序。殺人及盜劫者擊腦處死，沒收家產，並
以家屬為奴隸。犯重罪者可用牲畜財物贖罪，但要削去耳、鼻，
以示不同於平民。金太祖建國前後，沒有頒佈正式的法律，只是
宣佈：貧民負債需賣妻子為奴者，三年內不催督債務；由平民淪
為奴隸者，可以兩奴隸贖一人為平民。這些規定旨在減少平民
和奴隸的反抗，以鞏固金國奴隸制的統治。金太宗佔領遼、宋地
區，沿用舊制。金熙宗皇統年間制定法令，稱為《皇統制》，是
金朝的第一部法典。《皇統制》是「以本朝舊制，兼採隋唐之制，
參遼宋法類以成書」，今已不存。海陵王頒佈《續降制書》，作
為《皇統制》的補充，增加了限制女真貴族奴隸主特權的內容。
金世宗大定五年（1165），命有司刪定條理，與前制書兼用。
二十年前後，修成《大定重修制條》，將前朝的條制加以整理補
充，共得例、律、條格一千一百九十條，編為十二卷。金章宗明

昌五年（1194），制定《明昌律義》。泰和元年（1201），正式制定法律總集並加疏解，稱為《泰和律義》，凡五百六十三條，編為三十卷，依《唐律疏議》體例，分為十二篇。這次制定法典，將律、令、敕、格式分別編纂，另編律令二十卷，新定敕條三卷、六部格式三十卷。金朝法律基本上沿襲遼宋舊法，同時，也保有金朝的特點。遼代刑名有杖、徒、流、死四刑。金朝因南有南宋，北有蒙古，不宜流放邊地。因而只有杖、徒、死三刑。徒刑也可以杖刑代替。女真舊制擊腦處死、沒為奴隸等已不再存在。金朝女真族自熙宗至世宗時逐步封建化，但仍保有奴隸制的殘餘。金律一方面對女真奴隸主貴族的特權有所限制，另一方面也對驅奴與良民的不同地位作了法律上的規定。

科舉

金太宗天會元年（1123），始行科舉，以招納遼朝故地的漢人文士，分詞賦、經義兩科，考中者稱詞賦進士、經義進士。五年，在河北、河東宋朝故地行科舉，因遼宋所傳經學內容不同，分別舉行考試，稱「南北選」。金海陵王時統一各項制度，南北選也合併為一，取消經義科，只試詞賦。另有律科，考試律令，以選拔執政的官吏。武舉考試騎射和兵書。金世宗倡導保存女真文化，創設女真進士科，以女真字考試策論，又稱策論進士。應試者為女真人子弟。金世宗以後，科舉成為入仕的主要途徑。女真、漢人顯要官員多為科舉出身。

社會經濟

女真族在金朝建國前後，實行奴隸制的土地分配制度，役使奴隸耕作。被佔領的遼、宋故地，仍然實行原有的封建制經濟關係。女真人大批南下後，雖然仍保留供家內服役的奴隸制的殘餘，但社會經濟制度逐漸封建化。金世宗以後，金朝的封建經濟在統治秩序確立後逐漸得到發展，封建地主與農民的矛盾也隨之日益加深。

土地佔有與租稅

女真原實行受田制，田地為國家所有。奴隸主依據人口和佔有奴隸、牲畜的多少，領受田地。凡佔有民二十五口，牛三頭（稱為一具），受田四頃零四畝。所謂民口，包括具有平民身份的家口和佔有的奴隸。金初，對外作戰，大小奴隸主大量俘虜奴隸和牲口，土地佔有急速擴大。後規定佔田不得超過四十具，即一百六十餘頃。金太宗時，始下詔徵收租稅。耕牛一具，納粟五斗，稱為牛頭稅。金初，女真人南下作戰，俘虜大批漢人、契丹人遷往金朝內地（即上京路、東京路等女真族居地）為奴，從事耕作。隨着奴隸佔有的增長，奴隸主需求的田地也不斷增加。金熙宗將大批女真猛安、謀克戶遷至燕山以南、淮河以北。金海陵王時，又將上京地區的女真宗室遷到中都和山東、河北地區。這些南遷的女真猛安、謀克戶即在當地侵佔漢人田地，作為受

田。據大定二十三年（1183）統計，共有猛安、謀克戶六十一萬五千六百二十四，人口六百一十五萬八千六百三十六。其中奴婢口有一百三十四萬五千九百六十七。散居在漢地的猛安、謀克戶逐漸把佔有的田地租給漢人耕作收取地租，並將奴隸出賣。戰爭停止後，有些猛安、謀克戶不再返回原來領受的田地，也把這些田地出租給漢人。富有的貴族強佔女真平民和漢人的田地。女真貧困戶將田地出賣，日益貧困。

金朝的漢人地區，沿襲遼、宋舊制，徵收夏秋二稅，稱為正稅。夏稅每畝徵糧三合，秋稅每畝徵糧五升、秸十五斤。此外，還有多種雜稅，包括物力錢、鋪馬錢、軍需錢、免役錢等多種名目。金世宗以來，官府多次清查土地、財產，以防止逃避賦稅，稱為「通檢推排」。

金朝全境人口，金世宗初年，有三百多萬戶，大定二十七年（1187），增至六百七十八萬多戶，四千四百七十多萬口，泰和七年（1207）為七百六十八萬餘戶，四千五百八十一萬多口。

農業

女真族舊地原來即是農業生產地區，女真人大批南遷後，仍留居當地的女真及其他各族人和北遷的漢人繼續從事農業生產。遼朝故地臨潢府（今內蒙古巴林左旗南）一帶，移居的奚族人民在此務農。燕雲地區和北宋故地，農業生產原很發達，金朝的中都、河北、南京和東京等路是農業生產最為發展的地區，金章宗

時，全國常平倉 [①] 積粟三千七百八十六萬餘石，米八百一十餘萬石，可想見農業生產量已達到相當的水平。

手工業

金朝手工業中，礦冶是較為發達的部門，女真族建國前即重視煉鐵。金朝上京地區冶鐵業仍繼續發展。雲內州（今內蒙古呼和浩特土默特左旗西北），真定府（今河北正定），汝州魯山、寶豐，鄧州南陽等都是著名的產鐵地。金世宗規定金銀礦許民間自採，官府抽分收稅，後又取消礦稅，以鼓勵開採。但民間鑄造銅器被嚴格禁止，只由官營作坊鑄造。金代煤（石炭）的開採與使用更為普遍，被用作冶煉的燃料，並用以取暖。手工業中另一發達的部門是印刷業。印刷業在遼、宋基礎上有新的發展。中都（今北京）和平陽府（今山西臨汾）是著名的刻印書籍的中心。趙城雕印《大藏經》是一項巨大的工程。遼、宋發達的製瓷業和紡織業在金朝也繼續得到發展。金朝初年的火藥製造技術來源於遼，在滅北宋時，已使用火器。金朝後期因抗禦蒙古騎兵的需要，製造了號為「震天雷」的火器，即在鐵罐中裝入火藥，臨陣爆炸；又有「飛火槍」，以紙筒製槍，噴射火焰。是金朝火器製造業的兩項發明。

---

① 常平倉：中國古代政府為調節糧價，儲糧備荒以供應官需民食而設置的糧倉。

商業

　　金朝的商業城市以京都中都和北宋舊都汴京為中心。東京遼陽、河北相州（今河南安陽）和河東上谷也是繁華的商埠。金世宗時，制定商稅法，買賣金銀徵稅百分之一，其他貨物徵百分之三。以後稅率又有提高，商業稅收是朝廷重要的財政收入。金朝在和南宋、西夏的邊界上設置榷場，以通貿易。榷場設有場官管理，獲得巨額的稅收。金朝自南宋輸入的商品有茶葉、銅錢等，西夏輸入的商品主要是馬匹。

貨幣

　　金初只用遼、宋舊錢。金海陵王時，正式印造稱為「交鈔」的紙幣。大鈔分為一貫至十貫五種，小鈔分為一百文至七百文五種。交鈔限用十年，倒換新鈔。海陵王時，又鑄銅錢「正隆元寶」與交鈔並行。金世宗時，鑄「大定通寶」銅錢，年鑄十四萬餘貫。交鈔印量不大，但取消了七年為限的規定，民間可長期使用。金章宗時，因財政虧空，開始大量印造交鈔。交鈔因而急劇貶值，以致民間多拒絕使用、交易和倒換銅錢。承安二年（1197），又發行銀幣「承安寶貨」，一兩至十兩五種，一兩折合銅錢二貫，後因民間多有偽造，銀幣行使三年後即停止使用。金朝後期，財政窘急，遂大量濫發紙鈔和綾幣，以致市肆晝閉，商旅不行，物價踴貴，民間不得不以白銀作為交換手段。

金代的文化

金朝建國後，較快地佔領了遼和北宋地區，女真族南下後也較快地接受了漢文化，甚至通用漢族的語言。金代文化雖然保留和吸收了女真族的某些文化傳統，但基本上是繼承遼、宋的漢族文化。金熙宗以前，長期處於戰亂，金代各個文化領域的成就多出現於金世宗以後的時期。

儒學與史學

女真族原來只有原始的薩滿教。滅遼後，遼代興盛的佛教在各地繼續發展。滅宋後，北宋的儒學逐漸在金代文化思想中佔統治地位。金初行科舉，即以「經義」取士。金熙宗在上京建孔廟。世宗、章宗力崇儒學，以女真字翻譯儒家經書，學校以《論語》和《孝經》為必讀課本。霸州（今屬河北）杜時升在嵩、洛山中講授北宋程顥、程頤的理學，易州（今河北易縣）麻九疇傳授邵雍之學，研治《易經》和《春秋》，麻九疇的弟子在金末元初多為名儒。真定王若虛講授理學，對二程和朱熹之學，多有褒貶，有《滹南遺老集》傳世。磁州（今河北磁縣）人趙秉文，號為金末的文宗，也研治理學，標榜繼承程朱。

金代史學，不甚發達。金熙宗時，契丹人蕭永祺繼承其師耶律固編修《遼史》七十五卷，大抵是依據遼耶律儼《實錄》改編。金章宗即位命移剌履與移剌益、趙渢、党懷英等名士重修遼史，

後改命陳大任專修，也未最後完成。元人修《遼史》曾參據陳大任書。金朝滅亡前，西京人劉祁撰修《歸潛志》，以傳記體記述海陵王以來的金朝史事，為元人修《金史》提供了依據。

文學與藝術

金朝以詞賦取士，詩詞成為文人普遍採用的文學體裁。金人詩詞，繼承北宋，模仿蘇（軾）黃（庭堅）。金世宗、金章宗時著名的詩人有党懷英、趙沨、王庭筠等人，詩多崇尚尖新。以後更流於雕琢浮華。金末戰亂，河東太原人元好問作詩紀事，力矯靡麗的詩風，所作詩詞被稱為「喪亂詩」。河東詩人以元好問為宗，形成河汾詩派。海陵王、章宗等帝王都學作漢詩。女真貴族能詩者有完顏允成、完顏勖、耨盌溫敦兀帶等人。金章宗是書畫愛好者，收集歷代書畫名品，藏於朝廷，專設畫院，由書畫家王庭筠主持。章宗本人也善長書法。金代著名畫家還有任詢、李

金章宗完顏璟書顧愷之《女史箴圖卷》跋

早、楊邦基等人。女真人多能樂舞，女真樂器有鼓、笛兩種。世宗以後，宋朝的樂舞在金朝流行。女真樂舞與宋樂舞得以相互吸收。北宋流行的「說話」和「諸宮調」等說唱藝術，金代更為盛行。章宗時出現董解元所作《西廂記諸宮調》，據唐人《鶯鶯傳》故事改編，以十四種宮調，一百九十三套組曲組成，用琵琶伴奏說唱。《西廂記諸宮調》達到成熟的境界，被譽為「北曲之祖」。金代又創造了稱為「院本」的戲劇，以科白動作為主，加入唱曲。院本作為一種戲劇體裁，至元代仍繼續演出。諸宮調與院本孕育了北曲雜劇的產生，是金代文化的一大貢獻。元雜劇在金末已漸形成。著名的雜劇作家關漢卿、白樸、杜仁傑、康進之等多是金元之際的文士。

科學與技術

金代科學技術有相當的成就，金世宗時，趙知微重修楊級編制的大明曆，用幾何方法預測日食、月食，是天文計算上的進步。蔣周著《益古》一書，記錄了當時流行的數學公式天元術，以元為未知數，立式求解。金末另有一部數學著作《洞淵測圓》，記述演算勾股容圓的方法。著名的數學家李冶依據此書和天元術，寫成著名的數學著作《測圓海鏡》。

金代醫學的成就也很顯著。金初，名醫成無己註釋《內經》和《傷寒論》，開金代醫學研究的先聲。世宗時，劉完素和張元素是兩大名醫，各成一家。劉完素的學生張從正，用攻法去邪，

自成一派，號攻下派。張元素的學生李杲用溫補脾胃法治病，被稱為溫補派。李杲著有《脾胃論》和《內外傷寒辨惑論》，對傷寒病的識辨有獨到的成就。金代醫學學派的建立，對元代和後世醫學的發展有深遠的影響。

（蔡美彪）

中國歷史上蒙古族統治者建立的統一王朝。1206
年，成吉思汗建國於漠北，號大蒙古國；1235年，
窩闊台建哈剌和林城（即和林）為國都。通過不斷的
征服戰爭，大蒙古國統治了亞洲和歐洲廣大地區。按
台山（今阿爾泰山）以西的朮赤、察合台、窩闊台封
地以及旭烈兀西征後據有的波斯之地，先後成為名義
上是大汗藩屬實際上擁有獨立地位的汗國。1260年，
元世祖忽必烈即位，遵用漢法，改革舊制；以開平
為上都，燕京（今北京）為中都，將政治中心南移。
1271年，取《易經》「大哉乾元」之義，改國號為大
元；次年，升中都為大都。1276年，滅南宋。又傳九
代，至1368年，明軍攻入大都，元順帝妥歡貼睦爾
退出中原。其繼承者據有漠北，仍用元國號，史稱北
元。明初官修《元史》，自成吉思汗建國迄元順帝出亡
（1206～1368），通稱元朝。

元

蒙古的興起

13 世紀前的蒙古

蒙古族名稱始見於唐代。當時，分佈在大興安嶺北段的室韋諸部中有一蒙兀室韋部，居望建河（今額爾古納河）之東。蒙兀即蒙古的唐代漢文譯名。遼、金、宋時代，又有萌古、朦骨、盲骨子、萌古斯、蒙古里、蒙古等異譯，或與其他部落一起被泛稱為韃靼，又稱黑韃靼，以別於漠南的白韃靼（汪古部）。大約在唐代末葉，蒙古一部逐漸遷到原來鐵勒人的居地斡難河（今蒙古鄂嫩河）上游不兒罕山（今蒙古肯特山）地區。蒙古人傳說，遠古時，蒙古部落被他部所滅，僅兩男兩女幸存，逃到名為額爾古涅昆的山中，後來子孫繁衍，分為許多支，山谷狹小不能容納，因而移居草原。其中一個部落的首領名叫孛兒帖赤那（意為蒼狼），妻子名叫豁埃馬闌勒（意為白鹿），他們遷到斡難河源頭不兒罕山居住。蒙古人的祖先傳說，反映了他們的先人從額爾古納河西遷的事實，以及蒙古人遠古的圖騰觀念。

蒙古原為森林狩獵部落，進入草原後，遊牧畜牧業很快發展起來。在遼朝的統治下，他們與中原地區的聯繫日益緊密。中原

先進經濟、文化的影響，特別是鐵的輸入，促進了蒙古各部社會
生產力的發展。原始的氏族制度迅速瓦解，私有制日益發達。部
落中的伯顏（富者）多擔任首領，社會分化成世代當首領的那顏
（貴族，意為「官人」）和依附於貴族的哈剌抽（平民）。貴族通
過掠奪戰爭獲得更多財富，並俘擄人口作為孛幹勒（奴婢），世
襲佔有。有勢力的貴族擁有從屬於個人的那可兒（軍事侍從，原
意為「同伴」），大首領還組織了護衛軍。幹孛黑（氏族）組織
的形式雖還存在，但已不是原始的血緣氏族，其成員包括了貴族
和來自不同氏族或部落的侍從、屬民與奴婢。貴族的兒子繼承父
親分配的一份屬民和奴婢，分別自立家業，並繼續擴展，由此不
斷分衍出新氏族。在頻繁的相互掠奪戰爭中，一些氏族和部落為
了保全自己，擴大勢力，結成了聯盟。約 11 世紀上半葉，蒙古
部首領海都（成吉思汗六世祖）攻滅了幹難河南的強部 —— 札
剌亦兒部，從此「形勢浸大」。海都次子察剌哈寧昆（又譯察剌
孩領忽）受有遼朝的「令穩」（即領忽，小部族官）官號，其子
想昆必勒格升號「詳穩」（即想昆，大部族官），父子相繼任遼屬
部官。金初，全蒙古各氏族和部落組成大聯盟，推舉海都長子之
孫葛不律（又譯合不勒，成吉思汗的曾祖父）為汗（意為君主），
蒙古部首領自此始用汗號。察剌哈寧昆的後裔號泰赤烏氏，葛不
律汗家族號乞顏氏，各自都擁有許多部眾，成為蒙古部中最有勢
力的貴族。

　　葛不律汗曾入朝金朝皇帝。金朝君臣深恐蒙古勢力強大會
成為邊患，企圖將他殺死，蒙古於是叛金。此後數十年，蒙古與

金朝經常發生戰爭。金朝利用屬部塔塔兒攻打蒙古，俘殺咸補
海（又譯俺巴孩）汗等蒙古首領，並派兵到蒙古剿殺擄掠；蒙
古也多次攻掠金朝邊境地區。此時，蒙古高原上勢力強盛的部落
集團除蒙古外，還有塔塔兒（居地在今呼倫湖、貝爾湖之西、
南）、克烈（居地在今土拉河、鄂爾渾河上游一帶）、乃蠻（居
地在今蒙古高原西部）和蔑里乞（居地在今色楞格河下游一帶）
等部。各部貴族為了掠奪人口、牧畜和擴大統治地域，也互相爭
戰不休。蒙古與其鄰部蔑里乞、塔塔兒是世仇，更經常處於敵對
之中。

大蒙古國的建立

　　在諸部爭戰中，蒙古乞顏氏貴族鐵木真的勢力逐漸壯大。
12 世紀末至 13 世紀初，他先依靠克烈部首領王汗的支持，打敗
蔑里乞部，又相繼消滅了蒙古部內強大的主兒乞氏和泰赤烏氏貴
族，擊潰以札答闌部首領札木合為首的各部貴族聯盟，乘勝滅塔
塔兒，降服弘吉刺諸部。1203 年，又出奇兵攻滅王汗，盡取克
烈部眾。這時，漠南汪古部首領也遣使獻降。1204 年，鐵木真
舉兵攻滅乃蠻太陽汗部，又先後兼併了蔑里乞殘部和乃蠻不欲魯
汗部，完成了蒙古高原的統一。

　　1206 年，蒙古貴族在斡難河源舉行忽里台（諸王大會），
奉鐵木真為大汗，尊號成吉思汗。成吉思汗將全蒙古遊牧民統
一編組為數十個千戶（《元朝祕史》記載最初編組的千戶數為

九十五個，但其中包括了一些後來組成的千戶），分授共同建國的貴戚、功臣，任命他們為千戶那顏，使其世襲管領，並劃定其牧地範圍。千戶既是軍事組織單位，又是地方行政單位。成吉思汗又命大將木華黎為左手萬戶，統領東面直到哈剌溫只敦（今大興安嶺）的各千戶軍隊；博爾術為右手萬戶，統領西面直到按台山的各千戶軍隊；納牙阿為中軍萬戶。萬戶是最高統兵官。成吉思汗將原來的護衛軍擴充為一萬人，包括一千宿衛，一千箭筒士，八千散班，從各千戶、百戶、十戶那顏和白身人子弟中選身體健壯、有技能者充當。護衛軍職責是保衛大汗金帳和跟隨大汗出征，平時分四隊輪番入值，因此總稱四怯薛，由「四傑」博爾尤、博爾忽、木華黎、赤老溫四家子弟任四怯薛之長。大汗直接掌握這一支最強悍的軍隊，足以「制輕重之勢」，控御在外的諸王和那顏。又設立了「治政刑」的札魯忽赤（斷事官）一職，掌管民戶分配和審斷案件，命養弟失吉忽禿忽擔任，這是蒙古國的最高行政官。千戶制、怯薛制和斷事官的設置，是蒙古國初建時最重要的三項制度。按照傳統的分配財產習慣，成吉思汗將一部分蒙古民戶分封給其弟、子，各得一份子。後來又劃分了諸弟和諸子的封地。弟搠只哈撒兒封地在也里古納河（今額爾古納河）、海剌兒河和闊連海子（今內蒙古呼倫湖）地區，合赤溫封地在兀魯灰河（今內蒙古東烏珠穆沁旗烏拉根果勒）南北，鐵木哥斡赤斤封地在哈勒哈河以東，別里古台封地在怯綠連河（今克魯倫河）中游，總稱東道諸王；子尤赤、察合台、窩闊台封地在按台山以西，總稱西道諸王。分民和封地均由受封宗王世代承襲，管

轄分民的千戶那顏即成為所屬宗王的家臣。大部分民戶和蒙古中心地區歸成吉思汗領有，按照傳統的幼子守產習慣，由幼子拖雷繼承。蒙古人原來沒有文字，蒙古高原西部的乃蠻人使用畏兀兒文。蒙古滅乃蠻後，即借用畏兀兒字母書寫蒙古語，從此有了蒙古文，用來發佈命令、登記戶口、記錄所斷案件和編集法律文書，使蒙古人的文化大大提高了一步。蒙古人原有許多從古代相傳下來的約孫（意為道理、體例），成吉思汗滅克烈部和建國以後，又相繼發佈了一系列札撒（意為法令）。1219 年，成吉思汗召集大會，重新確定了札撒、約孫和他歷年的訓言，命用蒙古文記錄成卷，名為《大札撒》。其後每代大汗即位或處理重大問題，都必須依例誦讀《大札撒》條文，以表示遵行祖制。

　　成吉思汗建國以後，就開始向鄰境發動掠奪性戰爭。1205年、1207 年和 1209 年三次攻入西夏，迫使西夏稱臣納貢。西夏既降，接着全力攻打金朝。1211 年，成吉思汗統兵攻入金西北路邊牆，取昌州（今河北沽源九連城鎮）、桓州（今內蒙古正藍旗北郊）、撫州（今河北張北）等山後諸州，於野狐嶺（在今河北萬全西北）北擊潰金三十萬守軍，追至澮河堡，殲其大半。1213 年，於懷來再滅金軍精銳。因居庸關防守堅固，成吉思汗採用迂迴戰術，率主力從紫荊口入關，進圍中都（今北京）。同年，分兵三道南下，破黃河以北數十州縣，大肆殺掠。1214 年，金宣宗獻公主、金帛請和，乃退駐魚兒濼（今內蒙古克什克騰旗達里諾爾）。金宣宗南遷汴京（今河南開封），駐守中都南的糾軍叛金降蒙，蒙古軍再入。1215 年，攻佔中都，置達魯花赤（所

在地方、軍隊和官衙的最大監治長官）等官
鎮守，成吉思汗退回漠北。1217 年，封木
華黎為太師國王，命統汪古、弘吉剌、亦乞
列思、忙兀、兀魯諸部軍以及投降的契丹、
女真、糺、漢諸軍，專責經略中原漢地。木
華黎逐漸改變以前肆行殺掠、得地不守的做
法，着重招降和利用漢族地主武裝攻城略
地。1217～1229 年，除先已歸降的永清
土豪史秉直父子兄弟等外，易州（今河北易
縣）張柔、東平嚴實、濟南張榮、益都李全
等地方武裝頭目相繼降蒙，兩河、山東大部
分地區為蒙古所佔。蒙古對各地歸降的官
僚、軍閥，多沿用金朝官稱，授以元帥、行
省等官銜，使世襲其職，在其所獻地繼續統
軍管民，稱為世侯。

蒙古騎士圖

　　1217～1218 年，蒙古相繼征服北境
的火里、禿麻諸部（在今貝加爾湖地區）、
吉利吉思及其他森林部落，攻滅被乃蠻貴族
屈出律所篡奪的西遼政權。1219 年，以花
剌子模殺害蒙古商隊和使臣為理由，成吉思
汗親統大軍西征，分兵攻下諸城，進圍其新
都撒麻耳幹（今烏茲別克斯坦撒馬爾罕）。
花剌子模國王摩訶末先已棄城逃亡，成吉思

汗遣哲別、速不台率軍追趕，摩訶末避入寬田吉思海（今裏海）中島上，病死。1221 年，朮赤、察合台、窩闊台攻克花剌子模舊都玉龍傑赤（今土庫曼斯坦庫尼亞-烏爾根奇）；成吉思汗與幼子拖雷分兵攻取呼羅珊（今阿姆河以南興都庫什山脈以北地區）諸城，繼而會師擊潰花剌子模新王札蘭丁的軍隊於印度河上，札蘭丁退入印度。1223 年，成吉思汗置達魯花赤等官鎮守撒麻耳幹，率軍回蒙古。哲別、速不台軍在抄掠波斯各地後，越過太和嶺（今高加索山），攻入欽察，1223 年，於阿里吉河（在今烏克蘭日丹諾夫北）戰役中擊潰斡羅思諸國王公與欽察汗的聯軍，進掠斡羅思南境，又轉攻也的里河（俄羅斯伏爾加河的突厥名，又譯亦的勒）上的不里阿耳國，然後東返蒙古。

1226 年，成吉思汗又出兵攻西夏，連取肅（今甘肅酒泉）、甘（今甘肅張掖）等州，於靈州（今寧夏靈武西南）附近黃河邊殲滅西夏主力，進圍中興府（今寧夏銀川）。1227 年，西夏國主李晛投降。同年七月，成吉思汗病逝軍中，幼子拖雷監國。

窩闊台統治時期

1229 年蒙古貴族大聚會，遵照成吉思汗遺命推舉窩闊台為大汗。窩闊台即位後，決定親征金朝，遣大將搠里蠻（又譯綽兒馬罕）往征波斯。時札蘭丁已從印度回波斯，花剌子模舊將及各地諸侯奉他為主，據有波斯西部。搠里蠻急速進兵，1230 年冬抵阿塞拜疆，札蘭丁從都城桃里寺（今伊朗東阿塞拜疆大不里士）出奔，次年，為曲兒忒人所殺。搠里蠻軍留鎮波斯，攻打諸

國，谷兒只（今格魯吉亞）、亞美尼亞、魯迷（小亞細亞的塞爾
柱突厥王國）等國先後歸附蒙古。搠里蠻死後，由拜住那顏代領
其軍。

　　1231年，窩闊台與諸王在官山（今內蒙古卓資北）會議攻
金方略，議定分兵三路南下，約次年春會師汴京。窩闊台自統中
路軍經山西取河中府（今山西永濟），由白坡（在今河南孟州西
南）渡河，進屯鄭州；鐵木哥斡赤斤統東路軍由濟南進兵；拖雷
統右翼軍，按成吉思汗遺策假道宋漢中地，沿漢水東下，由鄧州
（今屬河南）入金境。1232年初，拖雷於鈞州（今河南禹州）南
三峰山擊潰金軍，北上與窩闊台會合，攻汴京。三月，窩闊台、
拖雷北還，留速不台統兵圍汴，久攻不克。同年底，汴京城中糧
盡援絕，金哀宗出奔歸德（今河南商丘）。次年初，金元師崔立

1229年，經蒙古諸王貴
族的忽里台選舉，窩闊台
（1186～1241）即大汗位，成
為大蒙古國第二位君主。因他
在蒙古歷史上首稱合罕（意為
大汗），故元代詔令、公文中
「合罕」（又譯哈罕、恆罕）一
詞習慣上便是他的專門稱號。

殺汴京留守，獻城投降。蒙古軍追圍金哀宗於歸德，金哀宗又逃
往蔡州（今河南汝南）。都元帥塔察兒率蒙古軍及漢軍萬戶史天
澤等部進圍蔡州，並遣王檝出使南宋，約請出兵共同滅金。宋將
孟珙自襄陽提兵北上，攻取唐（今河南唐河）、鄧兩州，抵蔡州，
與蒙古軍分攻南、北城。1234 年初，城破，金哀宗自殺，金亡。
在攻金同時，蒙古還多次發兵入侵高麗。1233 年，據有遼東的
東真國也為蒙古所滅。

　　滅金後，蒙古宗王、貴族大會，籌劃進兵南宋和遠征西域，
繼續進行征服戰爭。1235 年，窩闊台遣其子闊出統兵攻宋荊襄
地區，闊端統兵攻四川，對南宋的戰爭從此開始。同年，窩闊台
又召集大會，定議遣各支宗王長子統兵，出征欽察、斡羅思等
國。萬戶以下各級那顏亦以長子從征；以拔都為西征軍統帥，速
不台為先鋒。1237 年，蒙古軍滅不里阿耳、欽察，攻入斡羅思。
三年之中，蹂躪了大部分斡羅思國土。1241 年，拔都分兵兩路，
侵入孛烈兒（波蘭）、馬札兒（匈牙利）。蒙古軍在里格尼茨（今
波蘭西部）一役，大敗孛烈兒、捏迷思（德意志）聯軍，歐洲震
動。1242 年，拔都聞窩闊台死訊，率軍東返，留駐也的里河下
游，統治所征服的欽察、斡羅思等地區。

　　窩闊台在位期間，大蒙古國的政治、經濟制度逐步完備。
1229 年，制定了蒙古民戶的羊馬抽分及其他差發制度，限制諸
王、那顏任意科取；進一步健全驛站制度，從各千戶簽調站戶當
役，規定使臣往來需經由驛路，以免騷擾沿途百姓，乘驛者需
持有牌子文字，方許付給驛馬、飲食；又命人在沙漠地區掘井，

耶律楚材
（1190～1244）

小·鏈·接

13世紀蒙古國大臣。字晉卿。契丹人。遼太祖耶律億九世孫。自幼就學，博覽群書，旁通天文、地理、律曆、術數及釋老、醫卜之說。他曾追隨成吉思汗多年，被當作書記官和占卜星相家使用，雖為親近，但未能施展其才。窩闊台執政時期受到重用，他在政治、經濟、文化等方面提出了一系列有利於中原封建經濟恢復和發展的政策與措施。經濟上通過在中原設立十路課稅所，每年為蒙古政權徵收到大量財賦。政治上既反對蒙古諸王功臣「裂土分民」，又限制割據各地的漢族武裝地主所掌握的軍、政、司法、經濟權力，制定和實行了一些加強中央集權的措施。文化上推行了保護、優待、任用儒士的政策。在窩闊台晚年及去世之後，耶律楚材漸被排擠。不久，抑鬱而死。

以擴大牧場。1235 年，簽調漢族工匠，於斡耳寒河（今蒙古鄂爾渾河）旁建立哈剌和林城廓，作為都城。對所征服的定居農業地區，其統治和剝削方式也作了初步改革。窩闊台即位後，即採納耶律楚材的建議，在中原漢地實行徵稅辦法，規定「漢民以戶計，出賦調」，以耶律楚材主管其事。1230 年，設立十路課稅所，專掌徵收錢穀。1234 年滅金後，下令檢括中原民戶，命失吉忽禿忽為中州斷事官，主持括戶，次年，各路同時編籍戶口，總數一百一十多萬戶，稱為乙未（1235）戶籍。按照蒙古分封制度，窩闊台將一部分中原州縣民戶分賜給諸王、貴戚、功臣為食邑，計七十多萬戶，其餘民戶則作為皇室共有財產，直屬大汗政府。又採納耶律楚材建議，規定受封貴族只在分地置達魯花赤監臨，由朝廷設官徵賦，按其應得份額頒給。分民每兩戶出絲一斤納於政府，每五戶出絲一斤納於受封者，稱為五戶絲。同時制定了各類人戶的丁稅、地稅以及商、鹽諸稅之法。在西域地區，實行徵收丁稅的辦法，以花剌子模人牙老瓦赤主管其事，並先後設立了管理河中和呼羅珊等地的行政機構。窩闊台晚年信用回回商人，任命牙老瓦赤為中州斷事官，准許富商奧都剌合蠻撲買中原課稅，加倍搜括中原人民。1241 年窩闊台去世，皇后乃馬真氏稱制，政事愈壞，對人民的剝削更加沉重。

從貴由到蒙哥

　　1246 年，窩闊台長子貴由立為大汗。拔都與貴由不和，藉

口患病不參加選汗大會。蒙古皇室的內訌開始激化。次年，貴由任命親信大臣野里知吉帶為西徵軍統帥，授以統轄波斯及其以西諸地的全權。1248 年，貴由親率護衛軍西行，聲言到葉密立養病。拖雷妻唆魯禾帖尼認為貴由此行當是謀攻拔都，祕密遣人向拔都報信。拔都嚴兵為備。三月，貴由死於橫相乙兒之地（今新疆青河東南），皇后斡兀立海迷失攝政。時拔都駐兵於其封地東境，召集諸王會議，推舉拖雷長子蒙哥為大汗。察合台、窩闊台兩系諸王拒不參加會議，亦不承認其推選有效。次年，蒙哥又於怯綠連河上游成吉思汗大斡耳朵之地召集大會，察合台、窩闊台兩系再次抵制，拖延了兩年。1251 年，到會的東西道諸王、諸將始定議奉蒙哥即位。窩闊台孫失烈門、腦忽和脫脫三人率其部屬密謀來襲，謀泄被捕。蒙哥開始鎮壓兩系政敵，殺斡兀立海迷失及貴由親信大臣鎮海、野里知吉帶等，將失烈門等三王發配軍前效力。

自窩闊台去世後，蒙古統治集團內部爭奪汗位的鬥爭愈演愈烈，選汗大會一再推延，以致大汗之位兩度虛懸約八年。在這期間諸王貴戚各自為政，濫發牌符，遣使四出，徵斂珠寶財物。斡脫商人各持令旨，恃勢勒索。蒙哥即位後，極力恢復大汗的權威和政令的統一。他下令整飭民政，盡收舊發牌符；加強漢地、中亞和波斯三大行政區的統治機構（漢文史籍稱為燕京、別失八里、阿姆河三行尚書省）。又命弟忽必烈總領漠南漢地軍國庶事，統兵南征大理、南宋；命弟旭烈兀總領波斯之地，統兵西征未服諸國。1252 年起，在全蒙古國範圍內重新進行戶口登記，

編造籍冊，並再次分封諸王貴族。

忽必烈受命後，即南駐金蓮川（在灤河上源），建立藩府，繼續招聘漢族知識分子為謀士，訪問治道。他採納劉秉忠、張文謙、姚樞、史天澤等人意見，奏准設立邢州安撫司和河南經略司，整頓地方行政，設立屯田。1253 年，統兵征大理，以為迂迴包抄南宋之計。分軍三路，取道吐蕃之地，過大渡河，抵金沙江，降摩些（納西族）部。十二月，克大理城，用劉秉忠、姚樞之策，下令禁止殺掠。留兀良合台繼續征討雲南諸部，自己班師北歸。1254 年，在所受京兆分地設立關中宣撫司加以治理。1256 年，命劉秉忠於灤河上游選地建城，營造宮室，名為開平。

旭烈兀軍於 1256 年消滅盤踞波斯北部諸山寨的「木剌夷國」（阿拉伯語音譯，意為異端者，此指伊斯蘭教亦思馬因派）；1258 年攻陷報達（今伊拉克巴格達），滅回回哈里發（伊斯蘭教領袖的稱號，阿拉伯語意為繼承者。此處指阿拔斯朝）。次年，旭烈兀分兵三路侵入敘利亞。

蒙哥於 1257 年親統大軍征南宋。他自領西路軍攻四川，命宗王塔察兒統東路軍攻荊襄、兩淮。蒙哥見中原諸侯、士人歸心忽必烈，關中、河南財賦又多為藩府所得，甚為猜疑，便奪忽必烈兵權，不使領兵出征，並遣大臣阿藍答兒等到陝西主管政務，鉤考關中、河南錢穀，盡罷忽必烈所置宣撫、經略諸司。1258 年七月，蒙哥入川，與原在四川掌管軍事的蒙古都元帥紐璘、漢軍萬戶劉黑馬、鞏昌總師汪德臣等合兵，沿嘉陵江南下。南宋守臣憑險抵抗。1259 年二月，蒙哥率軍圍合州釣魚山（今重慶合

川東），連攻五月不克。

　　塔察兒所統東路軍略地至長江，無功撤回，蒙哥不得已於
1258年底改命忽必烈統率。1259年春，忽必烈會東路諸王、
將領於邢州；七月，至汝南，申明軍令，戒諸將勿妄殺，並使楊
惟中、郝經等宣撫江淮。同月，蒙哥病逝於釣魚山下。忽必烈得
知蒙哥死訊，仍繼續渡淮南下，進圍鄂州。這時，留鎮漠北的阿
里不哥力圖乘機控制漠南，發諸部兵直趨關隴，並派親信至燕京
掌管漢地政務，簽諸道軍。忽必烈恐阿里不哥先踞汗位，遂採納
郝經等人建議，與南宋賈似道密訂和約，立即回師北歸。

　　1260年春，旭烈兀在敘利亞得到蒙哥死訊，也引軍退回波
斯，留先鋒怯的不花繼續征進。九月，怯的不花軍在阿音榨魯特
（今耶路撒冷北）被密昔兒（今埃及）軍擊潰，蒙古西征之役至
此告一段落。

元朝的統治

元王朝的建立

　　1260年三月，元世祖忽必烈在開平召集忽里台，即大汗
位，建元中統，任用漢地士人，建立起中書省、十路宣撫司以及
負責中原漢地政務的燕京行中書省等行政機構，鞏固了在中原地
區的統治地位。阿里不哥也在漠北召開忽里台，稱汗，據有漠北
地區。駐軍六盤山的蒙古軍主帥渾都海、奉蒙哥命主管陝西政務

的劉太平，以及四川蒙古軍的一些將領，擁護阿里不哥為汗，企圖以秦蜀之地響應。忽必烈遣廉希憲為京兆等路宣撫使，急馳赴任，殺劉太平、霍魯海和四川軍中附阿里不哥的將領。不久，諸王合丹、汪良臣等合軍，擊敗渾都海和逾漠南下應援的阿藍答兒，於是完全控制了關隴川蜀地區。同時，忽必烈親自率師北征，前鋒移相哥敗阿里不哥軍，迫使他退守吉利吉思。次年秋，阿里不哥又移師東還，襲敗移相哥，大舉南進，與忽必烈激戰於昔木土腦兒，雙方死傷相當，各自退兵。因忽必烈切斷了漢地對漠北的物資供應，阿里不哥陷於窘境，便派阿魯忽（察合台孫）前往主持察合台兀魯思。但阿魯忽取得汗位後，拒絕向阿里不哥提供物資，並扣留其使者，於是阿里不哥舉兵西擊阿魯忽，殘破亦列河（伊犁河）流域。至元元年（1264），阿里不哥眾叛親離，勢窮力竭，向忽必烈投降。至此，忽必烈終於控制了嶺北局勢，並將勢力伸入畏兀兒地區。

忽必烈在與阿里不哥爭位戰爭之初，即已承認旭烈兀對阿姆河以西土地的統治權，原來由大汗直接領有的波斯諸地遂變為大汗的宗藩伊利汗國。伊利汗國與立國於欽察草原的朮赤後王之間又為領土爭端爆發了長期戰爭。大蒙古國分裂了。

中原漢地成為忽必烈政權的重心，他順應時勢，全面推行「漢法」，改革蒙古統治者對漢地的統治方式。1262年，山東行省大都督李璮趁北邊有戰事，結宋為外援，佔據濟南，並企圖策動華北各地諸侯響應。忽必烈調集重兵圍攻濟南，七月城破，李璮被殺。忽必烈因勢利導，罷世侯，置牧守，分民、兵之治，

廢州郡官世襲，行遷轉法。由於中原各地數十年專制一方的大小
諸侯的勢力受到限制和削弱，中央集權獲得加強。中統、至元之
初，元廷博採漢族士大夫建議，遵循中原傳統制度，同時也採取
了充分保障蒙古統治者特殊權益的各種措施，大體奠定了元朝一
代政制的規模。中統四年（1263），以開平為上都。至元元年，
升燕京為中都。四年，始於中都舊城東北建造新城。至元八年
十一月，詔告天下，正式建國號大元。九年，升中都為大都①。

統一全國

　　北方政局穩定後，忽必烈決定採用南宋降將劉整建議，先拔
襄陽，浮漢水入長江，進取南宋。至元五年（1268），命阿朮、
劉整督師，圍困隔漢水相望的襄、樊重鎮，襄樊軍民拒守孤城達
六年。至元十年初，元軍攻下樊城，襄陽守帥呂文煥出降。次年
六月，忽必烈命伯顏督諸軍，分兩路大舉南進。左軍由合答節
度，以劉整為前鋒，由淮西出師。伯顏本人與阿朮領右軍主力，
九月，自襄陽出發，沿漢水入長江；同時，命董文炳自淮西正陽
南逼安慶，以為呼應。十二月，元水師入長江，克宋江防要塞陽
邏堡。宋漢鄂舟師統帥夏貴遁，漢陽、鄂州宋軍降。伯顏分兵留

① 大都：位於今北京市。建於世祖至元元年至九年（1264～1272）。是以中都
東北的園林區為中心建設起來的。春秋時燕國即在此建有薊城，遼南京、金中都
也建於此。明初大都宮殿被拆毀，城市也有部分變動，但明清北京都是在大都的
基礎上改建的。

阿里海牙經略荊湖，自領水陸大軍順流而東，以呂文煥為前鋒。宋沿江諸帥多為呂氏舊部，皆不戰而降。十二年二月，賈似道被迫督諸路精兵，抵禦元軍。這時，他仍企圖奉幣稱臣議和，被伯顏拒絕，只好在池州下游丁家洲勉強與元軍會戰。因宋軍內部不和，一觸即潰。同年秋，伯顏從建康（今江蘇南京）、鎮江一線分兵三路趨宋都臨安（今浙江杭州）。十三年正月，宋幼帝趙㬎上表降元，宋亡。十六年，元軍完全佔領四川，又追滅南宋衛王於崖山，完成了全國的統一。元朝的統一，結束了自唐末藩鎮割據以來國內的南北對峙、五六個民族政權長期並存的分裂和戰亂局面，推動了多民族統一國家的鞏固和發展。

遠征海外

滅宋後，忽必烈對鄰近諸國發動了一系列的戰爭。至元十一年（1274），侵日軍無功而還。十八年，又分兩路進攻日本，由唆都率蒙古、漢軍、高麗軍從高麗東渡對馬海峽，范文虎率新附軍（元政府收編的南宋軍隊）從慶元（今浙江寧波）浮海北進。元軍在日本鷹島遇颶風，戰船多壞，將卒溺死者眾，又遭日軍掩殺，幾乎全軍覆沒。十九年，遣唆都從廣州渡海攻佔城（印度支那古國，位於中南半島東南沿海地帶），連戰逾年。二十一年至二十二年，鎮南王脫歡（忽必烈子）發兵侵安南（今越南北部），命唆都從占城北上助戰，南北夾攻。安南王撤離都城，其主力走匿山林，避免與元軍決戰；待元軍疲憊，又出而攻擾。五月，

脫歡因暑雨不止、瘟疫流行，被迫退師。唆都戰死。二十年、二十三年，元兵兩次從雲南出侵緬國（今緬甸），二十四年，進至蒲甘，迫緬國定歲貢方物後退回。同年再侵安南，次年以糧盡師老北還。二十九年十二月，史弼、亦黑迷失、高興從泉州起航出侵爪哇（今印度尼西亞爪哇島）。爪哇統治者降元，並請元軍助討其敵國葛郎，打敗葛郎王以後復舉兵拒元，元軍力竭退師。

各族人民的反抗鬥爭

從攻南宋以來，連年戰爭，加以宮廷廩祿、宗藩歲賜，都需要巨額經費來支持。忽必烈急於解決國用不足的問題，因而日益信用以「理財助國」邀寵的大臣阿合馬、盧世榮、桑哥等人主持國政。至元七年至九年、二十四年至二十八年間，兩次設尚書省綜理財用。尚書省的理財政策主要包括：增加稅收，興鐵冶，鑄農器官賣，「括勘」（追還被私人、寺院奪佔的南宋公田，起徵田賦），「理算」（追徵各地歷年積欠的錢糧），變更鈔法等，使國家的收入顯著增加。但由於吏治腐敗，專注搜刮，流於橫徵暴斂，成為阻礙社會經濟發展的重要原因之一。同時，為了對外戰爭，打造東征海船，沿海和江南地區徭役徵發日益加重。人民不堪沉重的封建剝削與壓迫，紛紛起義。至元二十年，江南各族人民起義凡兩百餘起，二十六年更增至四百餘起。在這前後，爆發了廣州歐南喜、黎德和福建黃華、鍾明亮等人領導的幾次規模較大的起義。

與北方諸王之戰

　　至元初年，忽必烈鞏固對中原漢地的統治後，立即着手恢復大汗對西道諸王的政治控制。他詔令窩闊台後王海都入覲，把察合台系諸王八剌從朝廷派回察合台兀魯思，控制當地局勢。海都拒不入朝，至元五年，在按台山挑起兵端。返回中亞奪得察合台兀魯思汗位的八剌也為爭奪斡端（新疆和田）與元朝開戰。六年，海都、八剌和朮赤後王忙哥帖木兒在答剌速河谷舉行忽里台，劃分各自在中亞草原的勢力範圍及河中農耕區的財賦收入，聯合反對大汗和伊利汗阿八哈。至元八年，忽必烈命皇子北平王那木罕出鎮阿力麻里。此後，元政府採取置驛、遣使安撫、設畏兀兒斷事官等措施，不斷加強對天山南北的統治，企圖相機西進。十三年，那木罕所部宗王昔里吉（蒙哥子）等叛，械系那木罕與安童，逾按台山佔領吉利吉思，並於次年分道東進。八月，伯顏率元軍破昔里吉於鄂爾渾河。戰事延續五年之久，元軍雖收

13世紀泥金寫本：敵對的兩個蒙古部落在戰鬥

復嶺北，海都在畏兀兒之西的勢力卻迅速發展起來。二十二年，海都擁立的察合台兀魯思汗篤哇（八剌子）圍畏兀兒都城火州，大掠後退兵，以後又連續進犯畏兀兒地區。二十四年，東道諸王以斡赤斤後王乃顏為首，又在遼東叛亂。忽必烈親征，敗叛軍主力，擒乃顏。次年，諸王合丹等復叛，被元軍擊潰東逃，數年後敗亡。二十五年，海都、篤哇舉兵東犯，二十六年春，掠稱海，至杭海山，擊敗鎮邊宗王那木罕以及甘麻剌（忽必烈孫），進據和林。忽必烈最後一次率軍親征，復和林，留伯顏鎮守。至元之末，元政府已明顯地收縮了天山南部的防線，而在嶺北卻順利地將海都逐過按台山，牢固地掌握了祖宗「肇基之地」。

至元三十一年正月，忽必烈在大都去世，廟號世祖。皇太子真金先死，其子鐵穆耳受皇太子寶，撫軍於漠北，聞報趕回上都，大會諸王宗親，四月即位，是為成宗。元貞二年（1296）秋，西北諸王藥木忽兒（阿里不哥子）、兀魯思不花（蒙哥孫）糧匱厭亂，歸投元廷。成宗得訊，遣土土哈載糧西迎。從大德元年（1297）至四年，元軍與海都、篤哇在北邊屢次交鋒。五年，海都、篤哇東逾按台山，下營於鐵堅古山。皇侄海山與大將牀兀兒、晉王甘麻剌、太師月赤察兒合力苦戰。海都先勝後敗，受傷後與篤哇退出嶺北，在這年秋冬之間病死。

成宗「守成」

元成宗鐵穆耳稱帝前長年在北邊帶兵，即位五年多，對六部

官員尚「未知其人為誰」。但他委政於世祖舊臣完澤、不忽木、哈剌哈孫等人，罷征日本、安南之役，內政以奉行忽必烈成規為務，國家相對安定，因而被稱為守成之君。這時對諸王宗親的賜予為數日巨，一年修佛事五百餘次，加上戰爭開支，國用匱乏，歲入不足，一再借支鈔本，財政方面始終未擺脫慢性危機。大德五年，元廷派劉深出侵西南八百媳婦（今泰國北部等地）。元軍沿途騷擾，道出順元（今貴州貴陽），向當地少數民族徵發丁役，勒索金錢和馬匹。土官宋隆濟和女土官蛇節舉兵圍劉深於窮谷，雲南行省東部人民皆起而響應。十一月，詔劉國傑往鎮。七年春，蛇節、宋隆濟先後被俘殺，南征之師亦罷。

大德七年，篤哇和海都之子、窩闊台兀魯思汗察八兒遣使請息兵，「通一家之好」。八年，元廷與篤哇、察八兒約和，各遣使臣偕往伊利汗朝宣諭和平。大汗雖完整地保有嶺北行省，但被迫承認了察合台兀魯思控制哈密力（哈密）以西地區的事實。此後除延祐年間曾與察合台兀魯思發生一次戰爭外，終元之世，西北邊地大體上安定無事。

「武仁授受」與南坡之變

成宗晚年連年患病，皇后卜魯罕掌權。大德十一年初成宗卒，因皇太子早死無後，卜魯罕與左丞相阿忽台等人相結，圖謀立鎮守河西、擁兵十五萬的安西王阿難答為帝，定於三月三日舉事。右丞相哈剌哈孫則祕密遣使北迎出鎮朔漠的懷寧王海山，南

迎被卜魯罕排擠出京的海山母弟愛育黎拔力八達。愛育黎拔力八
達母子先至大都,立即派李孟與哈剌哈孫祕密定議。三月二日,
愛育黎拔力八達率衛士入宮,誘執阿難答,誅阿忽台等,奉御
璽北迎海山。五月,海山至上都,大會諸王,處死卜魯罕、阿難
答,即帝位,是為武宗。次月,下詔立愛育黎拔力八達為皇太
子。海山長年撫軍北方,昧於政事,即位後斥去世祖舊臣哈剌
哈孫,對中書省進行大改組,幾乎全部改任自己的親信,政令
失當,朝政紊亂。國家的用人制度和財政制度都被破壞。即位
僅三個月,近臣獲得高官厚祿的約達九百人。為廣示恩寵,「遙
授」職銜,名爵冒濫,冗員充斥。世祖時樞密大臣六員,這時增
至三十二員。濫賞泛賜和建寺修佛事比前代更加沒有節制。殘
酷的剝削加上連年天災,農民破產流亡,僅江浙一省流民已達
一百三十多萬。為彌補國家財政虧空,至大二年(1309),詔乞
台普濟、樂實、三寶奴等立尚書省斂財,變更鈔法;稅課以大德
末舊額為率,增收三成以上。

　　至大四年正月,武宗卒。愛育黎拔力八達由東宮入總大政,
罷尚書省,殺樂實、三寶奴。五月,即位於大都,是為仁宗。他
受教於名士李孟十餘年,受漢文化影響較深,積極採取措施,力
圖改革朝政和吏治。如:嚴禁近侍擅傳聖旨;由朝廷派官任投下
份地達魯花赤,降諸王投下所任命者為副達魯花赤;規定吏員入
官只能升至從七品,並於皇慶二年(1313)下詔,恢復自宋亡
以後中斷了幾十年的科舉取士制度;延祐初,元廷還派人檢括
河南、江西、江浙等地漏隱田土,核實稅入。但由於官吏奉行過

延祐經理

　　元仁宗延祐年間在江南地區查勘田糧的行動。經理，即查核田土頃畝、理算租稅錢糧。延祐元年（1314），為檢括漏隱田產，追徵稅賦，增加財源，元仁宗採納章閭的建議，分別派章閭、你咱馬丁、陳士英等往江浙、江西、河南三省經理，由於各級官吏貪刻，且與地方富豪互相勾結，延祐經理成了流毒三省的一項暴政。各地相繼起義，雖被鎮壓，但仁宗也被迫下詔免去部分新稅。但實際上，許多地方都以這次經理確定的田土畝積登入籍冊，作為徵收賦稅的依據。

當，延祐經理變成對百姓的巧取豪奪，江西受害尤甚。延祐二年（1315）四月，寧都蔡五九舉眾起義。元廷調兩省兵力鎮壓，九月，蔡五九兵潰被殺。仁宗對母后答己奉命惟謹，答己得肆意干預朝政，擢升貪奸不法的私黨鐵木迭兒為中書省右丞相，勢傾朝野。仁宗對宗戚勛舊過於軟弱，在諸王壓力下不斷讓步。他還背毀傳位給武宗子嗣的誓約，誘逼武宗長子和世㻋出京就藩，在答己和鐵木迭兒參與下立己子碩德八剌為皇太子，從而引起海山舊部和一部分反對政治改革的蒙古貴族的不滿，也導致仁宗本人對答己及其黨羽的妥協。由於這些原因，仁宗後期，改革實際上中止了。

延祐七年正月，仁宗卒。鐵木迭兒先已罷職，答己下旨復任為中書右丞相，大肆更換省官，將私黨調進中書省，矯命殺害仁宗時參劾過他的前中書平章蕭拜住等人。三月，碩德八剌繼帝位，即英宗。英宗剛毅而思有作為，答己當初以為他柔懦易制，所以立為皇太子，此時深為後悔。五月，答己幸臣失列門等謀廢立事泄，英宗將他們盡加誅殺，以木華黎後裔拜住為中書左丞相。至治二年（1322）秋，鐵木迭兒和答己相繼病死。英宗擺脫掣肘，專任拜住，銳意於改革。朝廷召集有治國經驗的退職老臣，優其祿秩，使議事中書；行助役法，民田百畝抽三，以歲入助役；正式頒行《大元通制》，督責各級官吏遵循國家的政制法規，改變政令不一、罪同罰異的混亂現象；裁罷冗職，節省浮費，減免賦役，以舒農力。這時，拜住揭發了鐵木迭兒生前貪贓巨萬的舊案，追奪其官爵封贈，籍其家。時鐵木迭兒黨羽御史大

夫鐵失兼典左、右阿速衞親軍，遂與心懷不滿的蒙古宗戚密謀，欲刺殺英宗，並與撫軍漠北的晉王也孫鐵木兒（甘麻剌子）聯絡，相約事成後推他為帝。至治三年八月，英宗自上都南歸，駐蹕南坡（內蒙古正藍旗東北）。鐵失等以阿速衞為外應，入皇帝行帳，殺拜住，弒英宗，並於當夜馳回大都，收封省部印信，遣使奉玉璽至漠北晉王鎮所。九月，也孫鐵木兒在漠北即位，次年改元泰定，史稱泰定帝。

兩都之戰和燕鐵木兒專權

泰定帝在位五年。在他統治時期，元廷對貴族賜予益奢，興役造作益多，國家財源已呈枯竭，吏治更加腐敗。致和元年（1328）七月，他病死於上都。八月，留守大都的武宗親信燕鐵木兒（牀兀兒子）憑藉所掌怯薛發動兵變，控制大都，遣使迎武宗次子圖帖睦爾入京。同月，梁王王禪（泰定帝侄）、丞相倒剌沙奉泰定帝年幼的皇太子阿剌吉八即位於上都，改元天順，分諸道進攻大都。這時，圖帖睦爾已從藩所江陵北上，武宗藩邸舊臣、河南平章政事蔑里乞氏伯顏邀截經河南北解的國賦以為軍資，親自帶兵護送圖帖睦爾至大都。九月，圖帖睦爾即位於大都，改元天曆，並宣佈待長兄和世㻋歸自北邊將立即讓位。而遼東、關陝、川蜀等地先後起兵響應上都。兩都之戰發展成為大規模內戰。大都政權控制了財賦所從出的南方各省，實力佔據優勢。十月，大都所部軍乘上都守備空虛，從遼東出兵，襲圍之。

倒剌沙以城降，被誅。阿剌吉八不知去向。王禪兵敗被俘後賜
死。圖帖睦爾遣使迎異母兄和世㻋於北邊。天曆二年（1329）
正月，和世㻋受朔漠諸王奉戴，在和林北即帝位，是為明宗，隨
即啟程南返。三月，燕鐵木兒奉璽北迎明宗。明宗雖宣佈凡圖帖
睦爾所用百官並仍其舊，卻擢拔不少親信入省、院、台供職；他
的從官中有些人對燕鐵木兒「不為之禮」。這就使一心想專任獨
署的燕鐵木兒深懷怨懼。八月，明宗和自大都出迎的圖帖睦爾會
於旺忽察都之地（今河北張北）。僅數日，明宗中毒暴死。燕鐵
木兒立即帶着帝璽偕圖帖睦爾急馳上都。八月中，圖帖睦爾再次
即皇帝位於上都，是為文宗。

　　元文宗圖帖睦爾復位後，遍賞天曆之初為其效命的阿速軍
士，以燕鐵木兒獨任丞相，總裁天下事，甚至親祭燕鐵木兒生
祠。元廷嚴厲地鎮壓了企圖以明宗太子為名發動政變的蒙古貴
族，又動用數省兵力，歷時一年，平定了駐在雲南的蒙古諸王叛
亂。這時燕鐵木兒的威焰權勢遠遠超出了在他之前的任何一個元
朝權相，以致他的兒子唐其勢揚言「天下本我家之天下」。文宗
受制於燕鐵木兒之時，元朝國勢日趨衰微，處於迅速腐化之中的
統治階級在政治上已難以振作。儘管文宗本人對中原封建文化比
較熟悉和了解，所能做的不過是用「文治」來粉飾危機日益加深
的統治。文宗初即位，就建立奎章閣，集儒臣於閣中備顧問；又
置藝文監，以蒙古語翻譯儒書，刊刻經籍。至順二年（1331），
敕編《經世大典》書成。該書由趙世延、虞集先後主持修纂，是
記錄元朝一代制度故事的珍貴文獻。

　　至順三年八月，文宗卒，臨危遺詔立明宗之子為帝。燕鐵木兒利於立幼，於同年十月擁明宗次子懿璘質班為帝，是為寧宗。寧宗逾月而卒，時年七歲。燕鐵木兒在文宗后堅持下，被迫把被文宗放逐於靜江（治今廣西桂林）的明宗長子妥歡貼睦爾迎入京都，但遷延數月不肯立君。直到他因縱欲過度而死，妥歡貼睦爾才得在至順四年六月即位於上都，史稱順帝。

社會諸矛盾的激化

　　元朝末年，吏治腐敗，財政破產，軍備廢弛。燕鐵木兒死後，伯顏獨秉國政，政治勢力迅速擴大。中書省、樞密院官員大都出其門下，每罷朝，一擁而退，朝廷為之一空。他一次所受賜田多達五千頃。大批蒙古貴族、官僚通過受賜、佔奪等方式轉化為大土地所有者。漢族地主也大肆兼併土地。廣大農民在沉重的封建負擔下喪失土地，破產流亡。伯顏當權時，中原連年災荒，人口存亡相半，朝廷竟不加救濟。官吏勒索、賄賂公行，民間將他們與「賊」一樣看待。後至元間（1335～1340），廣東朱光卿、河南棒胡、四川韓法師、福建李志甫、江西彭瑩玉及周子旺等相繼舉眾起義；東北、西北、湖廣各族人民也起兵反元。以伯顏為代表的一部分蒙古貴族，企圖用加劇民族壓迫的政策來鎮壓以漢族人民為主體的反元鬥爭。忽必烈在位時，就將全國居民按種族、地域分為四等，對漢人，尤其是南人中的平民加以各種防範壓抑。這時，伯顏繼廢止科舉之後進一步下令禁止漢人、南

四等人制

　　元朝法定的民族等級制度。金朝任用掌管兵權、錢穀的官吏，即按民族規定了先女真、次渤海、次契丹、次漢兒四等級順序。元代，蒙古貴族為保持自己的特權地位和維護自己的統治，根據民族和被征服的先後分人為四等：第一等蒙古人為元朝的「國族」，蒙古統治者稱之為「自家骨肉」。第二等為色目人，概指除蒙古以外的西北各族、西域以至歐洲各族人。第三等為漢人（又稱漢兒），概指淮河以北原金朝境內的漢族和契丹、女真等族，以及較早為蒙古征服的雲南、四川兩省人。高麗人也屬於這一等。第四等為南人（又稱蠻子、囊加歹、新附人），指最後為元朝征服的原南宋境內（元江浙、江西、湖廣三行省和河南行省南部）各族。元朝統治者實行四等人制，在任用官吏、法律地位等方面都是不平等的，且對漢人、南人進行嚴密的軍事防制，最終使元朝的社會矛盾更加複雜、尖銳，從而加速了元朝的滅亡。

人學蒙古、色目文字，以阻塞他們的仕途；並揚言要殺張、王、
劉、李、趙五姓漢人。伯顏還企圖廢順帝另立。他的所作所為使
當時的社會危機更加深刻。至元六年，伯顏侄脫脫得到順帝支
持，乘伯顏出外行獵，將他貶黜。順帝起用脫脫當政，次年，改
元至正，宣佈「更化」，恢復科舉取士，開馬禁，減鹽額，修遼、
金、宋三史，政治一度較為清明。至脫脫第二次出任中書右丞相
時，國庫空虛，災荒頻仍，為解救危機，他變更鈔法，勒黃河回
故道以拯治河患，在京畿附近營田，募人佃種以救北方糧荒。但
這些都未能緩和已全面激化的社會矛盾，而開河、變鈔直接催發
了轟轟烈烈的元末農民大起義。

元末農民起義和元朝的滅亡

元末階級矛盾和民族矛盾的極端尖銳化，終於導致了元末農
民起義。這次起義規模大、時間久，以紅巾軍為主力的農民起義
軍沉重打擊了元朝在全國各地的統治，為朱元璋最後推翻元朝創
造了條件。

起義的爆發

至正四年（1344）五月，黃河暴溢，北決白茅堤、金堤（今
河南蘭考東北）。沿河州郡先遇水災，又遭旱災、瘟疫，災區人
民死者過半。黃河決堤後，沖壞山東鹽場，嚴重影響元朝政府的

國庫收入。十一年四月，順帝命賈魯為工部尚書、總治河防使，發汴梁（今河南開封）、大名等十三路十五萬民工及廬州（今安徽合肥）等十八翼兩萬軍隊，開鑿二百八十里新河道，使黃河東去，合淮河入海。時緊工迫，官吏乘機舞弊，人民痛苦更深。十年底，順帝又決定變更鈔法，濫發紙幣，造成物價飛騰。「開河」和「變鈔」促使元末社會矛盾進一步激化。

賈魯開河後，北方白蓮教首領韓山童及其教友劉福通等決定抓住這一時機，發動武裝起義。他們一面加緊宣傳「彌勒下生」「明王出世」，一面又散佈民謠「石人一隻眼，挑動黃河天下反」，並暗地裏鑿了一個獨眼石人，埋在即將挖掘的黃陵崗附近河道上。獨眼石人挖出後，河工們驚詫不已，消息傳出，大河南北，人心浮動。

至正十一年五月初，韓山童、劉福通、杜遵道、羅文素、盛文郁、韓咬兒等，聚眾三千人於潁州潁上（今屬安徽），殺黑牛白馬，誓告天地，準備起義。劉福通等宣稱山童為宋徽宗八世孫，當為中國主，福通自稱南宋名將劉光世後代，當輔之。山童發佈文告，稱：「蘊玉璽於海東，取精兵於日本；貧極江南，富稱塞北。」又打出「虎賁三千，直抵幽燕之地；龍飛九五，重開大宋之天」的戰旗，表示推翻元朝，恢復大宋的決心。不幸謀泄，遭到地方官鎮壓，韓山童被捕犧牲，其妻楊氏、子韓林兒逃到武安（今江蘇徐州）。劉福通等倉促起兵，於五月初三一舉攻克潁州（今安徽阜陽）。起義軍頭裹紅巾為標誌，故稱紅巾軍；起義軍多為白蓮教徒，燒香拜佛，故又稱香軍。紅巾軍佔領潁州

後，元廷遣樞密院同知赫廝、禿赤率阿速軍及各路漢軍前往鎮壓，被擊敗，接着，紅巾軍佔領亳州（今屬安徽）、項城（今河南項城南）、朱皋（今河南固始北）。九月，克汝寧府，又克息州（今河南息縣）、光州（今河南潢川），眾至十萬。江淮各地紛紛起兵響應。

元廷把劉福通領導的主力紅巾軍，視為「心腹大患」。至正十一年九月，順帝令知樞密院事也先帖木兒、衛王寬徹哥率諸衛兵十餘萬人前往鎮壓。十月，又派軍增援。十二月，元軍攻陷上蔡，韓咬兒被俘遇害。十二年三月，元軍屯兵汝寧沙河岸，被劉福通擊潰。但畏兀兒人察罕帖木兒、羅山人李思齊糾集地主武裝，號稱「義兵」，與紅巾軍為敵，對劉福通起義軍威脅很大。

劉福通在潁州發動起義成功後，對在江淮一帶從事祕密活動的南方白蓮教僧人彭瑩玉（又名彭翼）及其門徒鼓舞很大。至正十一年夏，彭瑩玉及其徒趙普勝等起兵巢湖，八月，麻城（今湖北麻城）鐵工鄒普勝、羅田布販徐壽輝等在蘄水（今湖北浠水）發動起義，他們宣傳「彌勒佛下生，當為世主」，攻克蘄水、蘄州（今湖北蘄春南）。十月，以蘄水為都，建立政權，國號天完，改元治平，徐壽輝稱帝，鄒普勝為太師，設中書省（稱蓮台省）及六部。天完政權建立後，分兵四出，從至正十二年正月開始，先後攻佔湖廣、江西、福建的許多地區，其中由彭瑩玉、項普略（又名項甲、項奴兒）率領的一支東去江州（今江西九江），到安徽，抵浙江，又折回浙西、安徽、江西，轉戰數千里，影響很大。南方紅巾軍提出「摧富益貧」的口號，具有很大號召力。至

正十三年十二月，元廷集中兵力攻陷天完的都城蘄水，徐壽輝等被迫遁入黃梅山及沔陽湖中。曾轉戰江浙一帶、擁有百萬之眾的巢湖水師也被迫退守巢湖。江淮的起義軍處於不利境地，起義進入低潮。

其他非紅巾軍系統的起義軍，以方國珍、張士誠兩支最強大，活動範圍最廣。鹽販方國珍，早在至正八年春即起義於台州黃岩（今屬浙江），聚集數千人，劫奪漕運糧，扣留元海運官員。元廷招降，國珍屢降屢反。鹽販張士誠於至正十三年正月，與其弟士義、士德、士信及李伯升等十八人，招集鹽丁，起兵反元，乘勝攻下泰州，連克興化、高郵。十四年正月，自稱誠王，國號大周，改元天祐。九月，脫脫總制諸王各愛馬（意為封地）、諸省各翼軍馬，出征高郵，號稱百萬。高郵正危在旦夕時，脫脫受到中書平章哈麻等彈劾，被免職流放，元廷另以河南行省左丞相太不花等代領其兵。由於臨陣易將，元軍不戰自潰，張士誠則乘機出擊，元軍解體。從此元軍喪失了優勢。

起義的發展和失敗

高郵之戰對整個戰局發生了有利於農民起義軍的變化。北方紅巾軍從至正十五年（1355）開始主動出擊。二月，劉福通將韓林兒從碭山夾河迎至亳州，建立北方紅巾軍的政權——宋，建元龍鳳。韓林兒為帝，又號「小明王」。中央設有中書省、樞密院、御史台和六部，地方設行省。以杜遵道、盛文郁為丞相，羅

文素、劉福通為平章，福通弟劉六為知樞密院事。杜遵道擅權，為劉福通所殺，福通為丞相，封太保。從十六年起，福通分兵出擊，三路北伐。

至正十六年九月，李武、崔德率領的西路軍猛攻潼關。次年初，李武、崔德佔領商州（今陝西商洛商州區），二月，進逼陝西行省首府奉元（今陝西西安）。元廷令察罕帖木兒、李思齊等解圍，紅巾軍戰敗。閏九月，白不信、大刀敖、李喜喜等入陝，奪取興元路（今陝西漢中），又克秦（今甘肅天水）、隴（今陝西隴縣），進據鞏昌（今甘肅隴西）。十月，紅巾軍攻鳳翔（今陝西鳳翔），察罕帖木兒往援，紅巾軍失利。十八年，一部分西路紅巾軍在李喜喜等率領下進入四川，稱「青巾」，後投奔陳友諒。李武、崔德等向李思齊投降。

東路軍由毛貴率領。毛貴原是趙君用的部將，至正十七年二月，從海寧州（今江蘇連雲港西南）由海道入山東，連克膠州（今屬山東）、萊州（今屬山東）、益都路（治今山東青州）、濱州（今山東濱州西北）、莒州（今山東莒縣）等地。七月，元鎮守黃河義兵萬戶田豐響應毛貴起義。十八年二月，毛貴攻克濟南。至此，山東各地大部分已為毛貴、田豐所佔領。宋政權在山東設益都等處行中書省，以毛貴為平章。毛貴設「賓興院」，選用以前的元官，並派姬宗周等為地方官，又於萊州屯田，以儲備糧食。官民田十收二分。在攻克濟南後，毛貴進軍河北，三月，克薊州（今天津薊縣），至漷州棗林、柳林（均在今北京通州境內），進逼大都。但因孤軍深入，敗於柳林，遂退

元代馬車陶俑

師濟南。十九年四月，淮安趙君用奔山東，殺毛貴。七月，轉戰
至遼陽的毛貴部將續繼祖折回益都，殺趙君用。山東紅巾軍各部
由於自相仇殺，從此一蹶不振。二十一年夏，察罕帖木兒進攻山
東，田豐、王士誠等投降。十月，察罕帖木兒進圍益都，毛貴原
部將陳猱頭等堅守。次年六月，田豐、王士誠殺察罕帖木兒。察
罕帖木兒養子擴廓帖木兒襲父職，繼續圍攻益都。十一月，益都
陷。田豐、王士誠被殺，陳猱頭被俘送大都。山東紅巾軍被鎮壓
下去。

中路軍由關先生（即關鐸）、破頭潘（即潘誠）、馮長舅、
沙劉二等率領。至正十七年九月，越太行山，進入山西。至正
十八年二月，毛貴遣其部將王士誠、續繼祖等與中路軍會合。
由於元軍在山西、河北的兵力很強，中路軍的主力轉向晉北，原
擬由山西入河北，與毛貴軍會合的計劃未能實現。九月，關先
生等克完州（今河北順平）。十月，佔領大同、興和（今河北張
北）等路。十二月，克上都，破全寧路（今內蒙古翁牛特旗烏丹
城）、遼陽路（今遼寧遼陽）。十九年十一月，紅巾軍進入高麗。
二十二年正月，關先生、沙劉二等在高麗戰死，餘眾在破頭潘率

領下敗退遼陽。四月，破頭潘在遼陽被俘。

在三路北伐的同時，劉福通也開始出擊。至正十八年五月，劉福通攻佔汴梁，定為宋政權都城。這時，北方紅巾軍出現了鼎盛局面。但由於三路北伐相繼失利，形勢逆轉。察罕帖木兒和孛羅帖木兒率領的兩支元軍，對宋政權的包圍進一步緊縮。十九年八月，汴梁城破，劉福通保護韓林兒衝出重圍，逃奔安豐。

至正二十三年二月，早已佔領了濠州的張士誠，趁安豐空虛之機，遣其將呂珍進攻安豐。劉福通等頑強抵抗，小明王遣人向朱元璋求救，朱元璋率軍救出小明王等，安置在滁州。二十六年十二月，朱元璋部將廖永忠迎歸小明王至應天，途經瓜步，將其沉死。宋亡。

南方紅巾軍在元軍高郵大敗後，乘機吸收了一部分元軍，壯大了自己的隊伍。至正十五年正月，天完將倪文俊率領紅巾軍佔領沔陽。十六年正月，天完政權據漢陽為都，以倪文俊為丞相，改元太平。十七年九月，倪文俊謀殺徐壽輝篡奪帝位沒有成功，自漢陽逃奔黃州，被部將陳友諒殺死。陳友諒奪得軍權後，把進攻重點放在東南，十八年正月，與巢湖水師趙普勝攻克安慶，乘勝連克江西、福建許多地區。陳友諒為篡奪天完帝位，於十九年九月先殺趙普勝，同年底，又逼徐壽輝徙都江州，伏殺其部屬，自稱漢王。二十年五月，陳友諒攻佔太平，殺害徐壽輝，自稱皇帝，國號大漢，改元大義。閏五月，陳友諒出兵集慶，企圖一舉消滅朱元璋，卻在龍灣中伏大敗而歸。

陳友諒殺徐壽輝後，天完隴蜀省右丞明玉珍在四川重慶稱

隴蜀王,脫離陳友諒獨立。至正二十二年三月建國大夏,改元天統,自稱皇帝,佔據全蜀,進兵雲、貴,但在進攻盤踞於雲南的元梁王時,不利而退。

張士誠在高郵轉危為安後,至正十六年二月,攻克平江路(今江蘇蘇州),改平江路為隆平府。分兵克常州、松江、湖州、杭州。這時朱元璋的軍隊已克集慶,勢力向東伸張,兩軍發生交戰。十七年,朱元璋連克長興、常州、泰興、江陰、常熟等地,張士德也在常熟為朱元璋軍擒獲。張士誠投降元朝,被封為太尉。他在軍事上繼續與紅巾軍為敵,在政治、經濟上支持元朝統治,生活上腐朽墮落。他趁宋政權三路北伐的時機,勢力擴張到濟寧、濠州一帶。二十三年春出兵安豐,逐走小明王。九月自稱吳王。

方國珍自至正八年至十四年六年間,曾三降元朝。十六年三月,又降元,官至江浙行省參知政事。十八年底,朱元璋的軍隊已經東下衢州、婺州,逼近方國珍割據的溫、台、慶元諸路。次年,方國珍獻溫、台、慶元三郡之地於朱元璋,被授為福建行省平章政事。不久,又接受元江浙行省平章政事職,並於至正二十年至二十三年,每年派大批海船,運送張士誠的十餘萬石糧到元大都去。順帝封他為江浙行省左丞相,賜爵衢國公。

垂死掙扎的元末統治集團

脫脫在高郵前線被貶後,元朝統治集團更加腐朽不堪,內部

傾軋，軍閥混戰，終於到了不可收拾的地步。哈麻因陰薦西番僧「演揲兒」（意為「大喜樂」）法，深受元順帝妥歡貼睦爾所寵，繼任中書左丞相，弟雪雪拜御史大夫，妹婿禿魯帖木兒亦受寵。順帝終日過着荒淫無恥的生活，「怠於政事，荒於遊宴」，國家大權盡歸哈麻兄弟。哈麻、雪雪陰謀廢順帝，立皇太子愛猷識理達臘，並殺禿魯帖木兒等。事泄，反被順帝、禿魯帖木兒定計殺掉。順帝命搠思監為右丞相、太平為左丞相。皇太子生母奇皇后與愛猷識理達臘仍謀廢立，令宦官朴不花與左丞相太平商議，太平不肯，於是宮廷內分為支持皇太子的搠思監、朴不花一派和支持順帝的老的沙、禿魯帖木兒一派。

元末農民起義爆發後，元軍在起義軍打擊下土崩瓦解。但依靠地主武裝起家的察罕帖木兒、答失八都魯、李思齊、張良弼等逐漸崛起，形成了新的軍閥集團。答失八都魯在北方紅巾軍的打擊下兵敗病死，其子孛羅帖木兒繼之；察罕帖木兒死後，其養子擴廓帖木兒繼之。這四家軍閥出於爭權奪利，長期以來互相攻伐不已。皇太子為了控制朝政，以擴廓帖木兒為外援，老的沙等則依靠孛羅帖木兒來對抗。

至正二十四年，右丞相搠思監、朴不花指責孛羅帖木兒圖謀不軌，於是下詔削其官爵，解其兵權。孛羅帖木兒拒不從命，遣禿堅帖木兒出兵大都，順帝不得已將搠思監、朴不花縛送給他，並復其官爵。皇太子很不甘心，命擴廓帖木兒出兵攻打孛羅帖木兒，孛羅帖木兒又出兵攻大都，皇太子戰敗，逃奔冀寧。孛羅帖木兒入大都，順帝命孛羅為中書右丞相，節制天下軍馬，老

的沙為平章政事，禿堅帖木兒為御史大夫。二十五年，皇太子下令擴廓帖木兒討孛羅帖木兒，孛羅戰敗。七月，孛羅帖木兒被刺死於宮中，餘黨被殺。九月，皇太子和擴廓帖木兒入京，命擴廓帖木兒為中書左丞相。奇皇后要擴廓逼順帝讓位，擴廓不從，請求帶兵外出。閏十月，順帝封擴廓為河南王，代皇太子總制關、陝、晉、魯諸道兵馬，出征南方。但李思齊不服。二十七年，李思齊、張良弼、孔興、脫列伯等結成聯盟，與擴廓交戰。十月，順帝罷擴廓兵權，其原統軍兵由白瑣住、虎林赤、貊高等分別統率。另立撫軍院，由皇太子總制天下兵馬，專防擴廓。這時朱元璋即將北伐，元朝行將滅亡。

朱元璋領導的統一戰爭

至正十二年，定遠富豪郭子興於濠州（今安徽鳳陽東北）起義。朱元璋原是郭子興部親兵，以戰功升為總兵。郭死後，升任左副元帥。十五年，收降部分巢湖水師，渡長江東進。十六年，據集慶，宋政權任命他為江南行省左丞相。屢敗陳友諒、張士誠，勢力擴展至蘇、浙、皖、贛。

至正二十三年，陳友諒特製數百艘「樓船」，兵號六十萬，包圍洪都（今江西南昌），守將朱文正率軍死守八十五天。七月，朱元璋親率二十萬大軍來救，陳友諒退至鄱陽湖迎戰，這就是著名的鄱陽湖大戰。陳友諒大敗，中流矢死。二十四年正月，朱元璋稱吳王。二月，朱元璋率水陸大軍征武昌。陳友諒子陳理請

降。漢亡。至正二十六年五月，朱元璋發佈《平周檄》。這篇檄文雖然仍用大宋「皇帝聖旨」和「龍鳳」年號，卻完全站在地主階級立場上污蔑紅巾軍。八月，朱元璋令徐達為大將軍、常遇春為副將軍，率軍二十萬攻張士誠。徐達等先後攻佔湖州、杭州、紹興、嘉興等地，形成對平江的包圍。十一月，開始圍攻平江，四周築長圍以困之。吳元年（1367）九月，城破，張士誠被俘，自縊死。

吳元年九月，朱元璋滅張士誠後，遣軍分兩路進攻方國珍。十一月，方國珍投降。同月，又派軍南下征陳友定。陳友定本為驛卒，因襲擊紅巾軍有功，官至福建行省平章，佔有閩中八郡，一直效忠元朝，與朱元璋為敵。次年正月，朱元璋即皇帝位，建國號為明，年號洪武。同月，明兵攻取建寧，進圍延平，陳友定被俘，福建平定。接着，兩廣也為明朝所有。

正當元朝統治下的北方處在軍閥混戰的時候，吳元年十月，朱元璋命中書右丞相徐達為征虜大將軍、平章常遇春為副將軍，率軍二十五萬北伐。他再三申明行軍紀律，又發佈了北伐檄文，提出「驅除胡虜，恢復中華，立綱陳紀，救濟斯民」的口號。根據朱元璋的作戰部署，徐達率軍先抵淮安，攻佔山東全境。洪武元年（1368）三月，徐達等進入河南，同時，由馮宗異率領的偏師克陝州，扼潼關，西略華州，以防李思齊等援兵東犯。五月，朱元璋抵汴梁，準備進軍大都。閏七月，明兵會集德州，步騎舟師繼續沿運河北上，下長蘆，克清州，至直沽，大都震驚。七月二十八日，當明軍佔領通州後，元順帝率后妃、太子逃到上

都。八月初二，徐達率北伐明軍進入大都，元朝政權被推翻。時
擴廓帖木兒擁兵山西，李思齊、張良弼等盤踞陝西，納哈出據守
遼陽。九月，徐達、常遇春等進兵山西。十二月，擴廓帖木兒乘
北平（明改大都為北平）空虛，率軍出雁門關，企圖奪取北平，
徐達等直取太原，又偷襲擴廓兵營，擴廓大敗，僅以十八騎逃
遁，太原失陷，山西平定。洪武二年四月，常遇春、馮宗異等率
軍入陝西，李思齊投降。常遇春、李文忠又率軍直搗上都，元順
帝再往北逃，次年四月病死於應昌（今內蒙古克什克騰旗西北達
里諾爾西）。

元朝的制度

　　蒙古國對華北的統治方式，是草原貴族原有的統治體系在
它所征服的定居農耕地區的延續。漢地戶口的一部分直接領屬於
大汗，一部分被大汗分封給諸王、宗戚和勛臣。蒙古統治者把主
持軍事、財賦徵斂的部分官員和監臨各級地區的達魯花赤派到華
北，同時又以款服入質、領軍從征、繳納差發為條件，允許自金
末戰亂以來出現在北方的大小軍閥世侯，繼續行使在各自勢力範
圍內的實際統治權。世侯們集兵刑賦役之政於一己，儼若列藩，
不相統屬。直到忽必烈建立元朝，這種局面才獲得根本轉變。忽
必烈借鑒金代制度，在以「藩邸舊臣」為核心的中原知識分子參
議下推行「漢法」，同時保留能充分保障蒙古貴族特權地位的種
種制度，重新在華北確立了封建的中央集權制統治體系以及相應

達魯花赤

　　蒙古和元朝的官名，為所在地方、軍隊和官衙的最大監治長官。早在成吉思汗時期，蒙古就設有這一官職。入元以後，路、府、州、縣和錄事司等各級地方政府，都設置達魯花赤，雖然品秩與路總管、府州縣令尹相同，但實權大於這些官員。蒙古軍和蒙古探馬赤軍一般不設達魯花赤。元代達魯花赤品秩最高曾達正二品。至元二年（1265），元廷正式規定，各路達魯花赤由蒙古人充任，總管由漢人、同知由回回人充當。之後，漢人充任達魯花赤的，便解除官職。

的各種典章制度。中統、至元間的創置，奠定了有元一代制度。
元朝制度多沿襲金制，同時又有不少前代所不具備的特點。其中
有的反映了中原王朝歷代相承的傳統體制本身的發展變化，如行
省的設立；有的反映了被保留的蒙古舊制，如蒙古、探馬赤軍[①]
中的奧魯（老小營）建置；也有一些是在這兩者的交互作用下形
成的，如刑罰體系中某些不同於前代的變化，對吐蕃地區實行的
政教合一的統治等。

官制

　　中央政府的軍、政統治機構，主要由中書省、樞密院和御
史台構成。中書省相當於金代的尚書省，領六部，掌全國政務，
樞密院掌兵，御史台掌督察。此外，元世祖忽必烈曾於至元三
年（1266）設制國用使司，總理全國財政，以後一度成為與省、
台、院並立的最重要的國務機構之一。七年，罷制國用使司，立
尚書省，統六部，並改天下行中書省為行尚書省。中書省建置雖
仍被保留，但實際上已改由尚書省總領國政。九年，罷尚書省，
以其職權歸併中書省。至元後期和武宗至大年間，元廷又兩次立
尚書省，分別歷時五年、三年，以「理財」為施政中心。主持全
國釋教及吐蕃地區軍、民之政的宣政院，由於職掌的特殊性，自

---

① 探馬赤軍：蒙古國時期，從各千戶、百戶和部落中揀選士兵，組成精銳部
隊，在野戰和攻打城堡時充當先鋒，戰事結束後駐紮鎮戍於被征服地區，稱為探
馬赤軍。元朝時，也始終保持探馬赤軍的建制。

元代八思巴文銅印

印面為陰刻篆體的八思巴文「忠翊侍衛親軍弩軍百戶之印」。八思巴篆書字母的筆畫全部為直線，從而使字體結構和整體形式更加方整，具有藝術字的神韻。八思巴文是八思巴奉元世祖命制定的拼音文字。脫胎於藏文字母。至元六年（1269）作為國字正式頒行。稱「蒙古新字」或「蒙古字」，俗稱「八思巴字」。主要應用於官方文件。也譯寫過一些書籍，還曾用於轉寫漢文、藏文等。後逐漸廢棄。

成系統。蒙古國初期，即置札魯忽赤治天下刑政。隨着元朝國家機器的完備，設大宗正府為札魯忽赤官署，主要治理諸王、駙馬、投下蒙古、色目人的刑名等公事，時而兼管漢人刑獄。在宗教、文化方面，元代比較獨特的中央機構還有管理也里可溫的崇福司、掌回回曆法的回回司天監、蒙古翰林院及其所屬蒙古國子監等。

地方最高行政機構，在忽必烈即位之初，為十路宣撫司；同時，他又委派重臣以都省官「行某處省事」系銜，到各地署事，行使中書省職權，簡稱行省。至元後期，行省官員不復以中書省官系銜，行省逐漸由臨時性的中央派出機構定型為常設的地方最高行政機構。除「腹裏」（河北、山東、山西）直隸於中書省，吐蕃由宣政院轄理以外，所置有嶺北、遼陽、河南、陝西、四川、雲南、甘肅、江浙、江西、湖廣等行省。在距離省治較偏遠的地區，分道設宣慰司，就便處理軍民事務，「與職民者，省治之；職軍者，院臨之」。邊陲民族地區的宣慰司、宣慰司都元帥府及其所統路府州縣或宣撫、安撫、招討等司，多參用當地土官任職。御史

元朝統治機構簡表

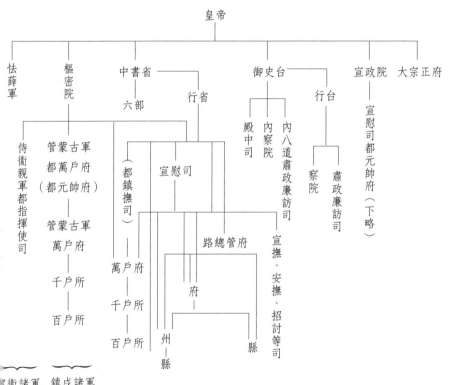

台在地方上也有相應的分設機構，即監臨東南諸省的江南諸道行御史台（簡稱南台）和陝、甘、滇、蜀地區的陝西諸道行御史台（簡稱西台）。中台和兩個行台下各設若干道肅政廉訪司（元初稱提刑按察司），定期檢查各種案卷賬目，監督糾劾各級官吏，複按已審案件。御史台（或行台）與諸道肅政廉訪司相銜接，構織成全國範圍的垂直監察系統。為了征伐或鎮撫的需要，樞密院有時也在有關地區設置行樞密院（簡稱行院）。行省以下的行政機構，分別為路、府、州、縣。諸王、勛戚在內地各行省的封地上仍保留相當的特權，但這些封地在行政建置方面同樣被納入郡縣制體系。路治所在城鎮，並設有一個或幾個錄事司，管理城區居民。

元政府在許多中央機構、行省以下的大部分地方行政機構和許多管軍機構中都設立達魯花赤一職，一般由蒙古人或色目人擔任，以此保障蒙古貴族對全國行政、軍事系統實行嚴密監控和最後裁決的權力。路、府、州除蒙古人任達魯花赤，又以漢人為總管、知府（或府尹）、知州（或州尹），以色目人為同知，使他們互相牽制，以利於民族防範和階級統治。元代主要行政、軍事統治機構的領屬系統如上頁《元朝統治機構簡表》所示。

軍事制度

元代在漠北草原的蒙古人，仍過着兵民合一的遊牧生活，戰時出軍，平時便屯聚牧養。在漢地和江南，元朝軍士的來源採取

從固定的軍戶中簽發的辦法。憲宗二年壬子
（1252）大規模籍戶時，已明確地區分民
戶和軍戶。進入內地的大多數蒙古人戶及被
收編的金、宋降軍之家，皆以軍戶著籍；此
外還有一些漢族或其他各族人戶陸續被新簽
為軍戶，一般都由中戶充當。軍戶種田，可
免稅糧四頃，稱為「贍軍地」。蒙古、探馬

元代頭盔

赤軍和漢軍（金朝降軍和蒙古政權、元政府
在華北簽發的軍隊）軍戶，都是通過奧魯進
行管理的。奧魯的主要職責，一是從軍戶中
起發丁男當軍應役，並及時起徵亡故軍人的
「戶下弟男」承替軍役，彌補軍隊缺員。二
是負責按時為本奧魯起發的當役軍人置備鞍
馬、器杖、盤費等軍需。蒙古、探馬赤軍的
奧魯，隸屬於該奧魯當役軍士所在的萬戶、
千戶之下，漢軍奧魯由所在地區的管民官兼
領。新附軍（南宋降軍）未設奧魯。

　　元代軍事防衛分為兩大系統，即成衛京
師（大都和上都）的宿衛系統和鎮守全國各
地的鎮戍系統。宿衛軍隊由怯薛軍和侍衛親
軍構成。忽必烈建國後，保留了成吉思汗創
立的四怯薛輪番入侍之制，用他們列值禁庭
以充護衛侍從，常額在萬人以上，由皇帝或

親信大臣直接節制。侍衛親軍用於環衛京畿，到元朝末年先後置三十餘衛，衛設都指揮使或率使，品秩與萬戶相當（正三品），隸屬於樞密院。進入內地的色目人軍隊，由於戰鬥力較強，相當一部分被編入侍衛親軍。鎮戍諸軍的佈局，腹裏主要由蒙古軍和探馬赤軍戍守。華北、陝西、四川等地的蒙古、探馬赤軍由各地區的蒙古軍都萬戶府（都元帥府）統領，隸屬於樞密院。南方以蒙古軍、漢軍、新附軍相參駐戍，防禦重點是臨江沿淮地區。隸屬行省的鎮戍諸軍，有警時由行樞密院統領；平時日常事務歸於行省，但調遣更防等重要軍務仍受樞密院節制。全國軍馬總數，只有皇帝和樞密院蒙古官員知道，行省兵馬也只有為首的蒙古官員知道。

法律

　　元代始終沒有頒佈完備的法典。至元八年（1271）以前，中原漢地斷理獄訟，基本上參用金泰和律定罪，再按一定的折代關係量刑。至元八年十一月，在建「大元」國號同時，下令禁用泰和律。以後曾數次修律，都沒有完成。判獄量刑，主要根據已斷案例，類推解釋，比附定刑，與其他封建王朝相比，司法的隨意性較顯著。其他方面的立法行政，也都以詔制、條格（經皇帝親自裁定或直接由中書省等中央機關頒發給下屬部門的各式政令）為依據。因此，元朝的法制體系，主要是由因時立制、臨事制宜而陸續頒發的各種單行法構成的。政府下令，凡在朝及地方

各衙門均應分別類編先後頒發的各種格例，使官吏有所持循。當時「內而省部，外而郡府，抄寫條格，至數十冊。遇事有難決，則檢尋舊例，或中所無載，則施行比擬」。條格和斷例歲增月積，繁雜重出，互相抵牾。元政府有時將歷年所頒降的某一方面的條例重加「分揀」「斟酌」，釐定「等第」，形成新的法律文字，作為「通例」公佈。同時，對國家的政制法程，也幾次召集老臣，從以往頒發的政府文書中選出「可著為令者，類集折衷，以示所司」，所成《大元通制》《至正條格》等格律類聚都是具有法典性質的政書。

元朝法律大體上遵循前代「同類自相犯者，各從本俗法」的原則。「五刑」的刑罰體系與前代相比發生了某些變化。同時，由殺人者向被害者家屬償付燒埋銀，以及將刺字斷放的前科罪人發付原籍，由官司籍記充「警跡人」，交由村坊鄰右監督等規定，從元代開始制度化。對傷害罪，規定由加害者交付給受害者一定數量的「贍養之資」「醫藥之資」，對加害者所處的實刑則比前代相應減輕。元代法律從維護地主階級利益出發，制定了種種不平等規定，如地主毆死佃客，只杖一百七，徵燒埋銀（喪葬費）五十兩。又在許多方面明確規定四等人的不同待遇。禁止漢人、南人收藏兵器，練習武藝，甚至集場買賣。法律規定殺人者死，但蒙古人因爭鬥和乘醉毆殺漢人，不須償命，只罰出征，徵燒埋銀。蒙古人、色目人毆打漢人、南人，漢人、南人不得還報。因而元代刑法帶有鮮明的民族壓迫色彩。有些蒙古法，如對偷盜牲畜處以賠九之罰、倍贓制，屠宰牲口時禁抹喉放血等，對施臨於

漢族居民的刑罰體系也有一定的影響。

官員銓選制度

　　中統初，定都省及左三部、右三部之制，吏、戶、禮為左三部，兵、刑、工為右三部。至元元年（1264），罷諸侯世守，裁並路府州縣官吏，行遷轉法。至此，任命、遷調各級官員的權力始收歸中央，初定一代銓選制度。樞密院、御史台、宣政院用人得自選聞奏；此外，百官的任免進退，一般都須經過中書省系統。職官升遷，從七品以下屬吏部，正七品以上屬中書省，三品以上由皇帝決定。實際上，一般外任官都難以升到從四以上的品秩。高級官僚階層基本上為世襲的蒙古、色目貴族和極少數漢族官僚所壟斷。從怯薛中不斷選拔人員擔任軍、政要職是保持這種壟斷的重要途徑之一。中下層官僚的來源大部分是掾史、書吏。他們的晉升途徑，首先是從縣吏經州、府做到路吏，然後被選入廉訪司，經御史台或行台書吏升為省部掾史，遂出職為從六或正七品官；也有從儒人中直接薦入廉訪司為吏而逐漸晉升者。常選之外，還有所謂「別里哥選」。別里哥為蒙語 belge 音譯，意為「符驗」。「別里哥選」指皇帝以特旨委任官員。由省部掾史出職往往比從九品官員依常例遷轉至七品更快，所以元代有許多人寧可已官而復掾。據元人自己的估計，由吏入仕者佔元朝官員總數的十分之八以上。元朝科舉的最初嘗試是窩闊台時期的「戊戌選試」（1238）。延祐年間，元政府始正式設科取士。直到元末，

開科共十六次，取士人數僅佔文官總人數的百分之四，其規模遠
不足與唐宋兩代相比擬。南人想要入仕尤其困難，能做官的，大
多數也不過州縣卑秩。

戶籍制度

元代戶籍制度非常特殊，相當複雜，將全國居民按照不同
職業以及其他某些條件（如民族）劃分成若干種戶計，統稱諸色
戶計。他們所承擔的封建義務有所不同，隸屬和管理系統也不盡
相同，而且一經入籍，就不許隨意更動。諸色戶計主要分為以下
幾類：

軍戶，出軍當役的人戶。站戶，在站赤 ① 系統服役的人戶。
軍戶、站戶佔地四頃以內免稅，四頃以外依例課稅。元代前期
軍戶、站戶都可以豁免雜泛差役，中期、後期部分軍戶、站戶有
時也要負擔雜泛差役。匠戶，為封建國家從事各種工藝造作的人
戶。他們須繳納地稅，中葉以後也要負擔雜泛差役。灶戶，又稱
鹽戶，以煎鹽為生的人戶，按國家規定的數量繳納額鹽，支取工
本鈔或口糧，嚴禁私賣鹽貨。鹽戶的其他賦役經常得到寬免或優
待。僧、道、也里可溫、答失蠻 ② 等宗教職業者，也各有專門戶

---

① 站赤：「站赤」為蒙古語 Jamuči 的音譯，意為司驛者。站（Jam），即漢語
「驛」的意思。元代漢文文獻中有時兼用漢、蒙語，「站赤」除用於稱站官和站戶
外，還混用於稱驛站。

② 答失蠻：元代對伊斯蘭教經師、學者等教職人員的稱謂。

站戶

元代陶女俑

　　元朝戶籍名稱之一。因政府簽發部分人戶專門承擔站役，故得此名。元朝為了「通達邊情，布宣政令」，在全國範圍內建立了周密的站赤系統。站有水、陸之分，水道用船，陸道以馬、牛、狗等作交通工具，故又有船站戶、馬站戶、牛站戶、狗站戶等名稱。據統計，元時全國驛站共有一千五百餘處，站戶約達三十餘萬戶。站戶承擔的站役主要包括：陸站站戶養馬、牛、狗等，水站站戶則備船；馬站出馬伕，水站出船伕；部分站戶需向過往人員供應首思（蒙語 šihüsün 的音譯，原意為湯汁。元代以此指驛站過往人員的飲食分例）。

籍。他們佔有的土地中，凡屬於皇帝賞賜和元初舊產都可以免
稅，續置土田須驗地科徵。終元之世，他們基本上享受免役的優
待。儒戶，驗地繳稅，元代中期曾一度負擔雜泛差役。打捕戶及
鷹房戶，專門為皇室獵獸以及捕養行獵時所用鷹隼等動物的人
戶。按元政府規定，打捕戶必須送納皮貨以代替其他戶計繳納的
絲料和包銀。民戶，一般的種田戶等。對北方民戶大體上徵收丁
稅和科差，南方徵兩稅。民戶須負擔雜泛差役。

此外還有醫戶、運糧船戶、舶商等項戶計。諸王、勛戚和功
臣還各自擁有一部分私屬人戶，他們不承擔國家賦役，完全供其
領主役使。這種私屬人戶中也包括一部分匠人、打捕鷹房、金銀
鐵冶戶等。

賦役制度

元朝的賦役制度南北相異，北方主要是稅糧、科差，南方徵
夏、秋兩稅。窩闊台八年丙申（1236），更定賦稅制度，史稱
丙申稅制，基本上確立了元代在華北地區的賦稅體系。忽必烈即
位後，對賦役數額有所調整，並在申明舊制的基礎上，明確規定
輸納之期、收受之式、封完之禁、會計之法，使之更趨完善。正
稅主要是稅糧和科差。稅糧分丁稅和地稅兩項。地稅白地每畝三
升、水地每畝五升。以後又一律改為畝輸三升，丁稅每丁二石。
各色戶計分別按照不同的規定輸納丁稅、地稅之中的一種。官
吏、商賈納丁稅。工匠、僧、道、也里可溫、答失蠻、儒戶等驗

地交地稅，軍戶、站戶佔地四頃以內者免稅，逾此數者納地稅。一般民戶大多數交納丁稅，中葉以後，在兩淮、河南等地區，也有改徵地稅的。由於土地買賣、富戶漏稅等各種原因，在徵收稅糧時往往出現混亂和糾紛，經常有一戶並納兩種稅的情況發生。科差內容包括絲料、包銀和俸鈔三項。絲料戶一斤六兩四錢。系官民戶所納的絲料全歸政府；分撥給諸王、貴戚、勛臣的民戶所納絲料中，有一部分經過政府轉交給封主，其數額以每五戶二斤為率，所以這一部分民戶稱為「系官五戶絲戶」。

　　包銀每十戶額當鈔四十兩，此外還要按繳納包銀的數額，每四兩增納一兩，以給諸路官吏俸祿，即俸鈔。各色戶計，按編入戶籍的先後、丁力多少、家業貧富等具體情況，繳納稅糧、科差的標準都有所不同。

　　滅宋以後，元政府沒有把在北方實行的稅糧、科差制度向南方推行，基本上承襲南宋舊例，繼續徵收夏、秋兩稅。兩稅之中，以秋稅為主，所徵為糧食，也有一部分折鈔徵收。江南秋稅的稅額沒有統一的標準，各地差別較大。夏稅一般以秋稅徵糧額為基數，按一定的比率折輸實物或鈔幣。江東、浙西自世祖年間就開始起徵夏稅，浙東、福建、湖廣等地區自元貞二年（1296）起徵。江南也有科差，即戶鈔（相當於北方的五戶絲）和包銀，江南徵收包銀的範圍很小，時間也很短。

　　鹽稅收入，佔全國鈔幣歲入的一半以上。鹽的生產由國家壟斷。政府將工本錢發給灶戶，所生產的鹽全部由國家支配。鹽場附近一般劃為「食鹽區」，由政府置局，按戶計口發賣食鹽。其

餘大部分地區為「行鹽區」，由鹽商向政府納課換取鹽引，到鹽場支鹽，再運到規定的行鹽地區販賣。歲課的對象是山林川澤的特產，如金、銀、珠、銅、玉、鐵、硝、鹼、竹木之類。或設總管府、提舉司等機構經理，分撥一部分民戶從事採伐加工，或由民間自行開採生產，政府以抽分等形式收取稅金。兩種來源的收入都屬於歲課收入。雜課中還包括茶課、酒醋課、「額外課」等。商稅也是國庫收入的重要來源之一。

雜泛差役，主要包括政府為興役造作、治河、運輸等需要而徵發的車牛人伕，以及里正、主首（農村基層行政設施的職事人員）、隅正、坊正（城鎮基層行政設施的職事人員），倉官、庫子（為官府保管財物的職事人員）等職役。元代前期，民戶以外的其他戶計一般都不承擔雜泛差役，按元政府規定，分配差役時，應根據當役戶的丁產，先盡富實，次及下戶。成宗大德年間改革役法，此後關於諸色戶計的當役規定，不時變更，當役面有所擴大。元代的雜泛差役，是勞動人民十分沉重的負擔。

社會經濟

蒙古興起後連年發動戰爭。所過之處，人民遭屠戮，農田受破壞，工匠被驅役，財物被掠奪。蒙古統治者用統治草原畜牧經濟的方式來管理中原高度發展的封建農業經濟，使中原地區社會經濟逆轉。隨着歲月的推移，成吉思汗的繼承者們逐步認識和適應了中原地區的封建經濟，統治方式隨之改變。到忽必烈繼承大

汗，採用「漢法」後，這種統治方式轉變的過程已經基本完成，社會經濟走上了恢復和發展的道路。

元代社會經濟發展的總趨勢是：前期由恢復到發展，中後期由發展到停滯、衰敝。由於元朝地域遼闊、民族之間交往增多、對外開放，使農業、手工業、商業和交通運輸業的發展具有相應的特點。邊疆地區得到開發，各民族的生產技術互相交流，對外貿易空前發達，交通運輸業有很多創舉。

土地佔有和階級狀況

蒙古統治者在佔領全國過程中，除沒收金朝和南宋的官田外，還佔有大量無主荒田和侵奪有主民田，也有新開墾的屯田。官田、屯田、牧場等，都是以蒙古皇室為中心的官僚機構和王公貴族所控制的。

蒙古王公貴族圈佔民田為牧場的情況，在蒙古國和元王朝初期是相當嚴重的。忽必烈時，東平人趙天麟上疏說：「今王公大人之家，或佔民田，近於千頃，不耕不稼，謂之草場，專放孳畜。」在陝西地方，甚至有恃勢冒佔民田達十餘萬頃者。

元朝政府除直接管理一部分官田外，還把大部分官田賜給皇親、貴族、功臣、寺觀。如忽必烈賜給撒吉思益都田一千頃，元文宗圖帖睦爾賜給安西王阿剌忒納失里平江田三百頃，元順帝時權臣伯顏前後共得賜田兩萬頃之多。寺院道觀也擁有大量田地財產，大護國仁王寺、大承天護聖寺擁有田地數以十萬頃計。

金、宋末年的漢族大地主，許多人因投降蒙古保持了自己的田地財產。江南大地主受到的損失很小，他們繼續兼併土地，一些富戶佔有兩三千戶佃戶，每年收二三十萬石租子。如松江曹夢炎佔有湖田數萬畝，瞿霆發佔有私田並轉佃官田達百萬畝。

在統治階級的殘酷壓迫和剝削下，廣大勞動人民的處境十分悲慘。其中受壓迫和剝削最深的是驅口。驅口是元朝特殊歷史條件下的產物，他們大部分是戰爭中被擄掠來的人口，後來也有因債務抵押、饑寒災荒賣身，或因犯罪淪為驅口的。驅口有官奴、私奴之分。官奴主要從事官手工業勞動；私奴是主人的私有財物，子孫永遠為奴，可以由主人自由買賣。佃戶有官佃和私佃兩種。私佃的地租率很高，一般都在五六成，甚至八成；官佃的地租率，在元代初期一般低於私佃，以後越來越高，中葉以後往往超過私佃的地租率。佃戶對地主的人身依附關係十分嚴重：有的地方佃戶可以被地主典賣，或者隨土地一起出賣；個別地方，佃戶生男便供地主役使，生女便為女婢，或充當妻妾。自耕農佔有極少量土地，他們常常因經受不了地主轉嫁的沉重賦役而傾家蕩產。

貴族官僚掠奪土地，地主富豪兼併土地，使貧富分化進一步加劇。元朝政府承認：各地的地主一般多從「佃戶身上要的租子重，納的官糧輕」。徭役不均的現象也日益嚴重。以元末福建崇安為例，富豪只佔全縣納糧戶的九分之一，所佔土地卻有六分之五，而官府卻將富戶應承擔的徭役強加在「細民」身上，「貧者受役旬日，而家已破」。因此，廣大佃戶、自耕農因破產而典賣

妻女、牲畜，或淪為驅口，或離鄉流亡，是十分普遍的。

農業生產

元世祖忽必烈即位後採取了一系列發展農業生產的措施。例如：建立管理農業的機構——勸農司，指導、督促各地的農業生產，並以「戶口增，田野闢」作為考課官吏的主要標準；編輯《農桑輯要》，推廣先進生產技術；保護勞動力和耕地，限制抑良為奴，禁止佔民田為牧地；招集逃亡，鼓勵墾荒；軍民屯田；減免租稅；設置糧倉、常平倉，賑濟災民，儲備種子；舉修水利等。這些措施是元代前期農業生產得以恢復和發展的重要原因。

至元十三年（1276）全國基本統一時，共有九百五十六萬七千二百六十一戶，約四千八百萬口。由於歷經兵燹，這個數字比 1200 年左右金和南宋的戶口合計數二千零七十一萬六千零三十七戶、八千一百三十七萬七千二百三十六口要少得多。到至元三十年時，全國已有一千四百萬零二千七百六十戶，約七千多萬口。

由於部分地區統計缺漏，諸王、貴族隱佔人口，軍戶、站戶人等也不計在民戶數之內，所以元代實際戶口數字當不止於此。元代戶口最高數估計在元順帝妥歡貼睦爾（1333～1368 年在位）初年，可能達到八千萬口左右。

元初因戰爭破壞，北方耕地荒蕪嚴重，南方破壞較少，故屯田多集中在今河北、山東、陝西、江淮、四川一帶，如樞密院所

轄河北軍屯，墾田達一萬四千餘頃，洪澤萬戶府所轄屯田達三萬五千餘頃。邊區亦廣泛開展屯田，據《元史·兵志》不完全統計，全國屯田面積達十七萬七千八百頃之多。南方農墾發達地區，則多與水、與山爭田。前者如圍田、櫃田、架田、塗田、沙田，見於濱江海湖泊之地；後者如梯田，行於多山丘陵之地。元代耕地面積在戰爭期間大量荒蕪的基礎上逐步得到擴大。

元代農業生產的技術也有所提高。從天時地利與農業的關係，到選種、肥料、灌溉、收穫等各方面的知識，都已達到新的水平。農具的改進尤其顯著。耕鋤、鏟鋤、耘盪等中耕工具比宋代有所發展。鐮刀種類增多，還創造了收蕎麥用的推鐮。水力機械和灌溉器具大有改進，水輪、水礱、水轉連磨等更趨完備，牛轉翻車、高轉筒車已有使用。

糧食生產不平衡。元初北方和中原農業破壞最甚，恢復程度不一，大致以關中、江淮、山東恢復最為顯著。世祖時關中麥

蕎鼓

元王禎撰《農書》插畫。清代乾隆三十八年（1773）至嘉慶八年（1803）的木版畫。蕎鼓，亦稱耘田鼓、耘鼓。古代農忙時將鼓掛在田頭樹上，鳴之以統一行動。

已盛於天下，兩淮屯種的荒閒田歲得粟數十萬斛。但北方大都等地的糧食供應仍依賴江南。南方糧食產量在南宋的基礎上繼續增加。

棉花很早就自南北二道傳入中國，宋時棉花種植除西域、海南外，主要在閩廣一帶，元中後期已遍及全國，耕種方法也隨之傳佈。至元二十六年，在浙東、江東、江西、湖廣、福建等地設木棉提舉司，歲輸木棉十萬匹，元貞二年（1296）規定江南夏稅輸木棉、布絹等物，可見產量已相當高。苧麻、西瓜、紅花、蠶豆在元代已廣泛種植。

邊疆地區的屯田，主要有蒙古地區的怯綠連（今克魯倫河）、吉利吉思、謙謙州、益蘭州（前三者均在今葉尼塞河上游）、杭海（今杭愛山）、五條河、稱海、和林、上都等地，東北的金復州（今遼寧大連金州區）、瑞州（今遼寧綏中西南）、咸平（今遼寧開原北老城鎮）、茶剌罕（今黑龍江綏化、安慶一帶）、剌憐（今黑龍江哈爾濱阿城區）等地，西北的忽炭（今新疆和田）、可失哈耳（今新疆喀什）、別失八里（今新疆吉木薩爾）、中興、甘州、肅州、亦集乃等地，雲南的威楚（今雲南楚雄）、羅羅斯等十二處。其中劉好禮在益蘭州，哈剌哈孫在稱海，賽典赤·瞻思丁在雲南，屯田成績尤著，他們將中原地區的先進耕種方法和農具、種子，推廣到邊區，使當地農業生產或從無到有，或改進了耕作技術，大大提高了這些地區的糧食自給率。水利建設則以雲南、寧夏地區最為成功。

元代中期以後，由於統治機構的腐敗和地主階級剝削的加

重，以及水旱災荒的頻繁，農業生產的發展呈現停滯、衰敝現象。元成宗鐵穆耳以後，勸農機構形同虛設，水利建設漸見減少，軍民屯田多有廢弛，賦稅徭役不斷增加，農戶逃亡破產者增多，大德、至大、天曆、至正年間都有大規模天災發生，農業生產破壞日益嚴重。

手工業生產

官辦手工業分屬工部、將作院、武備寺、大都留守司、地方政府。諸王貴族名下也有手工業局院。官手工業有充足的人力、物力，有戰爭中俘掠來的無數工匠供其驅使，有以和僱和買名義搜刮來的廉價原料，雖然生產效率不高，但規模大，產品多，遠遠超過宋金時的官手工業。

元代的民間手工業由於封建官府的控制和壓制，始終未能充分發展。經營範圍主要是紡織、陶瓷、釀酒等。產品從規格、定額到銷售，也多受官府限制、控制，甚至因和買、強徵遭到摧殘。民間手工業多數是自給自足的家庭手工業，一些城鎮和紡織等行業中出現了手工作坊，產生了作坊主和僱工。民間手工業設備和生產條件差。但工人生產積極性較高，因而效率高、成本低，有些產品質量和生產技術超過官手工業。

元時官私手工業的主要行業及其生產狀況如下：

①氈罽業。蒙古等北方少數民族入居中原後，將他們織造氈罽的技術帶到內地。宮廷、貴族對氈罽的需求量很大。諸

和買

　　原意是指兩廂情願公平交易。唐孔穎達認為，和買始見於先秦。後和買逐漸變為官府強取民物。唐初和買包括絲織品、牲口、磚瓦木材、柴草、冬藏菜甚至奴婢等。中唐以後和買範圍更為廣泛。宋時和買大多是官府向民間購買絲麻產品。金代官府的和買亦通過抑配方法進行，範圍包括軍器、金銀及各種物料。元代採用按戶等或賦稅、土田數額攤派的方法，凡軍用物資、宮廷消費、官府日常用品皆在和買之列。但對和買之物給價很少或不給價，實際上是一種變相的賦役。明清兩代，和買稱為「採辦」，雖有不許擾民的規定，但官吏仍向商民勒索。

凡鋪設、屏障、盧帳、氈車、裝飾品等均有需求,因而官府、貴族控制的諸司、寺、監都生產氈罽,產量很高。如泰定元年(1324)隨路諸色民匠打捕鷹房都總管府所屬茶迭兒(蒙語意為盧帳)局,一次送納入庫的就有白厚氈二千七百七十二尺,青氈八千一百一十二尺,四六尺青氈一百七十九斤。品種很多,僅隨路諸色人匠總管府所造地毯,就有剪絨花氈、脫羅氈、入藥白氈、半入白礬氈、無礬白氈、雀白氈、半青紅芽氈、紅氈、染青氈、白襪氈、白氈胎、回回剪絨氈等十三種。

②絲織業。從事絲織生產的織染局遍佈全國,主要產地在建康(天曆二年改集慶,今江蘇南京)、平江(今江蘇蘇州)、杭州、慶元(今浙江寧波)、泉州等地,產品供宮殿王府裝飾和皇室、貴族、官僚穿着之用。產量很高,如鎮江府歲造緞五千九百零一匹,建康路僅東織造局一處,歲造緞四千五百二十七匹。花色品種繁多,如鎮江府歲造絲織品中有紵絲、暗花、絲琭、胸背花、斜紋等品種,有枯竹褐、稈草褐、明綠、鴉青、駝褐等顏色。在宋緙絲基礎上發展而成的織金紵絲,其繁華細密超過緙絲;集慶官紗,質輕柔軟,諸處所無。絲織業也是民間最普遍的手工業,多為家庭手工業,杭州等地還出現了手工作坊。產品中織金紵絲很普遍,品種很多。如嘉興路所產絲綢品種有:綃、綾、羅、紗、水錦、克絲、琭、綺、繡、紵等。

③棉織業。隨着植棉的推廣,棉紡業開始成為一項新興手工業。元貞年間,黃道婆自海南島返回家鄉松江烏泥涇後,推廣和改進黎族紡織技術。據王禎《農書》記載,元中期已有攪車、

彈弓、卷筳、紡車、撥車、線架、織機等工具。黃道婆又傳授錯
紗、配色、綜線、挈花等方法，產品有棉布織成的被、褥、帶、
帨（手巾），上面有折枝、團鳳、棋局、字樣等。印染技術也大
有發展，元末時松江能染青花布，有人物花草，顏色不褪。

④麻織業。主要集中在北方。織麻工具較前代有很大提高。
如中原地區用水轉大紡車紡織，一晝夜可紡織百斤；山西使用的
布機有立機子、羅機子、小布臥機子等；織布方法有毛緦布法、
鐵勒布法、麻鐵黎布法。河南陳州、蔡州一帶的麻布柔韌潔白。
山西的品種有大布、卷布、板布等。

⑤兵器業。元初中央由統軍司，以後由武備寺製兵器；地方
由雜造局製造兵器。除常用的刀槍弓箭外，火器發展尤為顯著。
金末火炮以紙為筒，可能為燃燒性火器。元代所製銅火銃，係利
用火藥在金屬管內爆炸產生氣體壓力以發射彈丸，為管狀發射火
器，使中國火炮技術有了重大進步。現存至順三年（1332），至
正十年（1350）兩尊銅火銃，製作精細。

⑥製鹽業。元代設鹽運司（轉運司、提舉司）管理鹽業，全
國有兩淮、兩浙、山東、福建、河間、河東、四川、廣東、廣海
九鹽運司。兩淮、兩浙、山東等處鹽運司下設若干分司。各鹽運
司（或分司）下共轄一百三十七所鹽場，場下有團，團下有灶，
每灶由若干鹽戶組成。產鹽之地遍於全國，有海鹽、池鹽、井鹽
之分。天曆年間，總產量達二百六十六萬四千餘引，每引重四百
斤，約合十億多斤。

⑦製瓷業。景德鎮是元代新興的製瓷中心。元政府設浮梁瓷

局加以監督，令民窯承擔御器製作，產品極精。新產品有青花瓷和釉裏紅，都是釉下彩瓷器。青花瓷色白花青，色彩清新，造型優美；釉裏紅用銅的氧化物作彩繪原料，花紋紅色。元代龍泉窯範圍擴大，產品全為青釉。鈞窯多花釉、變色釉，窯址數量多、規模小。磁州窯產品多白釉黑花，品種多樣，區域擴大。德化窯多白釉、象牙黃釉。元代的青白瓷生產沿襲宋代，產品造型端重雅緻，胚體厚實，便於遠途銷運。

商業

由於農業、手工業和交通運輸業的發展，統一的貨幣在全國流通，元代的商業也很活躍。但國內外貿易主要控制在政府和貴族、官僚、色目商人手裏。

元時在全國範圍內使用了紙幣 —— 鈔。全國貨幣實現統一，促進了經濟交流和商業的發展；但元朝統治者通過濫發紙幣彌補財政赤字，對社會經濟的發展又起着阻礙作用。

政府對國內許多商品採取專利壟斷政策，其形式各不相同。部分金、銀、銅、鐵、鐵器、鹽等，由政府直接經營；茶、鉛、錫和部分鹽等，由政府賣給商人經銷；部分金、銀、鐵等礦業，以及酒、醋、農具、竹木等，由商人、手工業主經營，政府抽分。天曆年間，鹽課鈔年收入達七百六十六萬一千餘錠，約為全國財政收入之半。民間貿易收商稅，大體三十取一。

貴族、官吏和寺院依靠他們的特權也從事經商活動。色目商

元代伍百文至元通行寶鈔

河北平山出土。

人資金雄厚，善於經營，因而出現許多大商賈。他們發放的高利貸叫「斡脫錢」。一般民間商人多為小商小販，他們處境艱難；少數漢族大商人，也有獲得巨額利潤的。鹽商致富者尤多，時人有「人生不願萬戶侯，但願鹽利淮西頭；人生不願萬金宅，但願鹽商千料舶」之說。

元代海外貿易的規模超過前代，由政府直接控制。至元十四年（1277）後曾在泉州、慶元、上海、澉浦、溫州、杭州、廣州設立過市舶司，至治二年（1322）後定為泉州、慶元、廣東三市舶司。有市舶則法，規定市舶抽分：粗貨十五分取一，細貨十分取一，另納舶稅三十分取一；審核批准出海貿易的船隻、人員、貨物；發給公驗、公憑。外國商船運載貨物來華，也依例抽分；外國商船返航亦由市舶司發給公驗、公憑。

與中國有貿易關係的國家和地區很多，據汪大淵《島夷志略》記載，中國商人到過的東南亞、南亞、西亞、東非

各沿海國家和地區達九十七個之多。自慶元到高麗、日本的航線暢通,貿易規模很大。陸上與國外貿易也很發達,主要通過欽察汗國與克里米亞和歐洲各國建立聯繫,通過伊利汗國與阿拉伯國家建立聯繫。

中國出口的物資有生絲、花絹、緞絹、金錦、麻布、棉布等紡織品,青白花碗、花瓶、瓦盤、瓦罐等陶瓷器,金、銀、鐵器、漆盤、席、傘等日用品,水銀、硫磺等礦產品,白芷、麝香等藥材。從亞非各國進口的商品,以珍寶、珍珠、象牙、犀角、玳瑁、鑽石、銅器、豆蔻、檀香、木材、漆器等為主。

國內外貿易的發展,促進了城市經濟的繁榮。原有的一些大城市有所發展。內地出現了一批新興工商業城市。邊疆地區也有新興的城鎮。京師大都號稱「人煙百萬」,是全國的政治、經濟、文化中心。馬可·波羅[1]說:「應知汗八里(即大都)城內外人戶繁多……郭中所居者,有各地來往之外國人,或來貢方物,或來售貨宮中……外國巨價異物及百物之輸入此城者,世界諸城無能與比……百物輸入之眾,有如川流之不息,僅絲一項,每日入城者計有千車……此城為商業繁盛之城也。」大都城內有米市、鐵市、皮毛市、馬牛市、駱駝市、珠子市、沙剌(珊瑚)市等,商品豐富。

---

[1] 馬可·波羅(約 1254~1324):意大利旅行家。1271 年隨父親和叔父由威尼斯啟程,於 1275 年抵上都,後到大都。在中國受到元世祖忽必烈的優待。曾遊歷中國西北、西南、華東等地區及東南亞一些國家。1295 年回到威尼斯。他是第一個向西方系統介紹中國情況的人。

斡脫

　　蒙古和元朝經營高利貸商業的官商。從成吉思汗時期起，蒙古貴族就提供本銀，委託中亞木速蠻商人經營商業，發放高利貸，從中坐收高額息銀。當時這種官商有「黃金繩纜」之稱。斡脫錢債使許多民戶甚至一些地方官吏破產，陷入典賣妻孥還不足以償債的境地。在元代，斡脫高利貸商業的盤剝始終是官府、皇室和諸王榨取人民膏血的手段之一，也是造成元代尖銳社會矛盾的根源之一。

交通運輸

溝通南北大運河的開鑿、海運航線的開闢、遍佈全國驛站的設置，使元代交通運輸業有了新的發展。

元滅南宋後，全國實現統一，南北經濟交流進一步擴大。北方（主要是大都）所需之糧食及其他物資，多由江南供應。江南物資主要依靠運河北運。由於舊運河曲折繞道，水陸並用，勞民傷財，極其不便，故忽必烈時有重開運河，另闢海運之議。

元代大運河是逐步開鑿完成的。其中鎮江至杭州的江南運河，淮安經揚州至長江的揚州運河，大抵為隋代舊道；徐州至淮安段係借用黃河下游；自山東東平境內的汶水南下與黃河相聯接的濟州河，至元十八年（1281）開鑿；自山東臨清經東昌（今山東聊城）到東平路須城縣西南安山的會通河，二十年開鑿；通州至臨清段為御河（今衛河），大都至通州為通惠河，二十八年由郭守敬主持開鑿。

元代海運是指國內近海航運。始於至元十三年，時伯顏下臨安，取南宋庫藏圖籍，招海盜朱清、張瑄由崇明入海道運至直沽，轉至大都。十九年始命羅璧、朱清、張瑄造平底船運糧。其路線幾經開闢，至三十年形成，由劉家港入海，至崇明三沙放洋東行，入黑水洋，至成山轉西，經劉家島、登州（今山東蓬萊）沙門島，於萊州大洋入界河口，至直沽。

運河的開鑿和海運的開闢，對商業的發展，大都的供給和繁榮，南北交通的暢通，官民造船業的擴大，航海技術的提高，

都起了重大作用。運河通航後，歲運米至大都五百萬石以上，來自江淮、湖廣、四川及海外的各種物資、旅客源源不斷地運至大都；海運糧到元代中期時達二三百萬石，天曆二年（1329）達三百五十二萬二千一百六十三石。據估計，河漕比陸運的費用省十之三四，海運比陸運的費用省十之七八。

　　陸路交通也很發達。全國各地設有驛站一千五百多處，其中包括少數水站。在驛站服役的叫站戶。與驛站相輔而行的有急遞鋪，每十里、十五里或二十里設一急遞鋪，其任務主要是傳送朝廷、郡縣的文書。驛道北至吉利吉思，東北至奴兒干，西南至烏思藏、大理，西通欽察、伊利二汗國，所謂「星羅棋佈，脈絡相通」。站、鋪的設立，有利於國內交通的發展和國內各民族、各地區之間的經濟和文化聯繫。

宣化雞鳴驛城

又名雞鳴山驛。坐落在河北張家口懷來縣西北洋河北岸雞鳴山下。始建於元朝，是宣化府進京城的第一大驛站，直到1913年北洋政府宣佈「裁汰驛站，開辦郵政」，驛站才退出歷史舞台。

文化和科學技術

　　元代的文化藝術和科學技術有很高的成就。各族人民在文學藝術（包括戲曲、詩歌、繪畫等）、史學、哲學等方面創作了許多優秀作品。元曲在中國文學史上佔有很重要的地位。在科學技術方面，也有許多發明創造。元朝疆域遼闊，國內各民族之間和中外之間經濟、文化交流的加強，為天文、地理、農學等學科的發展提供了良好條件。13、14 世紀的歐洲尚處在「黑暗時代」，而元代的文化科學水平在世界上居於領先地位。

文學藝術

　　戲曲藝術在元代有很大的發展。元雜劇和南戲先後出現繁榮局面。其中雜劇以其藝術上的創造性、內容的現實性，成為這個時代文學的突出成就。

　　雜劇是中國歷代歌舞藝術、講唱伎藝長期發展而成的新的戲曲形式，它把歌曲、賓白、舞蹈結合在一起，成為一種綜合的藝術。元代創作雜劇見於名目的共約六百多種，現存兩百多種，雜劇作家有兩百人左右。13 世紀 50 年代到 14 世紀初，是元雜劇鼎盛時期。著名劇作家有關漢卿、王實甫、白樸、馬致遠、康進之、高文秀等，活動中心在大都，著名作品有《竇娥冤》《拜月亭》《西廂記》《牆頭馬上》《漢宮秋》《李逵負荊》等。14 世紀初至 60 年代，活動中心移至杭州，主要作家有鄭光祖、喬吉、

宮天挺、秦簡夫等，主要作品有《倩女離魂》等。其中關、馬、鄭、白被譽為「元曲四大家」。散曲起源於民間小曲和少數民族音樂，分小令、帶過曲、套曲三種基本格式。前期散曲家有關漢卿、馬致遠、盧摯等，後期有張養浩、劉致、張可久、喬吉等。少數民族作家也有許多成就，女真人李直夫創作了雜劇《虎頭牌》，蒙古人阿魯威，女真人奧敦周卿、王景，畏兀兒人貫雲石，回回人薩都剌、丁野夫等都是著名的散曲家。南戲原是浙江溫州一帶的地方劇，宋時已盛行，元初衰落。到元朝後期，雜劇由盛轉衰，南戲則得到了發展。它不像雜劇那樣在折數和宮調上有嚴格規定，押韻和宮調都較自由，登場演唱的角色可生可旦，聲腔也各有發展。現存元代南戲劇本十六種，片段一百一十九種，存目三十三種，以高則誠的《琵琶記》成就最高。

元代詩詞總的說來較平庸，但虞集、楊載、范梈、揭傒斯被稱為「元詩四大家」。薩都剌的詞風格豪邁。張養浩、迺賢、王冕、楊維楨等的作品，都在一定程度上反映了當時的社會矛盾。

長篇小說興起於元末。施耐庵和羅貫中分別於元末明初創作了《水滸傳》和《三國演義》。這兩部長篇章回小說在藝術上有很高的成就，它們的問世，標誌着中國古典小說已發展成熟。

繪畫、書法的成就較為突出。元代不設畫院，故元代畫家擺脫了南宋畫院的形式主義習氣。前期書畫家以趙孟頫為最著名，他擅畫山水、花竹、人馬，書法用筆圓轉流美，骨力秀勁，世稱「趙體」。後期畫家有黃公望、王蒙、倪瓚、吳鎮，稱「元畫四家」。少數民族著名畫家有回回人高克恭、丁野夫等。書法家有

小·鏈·接

永樂宮壁畫

山西芮城永樂宮元代壁畫《朝元圖》（局部）

　　元代道教宮觀壁畫。山西芮城永樂宮三清殿內簷彩畫，不做油灰地仗，畫作採用「勾填法」，先以墨線勾勒圖案輪廓，然後填染顏色。三清殿彩畫以青綠色為主調，兼施金、紅兩色，大體上屬於碾玉雜間裝做法。它一方面繼承宋代建築彩畫的傳統工藝，另一方面又出現了若干變體和創新。其中以青綠色調為主的彩畫到明清時期成了官式彩畫的主流。永樂宮三座主要殿堂三清殿、純陽殿、重陽殿內部壁畫都很精美，其中三清殿壁畫《朝元圖》是現存規模最宏偉、題材最豐富的元代壁畫。畫中人物形態生動，色彩和諧，技法和構圖都達到很高水平。

康里人巎巎、畏兀兒人貫雲石等。龜茲人盛熙明著有《書法考》八卷。元代壁畫藝術也很出色，現存山西芮城永樂宮壁畫是極其珍貴的實物。

史學

元代官私史學著作很豐富，少數民族也有自己的史學著作。胡三省以畢生精力撰成《資治通鑒注》，對《資治通鑒》作校勘、解釋、考證，並對史事有所評論，或直言不諱地表達自己對宋亡的哀痛，或隱晦曲折地抨擊元朝統治。馬端臨的《文獻通考》是杜佑所著《通典》的進一步豐富和擴大。《文獻通考》共分二十四門，其中經籍、帝系、封建、象緯、物異五門為《通典》所無；其餘十九門，則在《通典》基礎上離析其門類，加以充實而成。凡天寶以前史實，作拾遺補缺；天寶以後至宋嘉定五年（1212）作續修，所載宋制最詳。《文獻通考》材料取捨嚴格，注意歷史變通，在治史方法上值得肯定。作者還常常通過歷史敍述表達對人民的同情和對統治者的抨擊。

元朝按前代設局修史的傳統制度，分別於至正四年（1344）、五年修成《遼史》《金史》和《宋史》。當時的中書右丞相脫脫為都總裁，鐵睦爾達世、賀惟一、張起岩、歐陽玄、呂思誠、揭傒斯等為總裁官。其中鐵睦爾達世是康里人，參加三史纂修的還有唐兀人斡玉倫徒，畏兀兒人廉惠山海牙、沙剌班等。

成書於 13 世紀中葉的《元朝祕史》是蒙古族最早的歷史和

《通典》

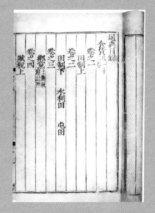

明嘉靖本《通典》目錄

　　記述唐天寶以前歷代經濟、政治、禮法、兵刑等典章制度及地志、民族的專書。唐杜佑撰，共二百卷，內分九門，子目一千五百餘條，約一百九十萬字。唐開元末年，劉秩仿周禮六官所職，根據經史百家文獻資料，撰《政典》三十五卷。杜佑以該書為基礎，增益資料，擴充規模，撰成《通典》，於貞元十七年（801）進呈。《通典》規制宏大。上自《史記》八書、《漢書》十志，下至晉、宋、齊、魏、隋書諸志，皆所取資，並參照了《隋官序錄》《隋朝儀禮》《大唐儀禮》《開元禮》《太宗政要》《唐六典》等典制政書。《通典》確立了中國史籍中與紀傳體、編年體並列的典制體，開闢了史學著述的新途徑。宋元代史學家鄭樵、馬端臨以《通典》為楷模，分別撰成《通志》和《文獻通考》，習稱「三通」。這些為研究中國歷代典章制度提供了很大的方便。

《紅冊》

元朝藏文史籍。公哥朵兒只（1309～1365）著。《紅冊》始撰於至正六年（1346），成書於至正二十三年。該書受吐蕃佛教史籍傳統的影響，從首創佛教的印度開始，記述了古老的傳說、佛法的承遞、印度的王統。其次是記述漢地周昭王（因釋迦牟尼誕生於這時）開始的王統、唐代諸帝和吐蕃的歷史、五代至元滅南宋的帝系。第三為彌雅（西夏）的歷史。第四為蒙古的王統，記述至元亡為止，元末部分當是後人所增補。《紅冊》的這種修史體裁一直為後來的藏文史籍所沿用。

文學著作。烏思藏著名學者布思端所著《吐蕃佛教源流》和公哥朵兒只所著《紅冊》，是元代藏族最重要的兩部歷史名著。元代還有許多漢文書籍譯成少數民族文字，也有一些蒙古等少數民族著作譯成漢文。

哲學

元朝統治者以理學作為維護封建統治的思想工具。蒙古統治北方之初，北方儒士對南方理學了解極少。1235 年蒙古軍佔領德安（今湖北安陸）時，俘理學家趙復至燕，理學始在北方廣為傳佈，於是出現了許衡、郝經、姚樞、竇默、劉因等理學家。及統一江南，南方朱學人物張𡩋、吳澄、許謙等，陸學人物陳苑等，均為一代理學名家。其中許衡、劉因、吳澄稱為元代三大理學家。元代理學在學說上繼承宋代理學，並無多大創造，但也自有特色：朱陸之爭漸變為朱陸「和會」，以吳澄最明顯；以許衡為代表的理學家與過去空談性命不同，比較傾向日用生理，提出「治生論」；以劉因為代表的理學家提出返求六經的主張，比較務實。元代理學的這些演變，在理學發展中起着承上啟下的作用，成為明清理學思想的濫觴。

除了正統的理學思想外，元代還出現了鄧牧的「異端」思想和謝應芳的無神論思想。鄧牧自稱「三教外人」，表示不列入儒佛道行列。他在《伯牙琴》中對「君」和「吏」進行了無情的抨擊，揭露皇帝是最大的剝削者和掠奪者，幻想重新出現堯、舜時

代。謝應芳一生致力於破除世俗迷信和反對佛、道宗教迷信，所著《辨惑編》是反對迷信的專著。

科學技術

元代在科學技術方面最突出的成就有：

①天文學。傑出的天文學家郭守敬、王恂等為編訂《授時曆》，創製了簡儀、仰儀、圭表、景符等十餘種天文觀測儀器，在元朝控制的範圍內陸續設立了二十七所觀測台、站，在測定黃赤大距和恆星觀察等方面取得了豐富準確的數據。至元十八年（1281）正式頒佈了《授時曆》。這部曆法以 365.2425 日為一年，廢除上元積年、日法，採用近世截元法，在人類曆法史上取得了重大成就。

②地理學。《大元大一統志》的編纂、河源的探索、《輿地圖》的問世是元代地理學的主要成績。《大元大一統志》由孛蘭盼、岳鉉主編，虞應龍等參加修撰，成書於大德七年（1303）。該書對全國路府州縣的建置沿革、坊郭鄉鎮、山川里至、土產風俗、古跡人物，皆有詳述，取材多於宋、金、元地志，因而具有很大價值。至元十七年，元世祖忽必烈令女真人都實探求黃河河源，認為星宿海（火敦腦兒）即河源。都實的考察經過由潘昂霄撰成《河源志》。道士朱思本考察了今華北、華東、中南十省地理，參閱《大元大一統志》等地理著作，以「計里畫方」法，製成《輿地圖》。

③農學。元代三部農書的發行標誌着元代農學有很大發展。由司農司編寫的《農桑輯要》，反映了 6 世紀到 13 世紀末中國植物栽培的進展，總結了中國 13 世紀以前的農業生產經驗，保存了大量古農書資料。王禎著的《農書》是一部對全國農業作全面系統研究的農書，全書共分《農桑通訣》《百穀譜》《農器圖譜》三大部分。作者認為不違農時，適時播種，因地制宜選擇作物，選擇良種，及時施肥，改造土壤，興修水利，是取得豐收的保證。他總結了各種農作物的栽培方法，其中關於棉花的種植法更有現實意義。他繪製了各種農具、農業機械圖三百零六幅，對提高耕作技術有很大作用。畏兀兒人魯明善的《農桑衣食撮要》，依崔寔的《四民月令》為體例，按月記載農事操作和準備，以補《農桑輯要》歲月雜事之不足。

④醫學。元代也有很多新成就。李杲、朱震亨在傷寒、肺癆等內科學上有新的學說，均屬「金元四大家」；葛可久精於醫治肺癆；危亦林在麻醉、骨折復位手術上有新創造；滑壽善針灸。

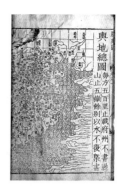

明嘉靖四十五年（1566）刻本《廣輿圖》

元代地理學家、道士朱思本（1273～1333）從至大四年（1311）至延祐七年（1320），歷時十年實地考察，繪成《輿地圖》兩卷。該圖以中國為主體，外國作襯映；內容較詳細，圖形輪廓較準確；系統地使用了圖例符號，是元、明、清初各代繪製全國總圖的範本。明羅洪先據該圖增補為《廣輿圖》，基本保留了《輿地圖》的面貌。

元代在印刷術、火炮技術、造船術、航海術、水利工程技術等方面也有許多成就。

對外關係和文化交流

元朝是中國歷史上對外關係發展的極盛時代。傳統的陸路、海路交通範圍比前代擴大，來往也更加頻繁。由於蒙古統治者勢力擴展的結果，其統治地域西達到黑海南北和波斯灣地區。在這個遼闊境域之內，從前的此疆彼界盡被掃除，元朝與欽察汗國、伊利汗國有驛路相通。元人形容其時「適千里者如在戶庭，之萬里者如出鄰家」，足見交通之便。元朝政府容許和鼓勵各國商人在境內經商或經營國際貿易，蒙古貴族且利用回回商人為之牟利，給予種種特權，因而各國商人來華者極多。元朝統治者對各種宗教、文化採取兼容並蓄政策，也有利於東西文化的交流。

與西北藩國的關係

立國於欽察、斡羅思之地的朮赤兀魯思（習稱欽察汗國）和立國於波斯的伊利汗國，名義上是元朝的「宗藩之國」，承認大汗為其宗主，朝聘使節往來頻繁。元時中國與上述諸地區的聯繫遠較前代密切。

忽必烈戰勝阿里不哥後，欽察汗國別兒哥汗表示承認他的大汗地位。後因受海都阻隔，雙方政治關係一度疏遠。忽必烈曾多

次遣鐵連出使欽察汗國，約共圖海都，但沒有得到積極響應。至大德七年（1303），察合台後王篤哇、海都子察八兒與元成宗鐵穆耳約和，欽察汗國與元朝的關係始恢復正常。早在窩闊台時，即置驛道通於拔都營帳，其後由斡羅思和欽察草原通往東方的交通日益發達。西方使節、商人東來者，多取此道。經過也的里河下游的欽察汗國都城薩萊，至阿姆河下游玉龍傑赤；復經河中地區的不花剌、撒麻耳幹等城，至阿力麻里；自此北取金山南驛路至嶺北行省首府和林，接嶺北通中原的驛路；東由哈密力（今新疆哈密）路通往中原。據當時歐洲商人、教士和阿拉伯旅行家說，走這條道路雖艱難，但很安全。薩萊成為溝通東西的國際性都市，輸入中國產品極多。不少中國工匠被遷至欽察汗國，從事鑄造銅鏡等行業，而欽察、阿速、斡羅思等族將卒、工匠人等入居元朝的為數更多。欽察軍、阿速軍是元朝軍隊的重要部分，宿衛軍中的隆鎮衛和右、左欽察衛以及右、左阿速衛等即由二族軍

騎象的合贊汗

合贊汗（1271～1304）
是伊利汗國的第七代統
治者。

士組成。欽察貴族至成為元朝手握重兵、左右朝政的權臣。元文宗圖帖睦爾時收聚境內斡羅思人一萬為軍，置宣忠扈衛親軍都萬戶府以總之，於大都附近給田一百頃屯種。大批斡羅思人移居中國，為歷史上前所未有。

伊利汗國和元朝統治者同屬拖雷後裔，關係較其他汗國尤為密切。在元朝與察合台、窩闊台兩系後王的鬥爭中，伊利汗總是站在元朝方面，雙方使臣往來十分頻繁。忽必烈大舉征宋時，遣使徵炮匠於伊利汗國，阿八哈汗應命派回回炮手東來，把回回炮技術傳入中國。至元二十年（1283），元世祖忽必烈遣孛羅丞相出使伊利汗國，後留居波斯，參議政事。元代，伊利汗國境內波斯、阿拉伯各族人入元做官、經商、行醫和從事手工業者甚多，漢族官員、文人、工匠留居伊利汗國者亦為數不少，雙方來往如同一家，經濟、文化交流達到空前規模。通過伊利汗國境的傳統絲綢之路和從波斯灣到泉州、廣州的海路都十分活躍。

與亞洲各國的關係

從 1231 年起，蒙古統治者曾數次遣兵攻打高麗。忽必烈即位後，詔許高麗「完復舊疆」，並以公主嫁給高麗國王之子王睶，睶子璋亦尚公主，與元朝皇室結為「甥舅之好」。元於高麗設立征東行省，即以高麗國王為丞相，仍保留其原有政權機構和制度，「刑賞號令專行其國」，「徵賦……唯所用之，不入天府」（姚燧《高麗瀋王詩序》），與元朝國內的其他行省不同。後王璋讓

位於其子，以駙馬、沈王身份僑居大都，召著名詩人李齊賢等為
侍從。李齊賢與元朝名士大夫交往甚密，相互切磋，學問大進。
他所著的《益齋亂稿》，被譽為高麗文學史上的優秀作品。此外，
尚有不少高麗人在元朝做官。中國與高麗的經濟、文化關係有很
大發展。中國商船經常來往高麗，或經高麗往日本貿易。棉花種
植、火藥武器等技術皆於元時傳入高麗。

　　忽必烈兩次大舉侵日，使中日關係一時惡化。成宗即位後，
罷征日之役，遣普陀寺僧甯一山附商船出使日本，後僑居其國，
極受朝野敬重，死後封為國師。元代赴日寓居的中國名僧十餘
人，對日本佛教思想、制度、文學諸方面有很大影響。來元學習
的日本僧人很多，有姓名可考者達兩百餘人，他們遊歷名山大
剎，進修禪學、詩文、書畫，收集佛經、經史、詩文等書籍帶回
日本。日僧邵元所撰碑文，華贍流暢，足見其漢文化水平之高。
中日間經濟交往也未因戰爭影響有所衰歇，且日趨興盛。元代中
日商船來往，有記載的即達四十餘次，實際上遠不止此數。日本
船多在慶元停泊，由市舶司依例抽分後，即許自由買賣。日本還
招聘中國雕刻工匠以發展印刷業，寓日雕刻工甚多，福建人俞良
甫、陳伯榮和江南人陳孟祥等最為著名，對日本文化發展作出了
貢獻。

　　元滅宋後，即遣使「詔諭」東南亞各國來朝，許其「往來互
市，各從所欲」。但忽必烈企圖用武力征服各國，先後遣兵侵入
安南、占城、爪哇、緬等國。因遭到各國的頑強抵抗，加上江南
各地人民紛紛起義反對造船工役和軍需徵發，使忽必烈的海外擴

張均告失敗。元成宗即位後，下詔罷征南之役，中國與東南亞各國傳統的經濟、文化聯繫漸次恢復。當時安南陳朝儒學、佛教都很興盛，入元使者多以儒士充任，喜結交元朝文人學士，賦詩贈答，並帶回元朝贈送的大批佛經、儒學經典和詩文著作，對安南文化教育的發展影響很大。元雜劇傳入安南，促進了安南歌劇藝術的形成。暹國自忽必烈末年以後多次遣使或以王子來元通好，據暹史記載，暹王敢木丁曾親至大都，並請回許多中國陶瓷工匠，開創了暹國的陶瓷業。元朝侵爪哇軍撤回後，爪哇麻匿巴歇朝即以當政大臣充使者來元通好。爪哇商船經常往來於中國、印度之間，經營國際貿易；泉州等地商人到爪哇經商者也很多，常獲大利。元世祖時，真臘（又譯幹不昔、甘不察，今柬埔寨）就遣使來進樂工、藥材等方物。成宗元貞二年（1296），溫州人周達觀隨使臣出使真臘，歸著《真臘風土記》，對該國政治、經濟生活及風土人情作了詳細記載，是研究吳哥時代柬埔寨歷史的最重要資料。據他說，真臘人對輸入的中國器皿、布帛及其他生活用品極為喜愛，爭相購買；到真臘經商或僑居的「唐人」與真臘人民友好相處，很受歡迎。

　　元朝與印度的交往主要通過海路，印度半島南部馬八兒、俱蘭兩國是波斯灣通往中國的必經之地，商船往來較他國尤多。據摩洛哥人伊本·拔圖塔記載，當時中印間的交通，多由中國海舶承擔，大者至用十二帆，可載一千人。至元十六年（1279），馬八兒國遣使來元。忽必烈因俱蘭國未通使節，於至元十六年至二十年，四次遣楊廷璧出使「招諭」，並訪問了馬八兒國。俱蘭

國王隨即派使者來元進寶貨雜物，元朝回贈甚厚，並以金符授其王瓦你。至正二年（1342），元順帝妥歡貼睦爾遣使者至德里，贈與德里算端男女奴隸及錦綢等名貴物品，要求在印度建造佛寺，德里算端遣寓居印度的伊本·拔圖塔率領使團入元報聘。有元一代，中印間互派使者達數十次。

元朝與阿拉伯半島的交往也較前代頻繁。當時入居元朝的西域伊斯蘭教徒前往麥加朝聖者當不在少數。《島夷志略》載，雲南有路可通天堂（指麥加），一年以上可至其地。這應是居住雲南的伊斯蘭教徒經常往來於麥加的記錄。

北京白塔寺內的阿尼哥銅像

阿尼哥（1244～1306），建築師、工藝美術家、雕塑家。尼泊爾人。曾在元朝擔任高官。北京白塔寺的白塔由其主持修建。

與非洲各國的關係

大德五年（1301），元成宗遣使赴馬合答束（今索馬里摩加迪沙）徵取獅豹等物，同時還遣使臣四起，計三十五名，前往刁吉兒（可能是摩洛哥丹吉爾）取豹子等稀奇之物。元人汪大淵隨商船出海遊歷，也到達了非洲的層拔羅（今坦桑尼亞桑給巴爾）等國。元代與非洲各國的交往，也見於當時

非洲人的記載。據伊本・拔圖塔說，當時有摩洛哥人寓居中國，經商致富；大量精美的中國瓷器運銷海外，轉銷到摩洛哥。

與歐洲各國的關係

1241 年里格尼茨戰役後，歐洲各國對蒙古勢力的強盛始感到震驚。1245 年，教皇英諾森四世在里昂召集宗教大會商討對策，又先遣使者赴蒙古議和，並偵察蒙古情況及其意圖。教士普蘭諾・卡爾平尼等奉命出使，於 1246 年 7 月抵和林附近之昔剌斡耳朵。同年，攜大汗貴由致教皇詔書返國。1920 年在梵蒂岡檔案中發現貴由致教皇詔書原件，係用波斯文寫成，上鈐蒙古畏兀兒字大汗璽。1248 年，法國國王聖路易駐塞浦路斯島，有蒙古統將野里知吉帶遣使往見，言貴由大汗願保護基督教徒，聖路易即遣教士安得烈出使蒙古，至葉密立，受到攝政皇后斡兀立海迷失的接見。1253 年，聖路易復遣教士盧布魯克往見拔都，請許在蒙古境內傳教；拔都命他入朝大汗蒙哥。盧布魯克至和林南汪吉河行宮謁見蒙哥，次年攜蒙哥致法王信返回，將所見所聞的蒙古軍事、政治、民情風俗等情況向法王作了詳細報告。隨着東西交通的通暢和歐洲人對東方的了解，歐洲商人、使臣、教士東來者漸多。1260 年前後，威尼斯商人尼哥羅兄弟至薩萊、不花剌等地經商，後隨旭烈兀所遣入朝大汗使者到達上都。忽必烈向他們詢問了歐洲情況，並派他們出使羅馬教廷。1271 年，尼哥羅攜其子馬可・波羅回元朝覆命，1275 年到達上都。從此，馬

普蘭諾·卡爾平尼

（約 1182～1252）

天主教方濟各會的創建人和領導人之一，最早來到蒙古高原的羅馬教皇使節。意大利人。1245 年 4 月，普蘭諾·卡爾平尼攜羅馬教皇致蒙古大汗的書信出使蒙古。1246 年 8 月，參加了蒙古諸王大將推舉貴由為蒙古大汗的盛典。11 月，他帶着貴由汗答教皇的詔書仍由陸路西歸。1247 年秋，回到里昂，向教皇復命，並呈上貴由的詔書，以及他用拉丁文寫的出使報告《蒙古史》。該書中生動具體地記述了 13 世紀蒙古人的社會經濟、風俗習慣、宗教、政治、習慣法和蒙古軍隊組織、武器、作戰策略等情況，及其旅行歷程，是研究早期蒙古史和中西交通史的重要原始資料。

可‧波羅居中國十七年，遊歷了很多地方，於1291年隨護送伊利汗妃的使者由海道回國。其所著行記對後代歐洲人了解中國影響極大。1287年，伊利汗阿魯渾遣大都人、基督教聶思脫里派教士列班‧掃馬出使歐洲各國，訪問了羅馬、巴黎等地，會見了法國國王腓力四世、英王愛德華一世和教皇尼古拉四世。中國人歷訪歐洲諸國，這是有史以來第一次。掃馬出使後，教皇益信蒙古諸汗尊奉基督教，遂於1289年遣教士孟特戈維諾往東方傳教，1294年到達大都後即留居，直到1328年去世。教皇因其傳教有成績，任命他為大都大主教，並多次派教士來元朝。1313年到達大都的教士安德烈，被派到泉州當主教，死後葬泉

北京西什庫天主教堂

元世祖至元二十六年（1289），羅馬教皇尼古拉四世派遣教士孟特戈維諾從海路來華傳教。元成宗大德二年（1298），孟特戈維諾在大都（今北京）建立了第一座天主教堂（當時人稱也里可溫教堂）。北京西什庫教堂是中國第一座皇家承認的天主教堂。

州，其墓碑尚存。1316 年，又有意大利教士鄂多立克來東方旅
行，1321 年由海路至廣州，經泉州、福州、杭州、建康、揚州
等地，到達大都，留居三年，復往中國西部旅行，然後回國。其
所著旅行記流傳甚廣。根據這些來元教士的記載，當時在大都、
揚州、杭州、泉州等地，都住有歐洲商人和教士，並興建了教
堂。1336 年，元順帝遣使教廷，阿速將官知樞密院事福定等亦
附使者上書教皇，請派新大主教來大都接替已故大主教孟特戈維
諾主持教務。1338 年，使者抵法國阿維尼翁（教皇駐地），隨
後遊歷歐洲各國。教皇遣馬黎諾里等隨元使來中國，向元順帝進
獻一匹駿馬，被稱為「天馬」。「拂朗國進天馬」傳為元代中外關
係的佳話。

經濟和文化交流

元朝中西交通發達，促進了中國與各國的經濟文化交流。
中國印刷術、火藥武器製造技術等重大科學發明，都在這一時期
西傳。波斯、阿拉伯素稱發達的天文、醫學等成就，也大量被介
紹到中國。旭烈兀西征時，曾帶去許多中國炮手、天文家、醫生
等，後來多留居波斯，波斯著名天文家納速剌丁·徒昔奉命建蔑
剌合天文台，編纂天文表，均有中國學者參加工作，徒昔向他們
學習了中國天文推步之術。伊利汗亦鄰真朵兒只（海合都）為填
補國庫空虛，欲仿元朝發行紙幣，即請字羅丞相指教鈔法，其所
印之鈔及行用制度，與元朝全同，雖行用不久，但影響頗大，至

今波斯語尚稱紙幣為「鈔」。合贊汗時，整頓驛站制度，頒發乘驛圓牌，其法亦仿自元朝。拉施都丁奉合贊之命編纂《史集》，得到寓居波斯的中國學者相助，尤以熟悉元朝典故的孛羅丞相對他的幫助最大，因此能利用中國史料。拉施都丁還主編了一部《伊利汗的中國科學寶藏》，介紹中國歷代醫學成就。

元朝時入居中國的西域各國人極多。他們散居各地，被統稱為色目人，享有許多特權，或仕至大官，或為富商大賈，擅水陸之利，其中不少人對中國科學文化的發展作出了貢獻。敘利亞人愛薛精通星曆、醫藥之學，貴由在位時來蒙古，後入忽必烈藩府，忽必烈即位後，命掌西域星曆、醫藥二司事。大都、上都各設有回回藥物院，配製御用藥物。回回醫生除服務於宮廷、京師者外，還有不少散在各地行醫，很受民間歡迎。各種西域藥物、醫法輸入中國，豐富了中國的醫學寶庫。早在成吉思汗時，波斯、阿拉伯曆法就被介紹到中國。忽必烈居藩時，徵召回回星曆學者，波斯人札馬魯丁應召東來，後主西域星曆司，至元四年（1267）撰進《萬年曆》，並製造了一套西域儀象，包括渾儀、天球儀、地球儀等七種。後立回回司天台，即以札馬魯丁為提點，吸收了不少西域天文學者在其中工作。波斯、阿拉伯天文曆法、數學、醫學、史地等各類書籍於元時大量傳入中國，僅祕書監所存者即達百餘部，其中包括兀忽里底（歐几里德）几何學著作。現存明初刻本《回回藥方》，即元人所譯阿拉伯醫書。阿拉伯學者贍思精通漢文，曾參與編纂《經世大典》，所著《西國圖經》《西域異人錄》等書，當係譯介阿拉伯史地著作，惜今不

存。窩闊台曾令木速蠻工匠在和林北一日程的春季駐地建迦堅茶寒殿。忽必烈時，又有阿拉伯建築家也黑迭兒參加了大都皇城和宮苑的建設。自成吉思汗西征以來，大批西域工匠被俘東遷，後散居漠北、中原各地，立局造作，有織造金錦的納失失局以及金玉等匠局。由於東西貿易興旺，輸入中國的西域玉石、紡織品、食品以及珍禽異獸源源不斷，滿足了元朝宮廷、貴族、官僚、富豪的奢侈生活需要。元人忽思慧所撰《飲膳政要》，載有多種回回食物及烹調方法，馬思答吉湯（肉湯）、舍兒別（果汁）等均為元宮廷、貴族所喜愛。

元朝的歷史地位

元朝是中國歷史上統治時間較短的朝代，但卻佔有特殊重要的地位。

首先，它是中國多民族統一國家空前發展、壯大的時期。自唐朝中葉開始出現的分裂局面（先是南詔自立，繼以藩鎮割據），歷五代、遼、宋、西夏、金時期的幾個政權並存狀況，持續達五百多年。至元朝，不僅結束了長期的南北分裂，且實現了包括遼東、漠北、西域、吐蕃、雲南等地區的大統一，幅員之廣超過漢、唐，尤其是吐蕃地區從此併入版圖，意義更大。前代封建王朝統治諸邊疆地區，多只限於羈縻。元朝除西域地區為宗藩封國外，基本上都實行了統一的行政建制，署行省分治之（宣政院轄吐蕃地區三個宣慰司，藏文史籍謂「等於一個行省」），地方官

內蒙古阿爾寨石窟壁畫《八思巴為忽必烈灌頂授戒圖》

阿爾寨石窟開鑿於北魏，元代達到極盛，毀於明朝戰火。它曾經是
蒙古地區歷史上藏傳佛教各大教派匯集弘傳的中心和密宗修煉聖
地。其中八思巴為其帝王、妃子、王族主持灌頂儀式時的《八思巴
為忽必烈灌頂授戒圖》等壁畫成為藏傳佛教在蒙古社會傳播的較早
見證。

出自朝命，人民承當賦役，中央政府的管轄程度遠高於前代。各
民族之間的接觸和交往更加密切，人口大批地相互流動，交錯
居處，促進了經濟、文化的交流；各民族文化相互補充，相互吸
收，形成元朝文化多樣性的顯著特色。湧現了大批精通漢文化的
非漢族文人學者，尤為前代所未有。

其次，社會經濟和文化有所發展，若干方面超過前代。元
統一後，受到長期戰爭破壞的社會經濟很快恢復，生產關係的某
些倒退現象逐步消除。元朝編纂和頒行農書以推廣生產技術，棉
花生產普及於南北，在邊疆地區大規模開闢屯田，都是農業發展

的標誌。由於全國的統一，驛傳制度的完善和海運的開通，國內外交通空前發達，商業比唐、宋時代有更大的發展，城市十分繁榮。手工業方面，新興的棉紡業、氈罽業都達到相當高水平，瓷器、印刷等業也有較大進步。科學、文化方面，天文學的成就居於當時世界最先進地位，數學、醫學都在世界先進之列；戲曲、小說創作繁榮，元曲成為與唐詩、宋詞並稱的優秀文學遺產。

其三，元朝是古代中外交通和經濟、文化交流的鼎盛時代。陸路、海路都通暢、繁盛，交往範圍擴大，人員來往多而頻繁，均非前代所可比擬。大量科學技術成就和制度文化的互相傳播，對各自經濟、文化的豐富和發展起了很大作用。如中國印刷術、火藥武器西傳對歐洲社會的進步，回回天文、醫藥在中國都有深遠影響。

此外，元朝在政治、軍事制度方面也有發展。如建立行省制度，使地方行政管轄體制更趨完善，一直為後代所沿用。元朝的統治也給中國社會的發展帶來了許多消極、落後的影響。

（韓儒林　陳得芝　邱樹森　姚大力）